DROIT
DU TRAVAIL

Frédéric-Jérôme Pansier

Docteur d'État en droit
Docteur ès lettres
Magistrat
Chargé d'enseignement à l'Université de Paris I

DROIT DU TRAVAIL

4e ÉDITION

® LexisNexis®
Litec

LexisNexis SA
141, rue de Javel – 75015 Paris

Avertissement de l'Éditeur

Toute utilisation ou traitement automatisé, par des tiers, de données personnelles pouvant figurer dans cet ouvrage sont formellement interdits.

DANGER LE PHOTOCOPILLAGE TUE LE LIVRE

Le logo qui figure sur la couverture de ce livre mérite une explication. Son objet est d'alerter le lecteur sur la menace que représente pour l'avenir de l'écrit, tout particulièrement dans les domaines du droit, de l'économie et de la gestion, le développement massif du photocopillage.
Le Code de la propriété intellectuelle du 1er juillet 1992 interdit en effet expressément la photocopie à usage collectif sans autorisation des ayants droit. Or, cette pratique s'est généralisée dans les établissements d'enseignement supérieur, provoquant une baisse brutale des achats de livres au point que la possibilité même pour les auteurs de créer des œuvres nouvelles et de les faire éditer correctement soit aujourd'hui menacée.

Siège social : 141, rue de Javel - 75015 Paris

ISBN 2-7110-0534-8 ISSN 1284-828X

À mon maître
Bernard Teyssié

Liste des abréviations

AJDA	Actualité juridique de droit administratif
art.	article
ass.	Assemblée
Bull. civ.	Bulletin des arrêts de la Cour de cassation, chambre civile
Bull. crim.	Bulletin des arrêts de la Cour de cassation, chambre criminelle
C. pén.	Code pénal
C. trav.	Code du travail
Cah. prud'h.	Cahiers prud'homaux
Cass. crim.	Cour de cassation, chambre criminelle
Cass. soc.	Cour de cassation, chambre sociale
CE	Conseil d'État
CJCE	Cour de justice des communautés européennes
Comm. com. électr.	Communication-commerce électronique
chron.	Chronique
concl.	Conclusions
Cons. const.	Conseil constitutionnel
CSBP	Cahiers sociaux du Barreau de Paris
D.	Décret
D.	Dalloz
DP	Dalloz périodique
Dr. pén.	Droit pénal
Dr. soc.	Droit social
Dr. trav.	Droit du travail et de la sécurité sociale
Gaz. Pal.	Gazette du Palais
JCP E	Juris-Classeur Périodique, éditions Entreprise et affaires
JEDI	Journal européen de droit international
JO	Journal officiel
Journal	Version quotidienne de la Gazette de Palais
jurispr.	Jurisprudence
L.	loi
LPA	Les petites affiches
Ord.	Ordonnance
Quot. Jur.	Quotidien juridique
RJS	Revue de jurisprudence sociale
Somm.	sommaire

Introduction

1. – Présentation. L'objectif de ce modeste ouvrage est de présenter de façon claire et vivante un domaine du droit souvent taxé de rébarbatif ou d'ennuyeux.

Et pourtant, le droit du travail est certainement la branche de notre corpus juridique aujourd'hui la plus vivante : pas une semaine ne se passe sans que la mondialisation de l'économie ou la réduction du temps de travail viennent nous rappeler l'importance de cette branche du droit.

Certains juristes ont menti : le droit du travail n'est pas né avec le Code civil ou les lois sociales du XIXe siècle, il existait déjà en droit grec ou romain comme forme particulière du droit des obligations. Le contrat de travail est un contrat spécial, le contrat de louage de services, promu à la gloire par son universalité : n'est-ce pas le destin, parfois contrarié, de tout homme que de devoir travailler. Ce qui a changé, c'est la disparition des esclaves qui venaient jadis concurrencer le travail des hommes libres.

Le droit du travail exerce une fascination parce qu'il est lié à l'économie et est souvent perçu comme un moyen politique d'infléchir celle-ci. Chaque révolution ou alternance se mesure à l'aune de lois sociales ou des réformes promises : 1936, 1968, 1981... Le droit du travail a accompagné les bouleversements de notre société. D'où l'importance de la loi comme moyen politique, ce qui limite d'autant la prise en compte de la jurisprudence comme source du droit.

Souvent, le « pouvoir » réformateur du droit du travail est utilisé à des fins politiques : les lois sur la réduction du temps de travail à 35 heures ont eu pour objectif avoué la diminution du chômage.

Ce qui est essentiel, c'est son caractère social : le droit du travail remplit parfaitement son rôle de défense et protection du plus faible (le salarié) face au plus fort (l'employeur), si bien qu'aujourd'hui certains syndicats patronaux s'émeuvent en se demandant si la loi, et la jurisprudence ne sont pas allées trop loin, mettant l'employeur à la merci du salarié. L'opinion est sans doute excessive.

Le présent ouvrage est à jour des dispositions législatives et réglementaires les plus récentes en matière de droit du travail. Notamment des modifications et révisions apportées au Code du travail par la loi n° 2005-32 du 18 janvier 2005 (loi de programmation pour la cohésion sociale), déclarée constitutionnelle par le Conseil constitutionnel (D. 13 janv. 2005 : *JO* 19 janv. 2005, p. 896), par la loi du 10 mars 2005 et par la création par voie d'ordonnance du contrat nouvelle embauche. C'est pratiquement la moitié du droit du travail qui a été ainsi modifiée en moins de deux ans. Aussi, nous remercions Monsieur Julien Icard, élève ENS, de sa relecture attentive en cette période de profonde réforme.

2. – Plan. L'étude des relations individuelles de travail impose l'examen de la naissance, de la vie et de la fin de la relation de travail. Nous commencerons par développer, dans une première partie, un exposé succinct des fondements du droit du travail.

Première partie

FONDEMENTS DU DROIT DU TRAVAIL

Chapitre 1

GÉNÉRALITÉS

Section 1

L'HISTOIRE

3. – Droit romain et ancien droit. En droit romain classique, la *summa divisio* se situait entre *locatio operarium* et *locatio operis*. Le contrat de travail (*locatio operarium*) s'analyse en une convention par laquelle une personne (appelée *locator*) met à la disposition d'une autre personne (appelée *conductor*) sa force de travail. Les *conductores* étaient appelés ainsi parce qu'ils doivent « conduire » ou « diriger » le cocontractant et le faire travailler pour eux. Ils achètent les œuvres (*operae*) du travailleur ou mieux encore l'énergie laborieuse du salarié.

En revanche, le contrat d'entreprise (*locatio operis*) était la convention par laquelle un homme libre promettait à un tiers un résultat (*opus*) à atteindre à ses risques et périls, selon son organisation propre.

Cette distinction fondamentale fut retenue par le Code civil et sert encore aujourd'hui à distinguer le travail subordonné du travail indépendant.

Dans l'Antiquité, droits romain et grec, la relation de travail reposait aussi sur l'esclavage : seuls les hommes libres pouvaient contracter, les esclaves devant remplir les tâches dévolues de nos jours aux salariés.

Cette relation subordonnée et asservie a trouvé des prolongations dans le servage du Moyen Âge.

Peu à peu, dans l'Ancien droit, la relation de travail fut *intégrée dans la vie sociale*. En milieu rural, la main-d'œuvre agricole, engagée à demeure, ou louée au mois, à l'année, tels les bergers, valets, filles de ferme et autres « brassiers », se trouvait sous la dépendance du maître, qui généralement les hébergeait. En ville, les salariés étaient étroitement encadrés par un système de *corporations* (étendu à tout le royaume sous Henri II), de guildes, de confréries, jurandes, maîtrises ; seul le *compagnonnage* assurait un peu de liberté à l'ouvrier. La durée quotidienne du travail atteignait 12 et même 14 heures, les enfants étant mis au travail avant d'avoir dix ans.

4. – Période révolutionnaire. La Révolution de 1789 devait donc, par réaction, proclamer la *liberté du travail* (loi d'Allarde, 2-17 mars 1791), puis la loi Le Chappelier (14 juin 1791) ; elle supprima les corporations et les groupements professionnels, le « droit du travail » moderne étant né avec la fin des corporations.

Ce système libéral fut de brève durée ; bientôt, une loi du 22 germinal an XI établit le *« livret ouvrier »* qui permettait le contrôle des déplacements des salariés.

5. – Dix-neuvième siècle. *L'évolution*, qui, au XIXe siècle et depuis 1900, a conduit au système actuel, est le résultat de nombreux facteurs différents, tels que le développement de la grande industrie, la meilleure formation du travailleur, les luttes menées par les syndicats, appuyés par certains partis politiques, le machinisme aussi, qui libère le salarié de certaines tâches serviles ou avilissantes. Le mouvement ouvrier, vraiment commencé lors des révolutions de 1848, accompagne sur le plan social les changements, souvent rapides, qui surviennent dans la politique et l'économie.

Le XIXe siècle est rythmé par de grandes lois :

– loi du 22 mars 1841, interdisant dans les fabriques à l'effectif supérieur à 20 ouvriers ou utilisant des moteurs mécaniques, le travail des mineurs de 8 ans ; entre 8 et 12 ans, la journée de travail est limitée à 12 heures, le travail de nuit est interdit et le repos hebdomadaire obligatoire ;

– la deuxième République décréta, provisoirement, le droit au travail, la liberté d'association, la durée limitée du travail des majeurs et la « nationalisation » des bureaux de placement (février-mars 1848) ;

– loi du 25 mai 1864, supprimant le délit de coalition ;

– loi du 19 mai 1874, réglementant le travail des femmes et enfants et créant le corps de l'Inspection du travail ;

– loi du 21 mars 1884, consacrant la liberté syndicale ;

– loi du 27 décembre 1890, sanctionnant la rupture abusive du contrat ;

– loi du 9 avril 1898, indemnisant les victimes d'accidents du travail ;

– loi du 13 juillet 1906, généralisant le repos hebdomadaire.

6. – Vingtième siècle. *La Première Guerre mondiale* a donné naissance aux conventions collectives (L. 24 mars 1919), limité la journée de travail à 8 heures (L. 23 avr. 1919) et a précisé le droit syndical (L. 12 mars 1920). Elle a été le point de départ d'un XXe siècle scandé par des étapes marquantes (1936, 1945, 1968, 1981) que le corps social a dû digérer pendant plusieurs lustres.

Le Front populaire porte le témoignage d'indéniables avancées issues des « accords Matignon » : congés payés obligatoires (L. 20 juin 1936), semaine de 40 heures (L. 21 juin), renouvellement des conventions collectives et création des délégués du personnel (L. 24 juin), enfin règlement pacifique des conflits du travail (L. 31 déc.).

À la Libération, la Constitution de la IVe République a institué les droits suivants : droit au travail, de grève, liberté d'opinion, participation à la gestion des entreprises et négociations collectives. Les comités d'entreprise sont créés (Ord. 22 févr. 1945) et les délégués du personnel institutionnalisés (L. 16 avr. 1946).

La révolte de 1968 a donné naissance au « protocole de Grenelle » : institutionnalisation du syndicat dans l'entreprise (L. 27 déc. 1968), création du SMIC (L. 2 janv. 1970) et développement de la formation professionnelle.

De nouveaux acquis sociaux furent mis en place, en 1982-1983, par les lois et ordonnances dites *« lois Auroux »*, notamment la réduction à 39 heures de la durée du temps de travail, les nouvelles réglementations du temps partiel, du droit disciplinaire, de l'hygiène, de la sécurité et des conditions de travail.

L'arrivée au pouvoir de la majorité dite plurielle devait nécessairement amener la mise en œuvre de *la réduction à 35 heures du temps de travail hebdomadaire* (loi Aubry n° 98-461, 13 juin 1998) et des mesures d'accompagnement favorables au salarié. Des aménagements et adaptations ont fait l'objet des lois n° 2000-37 du 19 janvier 2000 relative à la réduction organisée du temps de travail et n° 2002-73 dite loi de modernisation sociale, du 17 janvier 2002.

À l'heure actuelle, le droit français, en raison des changements politiques intervenus, de l'appartenance à l'Espace économique européen, de l'application des règlements communautaires et de la transposition des directives, et aussi de la situation économique et financière difficile, tend à dériver vers une législation du travail d'inspiration néolibérale.

Section 2

L'ÉMERGENCE D'UNE NORME

7. – Droit d'ordre public. Le droit du travail – contenu dans le Code du travail – consacre maintenant une convention normative type, dont les principales clauses s'imposent aux parties – employeur et salarié – d'*ordre public* ; ce sont les stipulations relatives à la durée du contrat, destinées à assurer la garantie de l'emploi. Le contrat de travail sera donc *à durée indéterminée* et ne prendra fin que par la démission, la retraite, le décès, l'inaptitude physique ou le licenciement, qui doit être justifié par une cause réelle et sérieuse ou un motif économique.

8. – Statut du salarié. Le salarié est pourvu d'un *statut* qui règle la plupart des problèmes posés par le contrat de travail : horaires, lieu de travail, qualification, salaire, congés, suppléments de salaires, primes, gratifications, ancienneté, discipline.

L'État doit donc veiller à la stricte application de ces normes. Le contrat de travail est irrégulier et nul si l'activité exercée est immorale, illicite, si les conditions de travail contreviennent aux règles d'hygiène et de sécurité, si ne sont pas respectées les obligations légales ou réglementaires relatives aux horaires, aux congés payés, au paiement des salaires.

La protection du salarié contre le *harcèlement sexuel*, constitutif d'une faute grave entraînant le licenciement immédiat de son auteur sans indemnité, a été introduit à l'article L. 122-46 du Code du travail par la loi n° 92-1178 du 3 novembre 1992 (cf. Cass. soc., 5 et 12 mars 2002 : *CSBP* 2002, A. 49 et la note). La loi de modernisation sociale (L. n° 2002-73, 17 janv. 2002) y a ajouté le *harcèlement moral* (C. trav., art. L. 122-49), constitué par des agissements qui ont pour objet, ou pour effet, une dégradation des conditions de travail de nature à porter atteinte aux droits et à la dignité du salarié (cf. notre article, *Lutte contre le harcèlement au travail* : *CSBP* 2002, D. 5). Cette même loi donne la possibilité aux syndicats professionnels d'agir en justice sous réserve de l'accord écrit de l'intéressé, qui peut intervenir à l'instance engagée par le syndicat et y mettre fin à tout moment (C. trav., art. L. 122-53). Elle a organisé une procédure de médiation définie par l'article L. 122-54 du Code du travail (cf. *CSBP* 2002, D. 7).

9. – Répression du travail dissimulé. Est aussi illégal, et sanctionné par la loi, le *travail dissimulé* (anciennement dit « clandestin »), effectué notamment par certains immigrés qui n'ont pas l'autorisation de séjourner en France ou en tout cas ne bénéficient pas d'une permission de travailler, mentionnée sur leur titre de séjour.

Ce problème est difficile à résoudre et une réglementation coercitive a été mise en place pour empêcher le travail « *au noir* », qui n'est pas déclaré aux organismes sociaux, lesquels ne perçoivent donc pas les cotisations (patronales ou ouvrières).

Encore récemment, la répression a été aggravée par la loi n° 97-240, du 11 mars 1997, modifiant les articles L. 320, L. 324 et L. 364-1 du Code du travail. Il s'agit surtout de sanctionner les employeurs ayant recours au travail clandestin, car ce sont eux les principaux responsables du développement de l'économie parallèle. L'organisateur d'une « rave partie », agissant dans un but lucratif à répétition, utilisant une publicité appropriée ainsi que du matériel sonore à caractère professionnel, et réunissant des rassemblements importants sans pour autant avoir obtenu les autorisations nécessaires, commet le délit de travail dissimulé (Toulouse, 16 mars 2000 : *JCP* 2001, IV, 1134. – *Adde* : *Le travail dissimulé : CSBP* 2001, D. 6 et *Précisions sur le travail dissimulé : CSBP* 2001, D. 10).

Section 3

L'EXTRANÉITÉ

10. – Union européenne. On doit ici distinguer des situations très différentes, en mentionnant tout d'abord les *ressortissants des États membres de l'Union européenne (UE),* qui jouissent des mêmes droits et avantages que les Français, auxquels ils sont assimilés (la réciproque étant vraie, pour les Français travaillant dans les États membres).

Le droit, reconnu aux travailleurs des États membres, de circuler librement dans les territoires des autres États membres et d'y occuper des fonctions et des emplois, a été dès l'origine, institué par le Traité de Rome du 25 mars 1957, article 39 (modifié ultérieurement par les traités de Maastricht et d'Amsterdam). C'est le règlement CE/1612/68 du 15 octobre 1968, qui a posé le principe de l'égalité de traitement (salaires, licenciements, avantages sociaux, retraites, etc.) entre les travailleurs nationaux et les étrangers ressortissants des États membres.

11. – Accords bilatéraux. Il existe d'autres *étrangers privilégiés,* dans le cadre d'accords bilatéraux passés par la France avec des États étrangers. Il s'agit notamment de conventions passées avec des États, anciennement colonies françaises, lors de leur accession à l'indépendance. Il existe également des accords concernant le travail saisonnier ou les travailleurs frontaliers.

12. – Droit commun. Le droit commun est caractérisé par l'obligation faite à l'étranger, pour occuper en France un emploi salarié, non seulement de posséder un *titre de séjour* et d'être ainsi en situation régulière, mais encore d'être titulaire d'une *autorisation* (généralement portée sur le titre) indiquant qu'il est admis à travailler, et, s'il y a eu lieu, dans quelle branche d'activité (cf. F.-J. Pansier, *Carte de séjour d'étudiant et emploi* : *CSBP* 2001, A. 25).

À défaut de cette autorisation, l'immigré tombe dans la catégorie des *travailleurs clandestins*, encourt des poursuites pénales et risque d'être « reconduit à la frontière ».

Le Conseil d'État se montre relativement rigoureux en la matière. Il n'a pas admis, comme régulier et valable, le contrat d'apprentissage conclu par un étudiant étranger en vue de perfectionner sa formation professionnelle (CE, 8 juill. 1995) ; de même, alors que pourtant il s'agissait d'une convention de droit public, il a refusé d'entériner le recrutement d'un étranger en qualité d'éducateur et de surveillant d'école (CE, 6 oct. 1995).

Les problèmes majeurs sont transposés sur le plan idéologique ou politique ; leur raison profonde est à rechercher dans l'importance du chômage.

Le Code du travail énonce aux articles L. 341-2 à L. 341-8 les formalités auxquelles sont astreints les salariés étrangers. Notamment, s'ils manifestent l'intention de « s'installer durablement en France », ils doivent attester d'une **connaissance suffisante de la langue française** (C. trav., art. L. 341-2, al. 2). La loi du 18 janvier 2005 a remplacé l'Office des migrations internationales (OMI) par un établissement public administratif nouveau, **l'Agence nationale de l'accueil des étrangers et des migrations**, qui sera organisée par décret (C. trav., art. L. 341-9 et L. 341-10).

13. – Travailleur français à l'étranger. *Le travailleur français à l'étranger* se trouve en principe, quant au travail salarié, soumis au *droit du travail local.* Lorsqu'il se rend dans un pays pauvre, ou sous-développé, le Français qui s'expatrie est défavorisé, du fait que généralement la situation des salaires est à tous points de vue très inférieure au niveau atteint en France. La question vaut aussi pour les salariés français s'expatriant dans des pays membres de l'Union européenne, moins protecteurs que notre droit. Cette situation rend nécessaire une harmonisation des statuts sociaux dans tous les États concernés.

Le problème est surtout important pour les travailleurs qui ne s'expatrient pas définitivement et sont envoyés outre-mer par leurs employeurs français, pour une durée déterminée ou pour une mission temporaire (telle que la construction d'un barrage, d'un pont, d'un métro, etc.).

L'application à leur contrat de la loi locale constitue un lourd handicap.

La Cour de cassation considère que, dans de telles situations, la législation applicable à la relation du travail est *celle qui a été choisie par les parties.* C'est également la solution de l'article 3 de la Convention de Rome sur la loi applicable aux obligations contractuelles.

Elle a pu décider, de la sorte, à différentes reprises, que si le salarié et l'employeur sont de *nationalité française,* et si le contrat stipule qu'en fin de mission ou de chantier, l'*employeur assume le rapatriement* en France du salarié, il faut en déduire que les parties ont voulu se soumettre à la *loi française,* qui doit être retenue pour régler le différend.

Un salarié expatrié pour être mis à la disposition d'une filiale étrangère doit retrouver un emploi au sein de la société mère ou être licencié par elle en tenant compte de l'ancienneté globale, tant en France qu'à l'étranger. Bien entendu, cette règle, contenue dans le Code du travail (art. L. 122-14-8), suppose que le contrat soit soumis au droit français.

C'est l'examen des clauses du contrat de travail et des circonstances de fait qui permettra au juge d'affirmer qu'un tel choix a été fait, lors de la passation du contrat.

Notons que, selon la Convention de Rome, à défaut de libre choix par les parties de la loi applicable au contrat de travail, le juge doit choisir « la loi du pays où le travailleur accomplit habituellement son travail » (art. 6, § 2) ; à défaut encore, la « loi du pays où se trouve l'établissement qui a embauché le travailleur », sauf si le contrat semble devoir être rattaché à un autre pays. Là encore, les circonstances de fait doivent guider le juge, c'est ainsi que, s'agissant du licenciement d'une journaliste française, dont le contrat de travail a été souscrit en Californie et qui exerce ses fonctions depuis neuf ans aux États-Unis, la loi applicable est la loi californienne (Cass. soc., 7 nov. 2001 : *JCP* 2002, IV, 2057).

Section 4

LES CONTRATS DÉROGATOIRES OU ATYPIQUES

14. – Nécessité de contrats dérogatoires. Les dérogations à la norme – contrat de travail à durée indéterminée – sont inévitables en raison de la spécificité de certaines relations de travail.

Ainsi, en ce qui concerne les artistes, en matière de spectacle, il a fallu décider que la *participation aux représentations* faisait présumer l'existence du contrat de travail, de même que l'*appartenance à la troupe théâtrale* faisait bénéficier ses membres du contrat conclu avec elle (C. trav., art. 762-1). Les *VRP* (représentants de commerce) ont reçu un statut spécial (intégré par L. n° 73-463, 9 mai 1973 au C. trav., art. 751-1 et s.), ainsi que les *journalistes professionnels* (art. L. 761-1 et s.), les *concierges et employés de maison*, les *assistantes maternelles* et autres.

Certains des contrats dérogatoires s'appliquent à la *formation* et à l'*insertion*, et alternent, ou cumulent, enseignement professionnel et travail salarié (contrats d'apprentissage, de formation, de qualification, formation professionnelle des adultes) ; d'autres apparaissent comme des palliatifs au chômage (contrats de solidarité, d'insertion, contrats d'emploi des jeunes).

Le *contrat à durée déterminée* – qui ne procure qu'un emploi précaire, prenant fin à la date convenue, sans indemnité, de plein droit – est cantonné à des situations nettement délimitées : *intérim* en cas de congé ou de maladie d'un titulaire du poste, *surcharge passagère d'activité, durée du chantier*, afin d'empêcher son utilisation abusive, comme moyen d'éviter des embauches à durée indéterminée.

Les *contrats saisonniers* ont également une durée déterminée, celle de la durée de l'activité spécifique exercée (personnel des stations de sports d'hiver ou des stations balnéaires, hippodromes) ; il existe aussi des *emplois occasionnels* de faible durée, au moment des fêtes (exemple : réveillons) ou lors de manifestations sportives.

À la suite des mouvements de revendication et des manifestations organisés par certains artistes (« intermittents du spectacle »), un nouveau statut a finalement été mis en place, qui réglemente les contrats, placements et rémunérations des « artistes de spectacles » et les activités des « agents artistiques » (C. trav., art. L. 762-1 à L. 762-12).

La loi du 18 janvier 2005 a créé un statut particulier, intégré au Code du travail (art. L. 774-1) régissant les *éducateurs et aides familiaux* employés par les associations gestionnaires de villages d'enfants autorisés (« fratries d'enfants »).

L'ordonnance n° 2005-892 permet, afin de favoriser l'embauche des jeunes, de ne pas tenir compte pour l'effectif de l'entreprise des jeunes de moins de 26 ans embauchés à compter du 22 juin 2005 (C. trav., art. L. 620-10).

Section 5

LES HORAIRES.
LA DURÉE DU TRAVAIL

15. – Complexité de la réglementation. La réglementation de la durée du travail est *très complexe*, en raison, d'une part, des textes légaux qui comportent un grand nombre de dérogations aux principes qu'ils édictent et, d'autre part, des situations exceptionnelles définies par les *accords d'entreprise* et les *conventions collectives*. En ce qui concerne le *repos hebdomadaire*, les *jours fériés*, le *travail de nuit*, la *durée hebdomadaire du travail*, le *contingent d'heures supplémentaires*, des adaptations et aménagements sont de toute évidence obligatoires lorsqu'il s'agit d'entreprises de *spectacles*, de l'*hôtellerie*, des *transports* routiers, des *hôpitaux et cliniques*, des sapeurs-pompiers, etc., dont l'activité est parfois saisonnière, telle que celle des stations de sports d'hiver, du tourisme au bord de mer, des voyages organisés, des cirques, des grands magasins au moment des fêtes. C'est ainsi que la loi de cohésion sociale a prévu, pour les éducateurs et les aides familiaux des villages d'enfants, un système particulier de décompte du temps de ce travail, avec un plafond annuel de 258 jours travaillés.

16. – Régimes particuliers. Des régimes particuliers doivent être prévus pour la *navigation maritime*, la *pêche* en haute mer, les *long-courriers aériens* ; il en sera de même pour le personnel des entreprises de *travail temporaire*, qui assument des missions d'intérim ou des coups de main occasionnels et ne garantissent pas la continuité du travail.

Enfin, à la demande même des salariés, ont été ouvertes des possibilités d'emploi *à temps partiel*, dont la réglementation est indispensable.

La loi du 18 janvier 2005, modifiant une nouvelles fois l'article L. 212-4, alinéa 2 du Code du travail, qui définit le temps de travail effectif « notamment quant aux temps de la restauration, des pauses, de l'habillage et de déshabillage », vient de préciser que « le temps de déplacement professionnel, pour se rendre sur le lieu d'exécution du contrat de travail, n'est pas un temps de travail effectif ». Elle a, de même, modifié les dispositions relatives au travail de nuit (C. trav., art. L. 213-1-1 à L. 213-4), en instituant, pour les entreprises de presse et de spectacles, des règles propres (fixation de l'horaire entre 24 heures et 7 heures).

17. – Enjeu de la flexibilité. Le patronat désire mettre en place une *flexibilité du temps de travail*, dont la durée légale deviendrait *mensuelle*, ou *annuelle*, et cesserait d'être fixée hebdomadairement. Ce qui permettrait, en morte saison, de diminuer cette durée hebdomadaire et de libérer ainsi des heures disponibles qui seraient utilisées pendant les périodes de *forte activité* (surcharge de travail, caractère saisonnier de certaines productions, afflux de commandes, etc.). Les contraintes ainsi subies par les salariés et la limitation du choix des périodes de congé seraient indemnisées par des repos compensateurs et le complément de rémunération, accordé au titre d'heures supplémentaires.

Les longues discussions qui ont précédé le vote de la loi diminuant le temps de travail hebdomadaire à 35 heures ont montré les enjeux de la durée du travail.

C'est ainsi que la loi du 13 juin 1998 relative aux « 35 heures », marque d'une part, l'instauration d'une certaine flexibilité de la durée du travail, modulable dans certaines limites, dans le cadre annuel, avec fixation de contingents d'heures supplémentaires, et, d'autre part, une incitation politique, au moyen d'aides ou subventions accordées par l'État. Ce texte a créé de nombreuses difficultés aux entreprises qui ont dû être aidées financièrement. La loi de 1998, complétée par les lois du 19 janvier 2000 (Aubry II) et 17 janvier 2002 (dite de modernisation sociale), a surtout profité aux cadres supérieurs qui ont mis à profit leur RTT (réduction du temps de travail) pour jouir de loisirs supplémentaires tandis que les autres catégories ont perdu le bénéfice d'heures supplémentaires et donc des revenus.

Chapitre 2

LES SOURCES DU DROIT

Section 1

LES LOIS ET RÈGLEMENTS

18. – Nécessité d'une harmonisation ou de minima sociaux. Le constat est ancien, même s'il prend aujourd'hui une indéniable acuité : la concurrence économique ne saurait résister à trop de différences dans les législations du droit du travail dans le monde. D'où l'idée d'une harmonisation, ou, objectif moins ambitieux, d'une définition de minima sociaux, afin d'éviter que le capitalisme international, en quête de mondialisation, ne recherche à s'implanter que dans les pays à faible protection sociale, synonyme de profits élevés. C'est ce qu'il est convenu de nommer le « dumping social » pratiqué par quelques contrées.

Le droit international du travail trouve ici un terrain de réflexion.

§ 1. – Sources internationales anciennes

19. – OIT et BIT. Un embryon de droit international du travail vit le jour, après la Première Guerre mondiale ; il s'exprima au cours de conférences internationales, dont certaines aboutirent à des traités et conventions. Une *Organisation internationale du travail* (OIT) fut créée en 1919 à Genève et elle fut pourvue, outre la Conférence internationale du travail et le Conseil d'administration, d'un secrétariat permanent, le *Bureau international du travail* (BIT). Ces trois structures reposent sur le tripartisme (représentants des gouvernements, employeurs et travailleurs). L'OIT adopte des *conventions* juridiquement obligatoires et des *recommandations*.

Les résultats ne furent pas à la hauteur des espoirs, pour des motifs politiques (montée des nationalismes, avènement de systèmes dictatoriaux) et économiques (crise mondiale) ; la principale difficulté demeure, de nos jours, le contrôle du respect des conventions.

§ 2. – Sources communautaires du droit du travail

20. – Nouveaux droits fondamentaux sur le plan interne. La fin des hostilités fut marquée par l'émergence d'une poussée importante de l'idéologie sociale dans de nouvelles directions, avec l'affirmation de *droits fondamentaux nouveaux* tels que le *droit au travail*, les *libertés syndicales*, y compris la grève, mais surtout la *participation ouvrière* à la gestion de l'entreprise (comités d'entreprises), à la protection des travailleurs (comités d'hygiène et de sécurité, délégués du personnel), aux résultats obtenus. Les bouleversements initiaux ont été ensuite confrontés à de nouveaux problèmes, nés de la *crise économique*, du *chômage*, de l'institution d'une *politique de l'emploi*, de l'*immigration*, source de travail clandestin à bas prix, de l'inadaptation de la *formation professionnelle* à l'emploi.

21. – Autorité du droit européen. Sur le plan européen, l'*article 55 de la Constitution du 4 octobre 1958* dispose que, sous réserve de réciprocité, ce qui est le cas pour l'Union européenne, les traités et accords régulièrement ratifiés et promulgués ont dès leur publication en France une *autorité supérieure à celle de la loi nationale interne*, dont les dispositions contraires sont donc écartées, règle qui d'ailleurs s'applique aux *traités bilatéraux* conclus par la France avec des États étrangers.

22. – Droit européen non communautaire. Pour ce qui est du droit européen non communautaire, il convient d'abord de citer la *Convention européenne de sauvegarde des droits de l'homme et des libertés fondamentales* du 4 novembre 1950. Elle est complétée par la Charte sociale européenne de 1964, laquelle se trouve à l'origine de certaines règles, telles que l'interdiction du travail forcé ou obligatoire, la *non-discrimination* basée sur le sexe, la race, la religion, l'*égalité de la rémunération* pour un même travail, les garanties contre les abus de pouvoir, notamment en matière de licenciement, les *libertés syndicales*, les mesures de protection en faveur des délégués du personnel, la fixation d'un salaire minimum, en dernier lieu, la répression du harcèlement sexuel ou moral.

23. – Droit européen communautaire. Pour le droit européen communautaire, l'évolution qui s'est poursuivie sans interruption, a débuté par la modeste Communauté charbon-acier, suivie par le *Traité de Rome*, l'Acte unique du 28 février 1986, la *Charte communautaire des droits sociaux fondamentaux*, signée à Strasbourg le 9 décembre 1989 (par tous les pays sauf la Grande-Bretagne), les Traités de *Maastricht* (7 févr. 1992), d'*Amsterdam* (18 juin 1997) et de *Nice*. Cette progression des instruments diplomatiques a induit une situation nouvelle, non seulement sur le plan politique (création d'un Parlement européen) et juridique (Cour de justice), mais encore en matière économique (libre circulation des personnes, des capitaux et des marchandises, mise en place d'une monnaie commune).

L'uniformisation future de la législation des États membres est recherchée par différents moyens, à savoir :

1° promulgation de *règlements*, applicables *de plein droit et d'office* sur le territoire national de l'État membre, dont la législation interne est écartée ;

2° *directives*, qui incitent les États membres à mettre leur droit interne en accord avec certains principes retenus par la CEE (cf. ci-après un arrêt de la Cour de justice relatif au travail de nuit des femmes) ;

3° *recommandations, déclarations* de la Commission, motions votées par le *Parlement européen*, qui n'ont généralement pas d'effet immédiat ; elles préparent une future unification juridique en suggérant une évolution par étapes des législations internes.

Pour couronner l'édifice, l'article 177 du Traité instituant la CEE permet aux juridictions des États membres de saisir, à titre préjudiciel, la *Cour de justice des communautés européennes* des problèmes relatifs à la « validité et à l'interprétation des actes pris par les institutions de la Communauté ».

La multiplication des normes a donné pleine autonomie à un domaine du droit dénommé « Droit social européen ».

À ce titre, il faut ajouter, parmi les sources du droit du travail :

– la *Convention de sauvegarde des droits de l'homme et des libertés fondamentales,* assortie de protocoles additionnels, dont il est fait application par les institutions européennes ;

– la *Charte sociale européenne,* signée à Strasbourg le 3 mai 1996, publiée par décret du 4 février 2000, qui énonce les principes directeurs du droit social communautaire (cf. F.-J. Pansier, *Mise en place du volet social de la Communauté* : *CSBP* 2001, D. 11 ; *La Charte de l'Union européenne* : *CSBP* 2001, D. 18).

§ 3. – Droit français du travail

24. – Codification du droit du travail. Un premier code avait été adopté entre 1910 et 1927, mais n'avait pas été actualisé. C'est une loi n° 73-4, du 2 janvier 1973, modifiée par celle n° 73-629, du 10 juillet 1973, qui, sous la dénomination *Code du travail,* a codifié à droit constant la législation française. Le texte initial – législatif et réglementaire (décrets d'application n° 73-1046, 1047 et 1048, 15 nov. 1973) – a été de nombreuses fois modifié ; une constante et nécessaire adaptation à l'évolution économique et sociale est en cette matière absolument indispensable.

Ce code est divisé en trois parties (lois, règlements d'administration publique et décrets en Conseil d'État, puis décrets simples), avec pour chaque partie une division identique en neuf livres, ce qui permet une numérotation en correspondance. Par exemple, l'article L. 122-12 (L. pour la première partie des lois) a pour application les articles R. 212-1 (R. comme règlement) et D. 212-1 (D. comme décret simple).

Le Code du travail ne renferme pas la totalité des dispositions législatives et réglementaires concernant le droit du travail. Il convient d'ailleurs de mentionner l'existence de nombreux *règlements administratifs,* décrets, arrêtés et circulaires, pour ce qui concerne *l'Inspection du travail,* la *médecine du travail,* les contrats de solidarité, la formation professionnelle et l'insertion, *l'Agence nationale pour l'emploi,* les allocations de chômage.

25. – Sécurité sociale. Les *accidents du travail,* les *maladies professionnelles,* les prestations en cas d'arrêt de travail pour maladie, les retraites, notamment, relèvent de la législation de la *Sécurité sociale* (ou en agriculture, de la Mutualité sociale agricole).

26. – Statut des étrangers. Le statut des *travailleurs étrangers* rejoint par ailleurs le droit de la nationalité et le droit pénal ; ce dernier sanctionne certaines infractions ayant un lien avec la relation de travail, savoir (par exemple) le *secret professionnel,* l'*entrave à la liberté du travail,* les *détournements de fonds.*

Section 2

LES CONVENTIONS COLLECTIVES NATIONALES

§ 1. – Définition. Élaboration

27. – Extension de la convention collective. La convention collective, source de droit *contractuelle*, prendra un *caractère réglementaire et obligatoire* si, entérinée par le gouvernement, elle fait l'objet d'un *arrêté d'extension*.

La convention ou l'accord collectif doit, à peine de nullité, être un acte écrit, comportant la signature des parties qui l'ont conclu (Cass. soc., 8 janv. 2002 : *Bull. civ.* V, n° 5 ; *CSBP* 2002, n° 138, S. 99, obs. F.-J. Pansier ; *D.* 2002, jurispr. p. 2431, note N. Olszak). La preuve de la signature ne peut être rapportée par tous moyens même s'il est soutenu que l'exemplaire signé existait et qu'il n'avait pas été retrouvé.

Son champ d'application est très général, mais elle peut ne régir qu'une branche d'activité ou une catégorie de salarié.

28. – Élaboration (C. trav., art. L. 132-2). Elle est élaborée au cours de *négociations* entre les organisations patronales (ou l'employeur) représentées par des délégués ayant pouvoir et mandat et les organisations syndicales considérées comme *représentatives*, selon des critères indiqués par l'article L. 133-2 du Code du travail (effectifs du syndicat, indépendance, paiement de cotisations effectives, « expérience et ancienneté » du syndicat, « attitude patriotique pendant l'Occupation »). Elle est mise à jour lors de négociations ultérieures, au moins une fois par an (négociation annuelle).

La négociation n'aboutit pas toujours à un accord total de tous les syndicats ; parfois, seulement certains d'entre eux acceptent de la signer, ce qui n'empêche pas le chef d'entreprise de l'appliquer.

29. – Interdiction des clauses moins favorables pour le salarié (C. trav., art. L. 132-4). L'objet de la convention collective est réglementé par la loi. Elle ne peut stipuler des *clauses moins favorables pour le salarié* que les dispositions contenues dans le Code du travail ; ces clauses d'ordre public sont écartées. Seul le législateur peut déroger à ce principe, à l'exclusion du gouvernement (CE, 27 juill. 2001 : *RJS* 2001, n° 107).

30. – Particularité de la convention collective. La convention collective est particulière à certaines catégories d'entreprises et de personnel. Il en résulte que les établissements et sociétés à activités diversifiées font application de conventions collectives différentes ; en fonction de la diversité des emplois, les salariés qui les occupent sont rattachés à la convention collective correspondant à leur qualification, ainsi que généralement le mentionne leur contrat de travail.

La négociation collective est surveillée à l'échelon national par une *commission nationale*, qui rend compte au gouvernement des résultats obtenus et des difficultés rencontrées, et qui occasionnellement provoquera ainsi l'intervention du *ministre du Travail*.

Elle peut avoir lieu par branche d'activité.

§ 2. – Principes

31. – Interdiction de porter atteinte aux règles d'ordre public. En dehors de l'interdiction de toute atteinte aux avantages légaux dont bénéficient les salariés (C. trav., art. L. 132-4), et donc de la possibilité d'accorder aux salariés une situation plus favorable que celle prévue par la loi – suppléments de salaire, primes, gratifications, congés, indemnités de licenciement, etc. –, la convention collective est assujettie à la stricte obligation de *ne pas porter atteinte aux règles légales d'ordre public*, relatives notamment à la durée du travail, aux droits syndicaux, à la non-discrimination pour cause de sexe, de race, de religion, à l'égalité des salaires entre ceux qui effectuent le même travail, à la réglementation des congés et à la législation concernant le licenciement. Toute clause de la convention collective contraire à des règles d'ordre public, ou portant atteinte aux droits sociaux acquis des travailleurs, est réputée non écrite, nulle et non avenue ; seules peuvent être prises des mesures plus favorables aux salariés que celles prévues par le statut en vigueur (que la dérogation soit directe ou indirecte. – Cass. soc., 25 oct. 1994 : *Bull. civ. V, n° 290* ; *CSBP* 1994, n° 65, S. 168, et les obs.).

32. – Objet et durée de la convention collective. *L'objet de la convention collective* se trouve tantôt général, tantôt différencié suivant les catégories de personnel ; normalement, la convention régit certaines activités, ou branches d'activité, à l'intérieur desquelles chaque collectivité salariale bénéficie naturellement d'un statut propre. Celui-ci ne peut être le même pour le chauffeur routier et la secrétaire de direction ou le mécanicien de l'atelier.

Il existe donc de nombreuses conventions spécifiques, appliquées dans les diverses entreprises, ce qui ne présente pas en principe de problèmes, dès lors que *le contrat de travail se réfère expressément à une convention collective désignée.*

Il faut d'ailleurs mentionner que, sous l'action des syndicats, les négociations tendent à une uniformisation des statuts des personnels exerçant des activités semblables.

Rédigés en français (C. trav., art. L. 132-2-1), les conventions et accords collectifs de travail et les conventions d'entreprise ou d'établissement prévoient leur *durée* qui peut être déterminée ou non (C. trav., art. L. 132-6). Elles fixent également leur champ d'application (C. trav., art. L. 132-5).

§ 3. – Modifications

33. – Fonctionnement. Les conventions et accords collectifs de travail, du fait de la multiplicité syndicale, ne sont parfois signés que par une partie des syndicats (ou même par aucun) représentatifs. Il est vrai que la situation est régularisée par l'effet de l'adhésion des syndicats non signataires. Jusque-là, la convention collective est appliquée, par *décision unilatérale de l'employeur*, qui n'est opposable qu'aux adhérents des syndicats signataires ; les autres salariés peuvent revendiquer le bénéfice du statut antérieur, auquel ils n'ont pas renoncé.

Le *contentieux des conventions et accords collectifs* est évidemment très important pour le personnel, ce qui explique qu'il fasse l'objet de fréquentes modifications législatives ou réglementaires (en dernier lieu, L. n° 2004-391, 4 mai 2004 ; L. 18 janv. 2005 pour la cohésion sociale et L. n° 2005-102, 11 févr. 2005).

34. – Validité de l'accord. La validité (C. trav., art. L. 132-2-2) est subordonnée :

– soit à l'absence d'une opposition émanant de la majorité des organisations syndicales représentatives des salariés concernés, qui, à peine de forclusion, doit être motivée et faite par écrit, dans le délai de quinze jours suivant la notification de la convention ou de l'accord ;

– soit au fait que les syndicats signataires représentent une « majorité de salariés de la branche ».

Ce caractère majoritaire est établi, soit par des consultations périodiques du personnel, soit d'après les résultats des dernières élections professionnelles.

35. – Révision. La révision des conventions collectives s'effectue à l'époque et selon la procédure prévues par les parties (C. trav., art. L. 132-7). Elle aboutit à la signature d'un avenant qui se substitue à la convention initiale. Sont seuls habilités à signer ces avenants les syndicats qui ont signé la convention originaire, ou qui y ont adhéré. Le nouvel accord ne peut être opposé aux adhérents des syndicats non signataires, qui sont en droit de revendiquer le bénéfice des droits acquis sous le régime antérieur, supprimé par l'avenant (Cass. ass. plén., 20 mars 1992 : *Bull. civ.* V, n° 3 ; *CSBP* 1992, n° 103, A 18 ; *D.* 1992, somm. p. 297, note A. Lyon-Caen ; *JCP* 1992, II, 21945, note G. Vachet).

36. – Négociations obligatoires. Leur institution est inspirée par la volonté d'inciter les employeurs et les syndicats à négocier de manière à ce que soient évités des conflits et des grèves, lesquelles sont très préjudiciables quand elles paralysent l'activité de la nation. Ces négociations obligatoires sont périodiques et organisées par la loi : pour les salaires, une fois par an au moins ; pour la révision des classifications, tous les cinq ans ; pour l'égalité professionnelle entre hommes et femmes, les conditions de travail et les retraites, tous les trois ans. Il s'agit là d'une périodicité légale minimale ; rien n'empêche les employeurs et les syndicats d'ouvrir des négociations, sur un point déterminé quand le besoin s'en fait sentir.

37. – Extension. La convention de branche, conclue au niveau national, ne peut être l'objet d'une extension que si ses dispositions traitent un certain nombre de matières, relatives au droit syndical, aux classifications, coefficients hiérarchiques (cf. art. L. 133-5), définissant ainsi le statut du salarié de manière complète.

§ 4. – Dénonciation de la convention

38. – Modalités de la dénonciation. La dénonciation est possible, mais strictement réglementée ; elle est plus facile lorsqu'elle est demandée par la totalité des organisations syndicales ayant signé la convention dénoncée. Dans cette hypothèse, l'organisation d'une nouvelle négociation est obligatoire (C. trav., art. L. 132-8). Si celle-ci aboutit à un accord de substitution, celui-ci ne sera valable que à l'avenir.

§ 5. – Extension par décision ministérielle

39. – Procédure d'extension. L'*extension et l'élargissement de la convention* sont subordonnés à une négociation effectuée par une *commission mixte*, convoquée par le *ministre du Travail* et présidée par son représentant (C. trav., art. L. 133-1), comprenant des représentants des organisations syndicales d'employeurs et de salariés représentatifs dans la branche considérée.

La décision ministérielle rend la convention de branche, ou l'accord professionnel, ou interprofessionnel, obligatoire « *pour tous les salariés et employeurs* » concernés, et ce... « *pour la durée et aux conditions* » prévues par la convention ou l'accord, sauf à exclure de l'extension les clauses contraires à la législation et à la réglementation, ou incompatibles avec la situation existant dans la branche d'activité. Cette procédure s'applique également aux *avenants* à la convention. Des dispositions spéciales sont prévues au cas d'*opposition* ; la durée de la convention et son champ d'application sont déterminés par l'arrêté d'extension ou d'élargissement ; une procédure de révision a également été instituée.

L'arrêté est publié au *Journal officiel* ; il en est généralement effectué des tirages et des publications, qui en permettent une large diffusion.

La convention de branche, conclue au niveau national, ne peut être l'objet d'une extension que si ses dispositions traitent un certain nombre de matières, relatives au droit syndical, aux classifications, coefficients hiérarchiques (cf. art. L. 133-5), définissant ainsi le statut du salarié de manière complète.

40. – Interdiction d'une renonciation individuelle du salarié. *Le salarié ne peut renoncer au bénéfice de la convention*, qui est d'ordre public, même par une acceptation expresse (Cass. soc., 6 juill. 1994 : *Bull. civ.* V, n° 226 ; *Gaz. Pal.* 1994, 2, pan. jurispr. p. 172 ; *CSBP* 1994, n° 64, A. 53 ; *D.* 1994, inf. rap. p. 224 ; *JCP* 1995, 22365, concl. Chauvy. – Cass. soc., 30 mai 2000 : *Bull. civ.* V, n° 210 ; *CSBP* 2000, n° 124, S. 409, obs. F.-J. Pansier), sauf bien entendu à se prévaloir des dispositions plus favorables de la loi, appréciées globalement (Cass. soc., 26 févr. 1997 : *Bull. civ.* V, n° 85 ; *Gaz. Pal.*, 1997, 1, pan. jurispr. p. 109 ; *CSBP* 1997, n° 90, B. 83).

Section 3

LES USAGES

§ 1. – Usages locaux et professionnels

41. – Source de droit subsidiaire. Bien qu'en droit du travail le rôle de l'usage soit limité, il en est cependant fait occasionnellement mention, à titre de *source de droit subsidiaire*. L'article L. 122-5 du Code du travail, quant à la durée du délai-congé, indique ainsi que, dans le silence de la loi et de la convention collective, il est fait application des... « usages pratiqués dans la *localité et la profession* ». La Cour de cassation a ainsi consacré un usage local lyonnais selon lequel l'employeur du gardien d'immeuble prend en charge la taxe d'habitation due pour le logement du salarié.

§ 2. – Usage dans l'entreprise

42. – Caractères de l'usage de l'entreprise. L'usage n'est reconnu comme faisant la loi des parties que s'il a un *caractère général* (il doit concerner au moins une catégorie du personnel de l'entreprise), s'il constitue une pratique *constante et stable*, appliquée de manière *permanente* (un court laps de temps n'est pas suffisant pour établir un usage) et s'il ne varie pas d'une année à l'autre, s'il est *fixe* (toutefois, le caractère de fixité est admis dans la mesure où le montant de la prime litigieuse n'est jamais diminué et varie seulement dans le sens de l'augmentation). La preuve que ces conditions sont remplies incombe au salarié qui se prévaut de l'usage.

L'*usage prime la loi ou la convention collective* s'il est plus favorable que celles-ci pour le salarié.

L'engagement unilatéral, pris par l'employeur devant le comité d'entreprise ou après discussion avec les délégués du personnel, a valeur d'usage.

43. – Dénonciation de l'usage de l'entreprise. La *dénonciation* de l'usage est possible, mais soumise à des conditions rigoureuses. En la forme, elle doit :

1° être *notifiée à chaque salarié* qui en est bénéficiaire, et portée à la connaissance du *comité d'entreprise* ;

2° être formulée en respectant un *délai suffisant* (qui est apprécié tel par le juge) ;

3° être fondée sur un *motif légitime* (ce n'est pas le cas si la dénonciation a pour but de gêner l'exercice immédiat du droit de grève ou de faire pression sur les salariés).

La dénonciation, si elle est admise, n'a *pas d'effet rétroactif* ; elle ne vaut que pour l'avenir.

Pour être régulière, la dénonciation adressée au comité d'entreprise doit se faire en réunion, après inscription à l'ordre du jour (Cass. soc., 5 janv. 2005 : *JCP* 2005, II, 10031, note P. Waquet).

44. – Contentieux. Les litiges portent souvent sur l'octroi de *primes* et de gratifications que l'employeur tente de supprimer, en soutenant que l'octroi de ces avantages était lié à une conjoncture favorable et qu'ils ne se trouvaient pas intégrés dans les salaires. Les difficultés rencontrées par l'entreprise sont invoquées pour obtenir leur suppression.

Il n'est pas interdit de négocier un accord collectif portant sur des sujets d'intérêt commun aux personnels des entreprises formant un groupe (Cass. soc., 30 avr. 2003 : *Bull. civ.* V, n° 155 ; *CSBP* 2003, n° 152, S. 306, obs. C. Charbonneau ; *JCP* E 2003, p. 1776, note K. Adom).

§ 3. – Règles professionnelles

45. – Notion. Il s'agit de règles conventionnelles – modalités de travail, par exemple – établies par l'employeur que les salariés doivent respecter – elles figurent généralement dans le règlement intérieur.

Section 4

LE RÈGLEMENT INTÉRIEUR

46. – Pouvoir réglementaire de l'employeur. Le règlement intérieur, défini par les articles L. 122-33 et suivants du Code du travail, constitue l'expression du *pouvoir réglementaire du chef d'entreprise*, responsable de l'organisation et du fonctionnement de celle-ci.

47. – Champ d'application. Cette institution n'est imposée qu'aux entreprises qui emploient *habituellement au moins vingt salariés*, d'autre part, elle concerne la *quasi-totalité des employeurs, à l'exception des établissements publics* – mais en incluant les officiers publics et ministériels, les professions libérales, les sociétés civiles, les syndicats professionnels et les associations (C. trav., art. L. 122-33).

48. – Acte unilatéral et autoritaire, avec modération. Le caractère *unilatéral et autoritaire* du règlement d'entreprise (Cass. soc., 26 mai 1999 : *Bull. civ.* V, n° 236 ; *CSBP* 1999, n° 113, S 437, obs. M. Hue) est modéré par plusieurs facteurs.

En premier lieu, le règlement intérieur ne peut renfermer des *clauses s'écartant de l'objet limitativement déterminé par l'article L. 122-34 du Code du travail* : organisation de l'entreprise, fonctionnement des ateliers et magasins, utilisation de la main-d'œuvre, règles générales de *discipline*, consignes d'*hygiène et de sécurité* ; il doit rappeler les dispositions de la loi n° 92-1975, du 2 novembre 1992, et de l'article L. 122-46 du Code du travail, relatifs aux abus de pouvoir en matière sexuelle (*harcèlement sexuel*, modifié L. n° 2001-397, 9 mai 2001 et n° 2002-73, 17 janv. 2002).

En dehors des matières ainsi limitativement déterminées, les clauses du règlement intérieur sont *nulles et de nul effet*.

Le règlement intérieur ne peut mettre en échec ni la loi, ni les règlements d'ordre public, ni les conventions collectives ; il n'a qu'un *rôle subsidiaire et complémentaire* ; en dehors du droit du travail, il existe également des règles d'application générale qui sont établies, quant aux *droits fondamentaux de l'homme et du citoyen*, quant aux atteintes à la *vie privée*, tant par les *conventions internationales* signées et régulièrement ratifiées par la France, que par l'*UE* et par la législation française interne (C. trav., art. L. 122-35, modifié L. n° 2001-1066, 16 nov. 2001).

49. – Élaboration du règlement intérieur. L'*élaboration* du règlement intérieur ne se fait pas sans une certaine participation du personnel, notamment prévue par l'article L. 122-36 du Code du travail ; non seulement est requis l'*avis du comité d'entreprise*, ou, à défaut, des délégués du personnel, mais aussi, pour les matières relevant de sa compétence, *celui du comité d'hygiène et de sécurité* (en ce cas, il s'agit d'une *formalité substantielle*, protectrice de l'intérêt des salariés, dont l'omission entraîne la nullité du règlement).

50. – Limitation du contenu. En outre, l'article L. 122-42 du Code du travail interdit expressément au règlement intérieur de prononcer contre le salarié des « *amendes ou autres sanctions pécuniaires* », telles que, par exemple, pour sanctionner la prétendue mauvaise qualité du travail, des retenues ou diminutions de salaires ou le refus de primes ou gratifications ; il s'agit là d'une *règle d'ordre public*,... « toute disposition contraire est réputée non écrite ».

51. – Langue de rédaction. Le règlement intérieur – qui peut être traduit lorsqu'une partie du personnel ne parle pas très bien notre langue – doit être *rédigé en français* (C. trav., art. L. 122-35, modifié L. n° 94-665, 4 août 1994).

52. – Effet et contrôle par l'inspecteur du travail. Noter qu'une fois publié, le règlement intérieur s'impose *aussi bien à l'employeur qu'aux salariés* et fait la *loi des parties*. Il est soumis au *contrôle de l'Inspection du travail*, qui a la faculté d'en faire retirer ou modifier certaines dispositions, et ce « à tout moment » (suivant la procédure prévue par les articles L. 122-37 et s. du Code du travail) par une décision qui est communiquée pour information aux membres du comité d'entreprise (à défaut, aux délégués du personnel) et aux membres du comité d'hygiène et de sécurité. Le greffe du conseil de prud'hommes doit signaler à l'Inspection du travail les jugements prud'homaux qui, saisis d'un litige individuel, écartent comme illégale une clause du règlement intérieur.

Section 5

L'ACCORD D'ENTREPRISE

§ 1. – Généralités

53. – Fruit d'une négociation. L'accord, ou convention d'entreprise, est le fruit d'une *négociation au niveau de l'établissement*, entre partenaires sociaux, savoir l'employeur, ou ses délégués, et le personnel, c'est-à-dire la délégation du personnel représentant employés et ouvriers, formée des délégués du personnel et (s'il y a lieu) des mandataires des syndicats représentatifs. La négociation se déroule sur le plan interne ; en principe, ne peuvent y participer des personnes étrangères à l'établissement (C. trav., art. L. 132-19).

Au niveau de l'entreprise, la loi du 4 mai 2004 a généralisé la possibilité des accords dérogatoires (accords qui dérogent aux dispositions de l'ordre public social, issues des accords de niveau supérieur comme les accords de branche ou professionnels). En effet, l'accord d'entreprise peut déroger aux dispositions d'une convention de branche ou d'un accord professionnel, *sauf si celui-ci l'interdit*. En outre quatre domaines sont insusceptibles de dérogation : les salaires minima, les classifications, les garanties collectives mentionnées à l'article 912-1 du Code de la sécurité sociale (qui concerne la prévoyance) et la mutualisation des fonds recueillis au titre du livre IX (formation) du Code du travail (C. trav., art. L. 132-23).

Le corollaire de la généralisation des accords dérogatoires réside dans l'instauration du principe majoritaire pour la signature des accords collectifs. Jusqu'ici sauf opposition du syndicat majoritaire un syndicat représentatif même minoritaire pouvait engager l'ensemble de la collectivité des salariés. La loi du 4 mai 2004 instaure le principe majoritaire à deux niveaux :

– par principe et de manière supplétive (C. trav., art. L. 132-2-2, III, 2° et dernier alinéa du III), c'est la *majorité d'opposition* qui s'applique ; l'accord signé par une seule organisation syndicale est valable sauf si une majorité s'y oppose ;

– si une convention de branche ou un accord interprofessionnel étendu le prévoit (C. trav., art. L. 132-2-2, III, 1°), l'accord ne sera valable que s'il est signé par une ou plusieurs organisations syndicales représentatives majoritaire(s) : c'est la *majorité d'engagement*.

Dans tous les cas, la majorité s'apprécie comme le fait de recueillir au moins la moitié des suffrages exprimés au premier tour des dernières élections (du CE ou des DP).

54. – Coordinateurs syndicaux (L. 4 mai 2004 et 18 janv. 2005). La loi du 4 mai 2004 a modifié l'article L. 132-19-1 du Code du travail, qui institue une procédure destinée à faciliter les négociations entre les syndicats et les groupements d'employeurs. Elle permet notamment aux organisations syndicales concernées de désigner un ou plusieurs coordinateurs, habilités à négocier et à signer la convention ou l'accord de groupe. Les articles L. 133-20 à 133-26 précisent les conditions d'application de ces nouvelles dispositions législatives, quant aux détails procéduraux, aux conditions de validité et aux possibilités ainsi ouvertes, étant rappelé, d'une part, qu'il est permis d'adopter des dispositions nouvelles et des clauses plus favorables aux salariés, mais non des stipulations moins favorables que celles de la convention collective nationale (Cass. soc., 17 févr. 1993 : *CSBP* 1993, n° 49, A. 23).

55. – Absence de représentants syndicaux. La loi du 4 mai 2004 a donné à l'article L. 132-26 du Code du travail une nouvelle rédaction très détaillée, qui précise les procédures qui permettent de passer outre aux problèmes que posent les entreprises qui n'ont ni représentants syndicaux, ni délégués du personnel, et les conditions dans lesquelles la validation de l'accord (qui jusque-là n'est pas applicable) est délivrée par la commission paritaire de branche compétente

§ 2. – La négociation annuelle

56. – Négociation annuelle obligatoire. L'accord d'entreprise doit être adapté à l'évolution de la vie économique et sociale, par des négociations ultérieures ; l'article L. 132-27 du Code du travail impose une « *négociation annuelle obligatoire* » ; le but est d'assurer une concertation, permettant un *examen périodique* des revendications du personnel et une *évolution* progressive du contenu de l'accord, susceptible d'éviter le déclenchement de conflits. La négociation est *de droit*, après écoulement d'un délai de douze mois, sur la demande d'une organisation syndicale représentative : l'employeur doit convoquer les parties, dans le délai de quinze jours suivant la demande, à une première réunion, au cours de laquelle seront fixés le calendrier et l'objet de la négociation amiable (C. trav., art. L. 132-28). Le manquement à cette obligation par l'employeur est sanctionné (C. trav., art. L. 153-2, renvoyant aux peines prévues pour le délit d'entrave puni par l'article L. 481-2 du même code).

Le deuxième alinéa, ajouté à l'article L. 132-27 du Code du travail, dans sa rédaction donnée par la loi du 18 janvier 2005, visant les entreprises occupant au moins 300 salariés, indique les objets sur lesquels doivent obligatoirement porter les négociations

57. – Élaboration d'un avenant. Cette négociation aboutira normalement à l'élaboration d'un *avenant* à l'accord d'entreprise ou à la convention de branche. Tant que la négociation se poursuit, c'est-à-dire jusqu'à la signature d'un document constatant l'accord, ou le désaccord, sauf urgence, l'employeur ne peut unilatéralement prendre des décisions collectives concernant les différends en discussion (C. trav., art. L. 132-29) ; notamment, il ne peut dénoncer la convention en vigueur (Cass. soc., 29 juin 1994 : *Bull. civ.* V, n° 219 ; *CSBP* 1994, n° 64, A. 52).

§ 3. – Désaccord

58. – Constatation du désaccord. Le désaccord est constaté par un *procès-verbal*, qui mentionne, d'une part, les propositions respectives des parties présentées lors de la négociation, et, d'autre part, l'*indication par l'employeur des mesures qu'il appliquera unilatéralement* malgré l'opposition des salariés (C. trav., art. L. 132-29). Ce document sera *déposé* aux services du ministère du Travail (ou de l'Agriculture, pour les professions agricoles), ainsi qu'au secrétariat du conseil de prud'hommes.

§ 4. – Effets de l'accord

59. – Notification de l'accord d'entreprise. L'accord est également déposé à l'Inspection du travail et au conseil de prud'hommes ; il est *immédiatement exécutoire* (même s'il n'est pas déposé). Tout intéressé peut demander communication, ou copie, des textes déposés.

60. – Possibilité de regroupement des entreprises. La loi du 4 mai 2004, modifiant l'article L. 132-30 du Code du travail, a prévu la création de *commissions paritaires, professionnelles ou interprofessionnelles*, qui s'efforcent de favoriser l'élaboration et la conclusion d'accords de travail d'intérêt local et d'examiner les réclamations, individuelles ou collectives, ainsi que les conditions d'emploi et de travail. Ces commissions peuvent être locales, départementales ou régionales.

61. – Source de droit. L'accord collectif, dans le cadre de son objet limité à la complémentarité des textes légaux et des conventions collectives nationales, constitue en définitive une importante source du droit, à caractère conventionnel (et un excellent moyen de conciliation).

Chapitre 3

LA SPÉCIFICITÉ DU DROIT DU TRAVAIL

Section 1

L'INTÉGRATION DU SALARIÉ À L'ENTREPRISE

§ 1. – Appartenance à l'entreprise

62. – Notion et conséquences de l'appartenance à l'entreprise. Dans le cadre de la norme – *durée indéterminée du contrat de travail* –, le salarié n'est pas un simple contractant, étranger à l'établissement industriel ou commercial qui l'emploie. Il participera au fonctionnement de l'entreprise, sera représenté par des élus, au comité d'entreprise et au comité d'hygiène, de sécurité et des conditions du travail (CHSCT), bénéficiera des œuvres sociales (crèches, restaurants d'usine, séjours à la montagne ou au bord de mer, colonies de vacances, etc.). Le salarié dispose d'un soutien, notamment par suite de l'assistance que peuvent lui fournir les délégués du personnel, les membres du comité d'entreprise, les syndicats, et des avantages, augmentations de salaires, gratifications, qui font l'objet d'actions collectives des salariés. Les articles 441-1 et suivants du Code du travail, qui ont été complétés ou modifiés, ont établi un système d'*intéressement et de participation aux résultats* (initiés par des ordonnances des 7 janvier 1954 et 17 avril 1967, lesquelles, après avoir été réunies par l'ordonnance n° 86-1134, du 21 octobre 1986, ont été codifiées par la loi n° 94-640, du 25 juillet 1994 et ultérieurement modifiées par les lois n° 96-1181 du 30 décembre 1996, n° 90-1002 du 7 novembre 1990 et n° 2001-152 du 19 février 2001).

63. – Obligations mises à la charge du salarié. L'appartenance à l'entreprise implique, à la charge du salarié, d'une part, un certain nombre d'obligations telles que le *secret professionnel*, la *discrétion*, la *non-concurrence*, l'*absence* *de dénigrement*. Le salarié ne doit pas divulguer les secrets de fabrication, les tours de main, ni remettre à des tiers les listes des clients, ni révéler l'état de la trésorerie de son employeur, mais aussi le *devoir d'obéissance* à la hiérarchie, le *respect des consignes*, *l'exécution des ordres* des supérieurs, dans la mesure où il n'existe ni abus, ni atteinte à la dignité, et où les décisions n'excèdent pas ce qui est nécessaire à la bonne marche de l'entreprise.

§ 2. – Un contrat à caractère personnel

64. – Importance de la personnalité du salarié. L'entreprise comporte la vie en commun du *personnel* – salariés de diverses qualifications, cadres de différents niveaux –, des dirigeants, fondés de pouvoir, chefs de service et des *clients*, qui sont, dans le contrat de travail, des tiers ; cependant, le succès de l'entreprise dépend de leur contentement.

La *personnalité du salarié* n'est donc pas indifférente. S'il est inapte, agressif, grossier, les incidents qu'il créera avec ses supérieurs ou ses collègues de travail, à partir d'un certain degré de gravité, pourront être de nature à établir qu'il est impossible de maintenir en poste un salarié qui met en péril le fonctionnement de l'entreprise et même peut-être sa survie. Il en sera à plus forte raison ainsi lorsqu'il se produira des violentes algarades, des scènes d'injures, des agressions ou des rixes.

65. – Personnalité et vie personnelle. Cependant, la Cour de cassation a bien soin de préciser que les *faits relevant de la vie personnelle* du salarié ne peuvent lui être imputés à faute par l'employeur (Cass. soc., 16 déc. 1997 : *Bull. civ.* V, n° 441 ; *Gaz. Pal.*, 1998, 1, pan. jurispr. p. 47 ; *JCP* 1998, II, 10101, note M.-C. Escande-Varniol). Le salarié a droit, même au temps et au lieu de travail, au respect de *l'intimité de sa vie privée* et celle-ci implique en particulier le secret des correspondances : l'employeur ne peut dès lors sans violation de cette liberté fondamentale prendre connaissance des messages personnels émis par le salarié et reçus par lui grâce à un outil informatique mis à sa disposition pour son travail et ceci même au cas où l'employeur aurait interdit une utilisation non professionnelle de l'ordinateur (Cass. soc., 2 oct. 2001, arrêt *Nikon* : *CSBP* 2001, n° 135, A. 40, obs. E. Jez. – Plus généralement, V. C. trav., art. L. 122-45).

Pour autant, la Cour de cassation étend parfois de manière régressive le champ de la vie professionnelle à des domaines manifestement personnels ; elle a ainsi jugé qu'était constitutif d'une faute disciplinaire le fait pour un chauffeur routier de se voir retirer son permis pour conduite sous l'empire d'un état alcoolique, en dehors du temps de travail (Cass. soc., 2 déc. 2003 : *Bull. civ.* V, n° 304 ; *CSBP* 2004, n° 158, A. 21, obs. F.-J. Pansier ; *JCP* 2004, II, 10025, note D. Corrignan-Carsin ; *RTD civ.* 2004, p. 729-731, n° 4, obs. J. Mestre et B. Fages). Cette décision compréhensible sur un plan pragmatique et en raison des préoccupations sécuritaires actuelles n'en demeure pas moins tout à fait contestable au regard du principe d'autonomie de la vie personnelle du salarié ; l'étendue du domaine disciplinaire à des faits certes illicites mais commis dans la vie privée du salarié, est difficilement justifiable juridiquement.

66. – Liberté syndicale. L'*exercice des libertés syndicales* peut ponctuellement motiver des litiges ; il est en effet parfois difficile de séparer certaines actions syndicales des fonctions exercées dans l'entreprise, au cours de conflits atteignant un certain niveau de violence, notamment lors de l'occupation du lieu de travail, de l'installation de piquets de grève ou de la séquestration des dirigeants de l'entreprise. En ce cas, les faits imputés au salarié sont bien entendu appréciés dans le cadre du conflit collectif de travail, mais n'en peuvent pas moins être retenus sur le plan disciplinaire, s'ils excèdent les tolérances habituelles par leur degré de gravité.

Section 2

L'AUTONOMIE DU DROIT DU TRAVAIL

§ 1. – Ordre public social et principe de faveur

67. – Distinction. Présente dans plusieurs textes, la *règle du plus favorable, synthétiquement dénommée principe de faveur*, est l'âme du droit du travail. Cette règle de concours est fournie par l'article L. 135-2 du Code du travail selon lequel « *lorsqu'un employeur est lié par les clauses d'une convention ou d'un accord collectif de travail, ces clauses s'appliquent aux contrats de travail conclus avec lui, sauf dispositions plus favorables* ». Elle a souvent été rapprochée voire confondue avec l'article L. 132-4 du même code, qui consacre la notion *d'ordre public social* (OPS), en prévoyant que « *la convention ou l'accord collectif de travail peuvent comporter des dispositions plus favorables aux salariés que celles des lois et règlements en vigueur. Ils ne peuvent déroger aux dispositions d'ordre public de ces lois et règlements* ». Pourtant, il est possible et utile d'affirmer, tout au contraire, l'autonomie et l'originalité de ce principe-règle.

68. – Ordre public social. Les règles du Code du travail présentent un caractère d'ordre public, que souligne la présence, dans ce code même, d'incriminations pénales visant le manquement à certaines de ses dispositions (marchandage, paiement d'un salaire inférieur au SMIC, atteinte ou entrave à la liberté syndicale) l'ordre public étant généralement défini comme « ce qui est indispensable au maintien de l'organisation sociale ». Ce caractère d'ordre public semble doter ces règles d'une impérativité absolue, puisque selon l'article 6 du Code civil « *on ne peut déroger, par des conventions particulières, aux lois qui intéressent l'ordre public et les bonnes mœurs* ». Or, l'article L. 132-4 du Code du travail déroge à l'article 6 du Code civil en énonçant que « *la convention ou l'accord collectif de travail peuvent comporter des dispositions plus favorables aux salariés que celles des lois ou règlements en vigueur* ». Ces lois ou règlements revêtent alors un caractère d'ordre public relatif, dit social. Ce qui signifie que les droits et garanties qu'assurent ces lois et règlements ne constituent qu'un minimum. Autrement dit, la convention ou l'accord collectif, mais aussi le contrat de travail (convention conclue entre l'employeur et le salarié), et les autres normes du statut collectif, s'ils ne peuvent valablement restreindre les droits conférés au salarié par la loi, ont la puissance de disposer autrement que ne la fait cette dernière, dès lors que cette dérogation est favorable au salarié. L'ordre public social intervient donc à la formation de la norme.

69. – Ordre public absolu. Certaines dispositions légales revêtent le caractère d'ordre public au sens de l'article 6 du Code civil, c'est-à-dire *d'ordre* *public absolu* (OPA). Celles-ci ne supportent aucune dérogation, serait-ce dans un sens plus favorable aux salariés. Il s'agit entre autres des règles qui régissent les compétences et pouvoirs de l'administration du travail (par exemple la loi prévoit la compétence du conseil des prud'hommes pour les litiges relatifs au contrat individuel de travail). Par conséquent, la clause, dont se prévaudrait un salarié, prévoyant la compétence du « club des ivrognes du bistrot Chez Robert d'Aigues-Mortes », quand bien même favorable au salarié, serait nulle. En outre, l'existence d'*accords collectifs dits dérogatoires*, restreint également le champ de l'ordre public social. L'accord collectif dérogatoire est un accord qui, lorsque le législateur l'autorise expressément, peut substituer, dans certains domaines, ses propres dispositions à celles d'un texte de loi ou d'un règlement ; dès lors, l'accord collectif dérogatoire n'est plus nécessairement tenu de revêtir un caractère plus favorable aux salariés, pour écarter la loi ou les règlements, et le risque existe, pour les salariés, de voir leur statut modifié, dans un sens qui leur serait défavorable.

70. – Principe de faveur. La règle du plus favorable ou principe de faveur relaie la notion d'ordre public social dans la mission de protection des salariés. Si l'on veut bien voir dans l'article L. 135-2 du Code du travail une règle originale de concours, étrangère (bien que souvent convergente) à la question d'ordre public, on y trouve un moyen efficace et universel d'assurer ce que l'on pourrait appeler la « protection avancée » du salarié. En parlant de principe de faveur, la question de protection du salarié, est simplement déplacée du terrain de la formation à celui de l'application des normes. Cette proposition ne consiste pas à nier l'existence de l'ordre public social en droit du travail, mais à le distinguer du problème de concours. En effet, à partir du moment où deux normes sont applicables au salarié (deux conventions collectives, par exemple, ou bien une convention collective et un contrat de travail), il ne saurait plus être question d'ordre public. La règle de concours ou règle du plus favorable assure alors seule la protection des salariés. La Cour de cassation a consacré, dans les visas et les motifs de trois arrêts de cassation rendus en 1996, et sans se référer à un texte particulier « *le principe fondamental en droit du travail, selon lequel, en cas de conflit de normes, c'est la plus favorable au salarié qui doit recevoir application* » (Cass. soc., 17 juill. 1996 : *Bull. civ.* V, n° 296 et 297 ; *CSBP* 1996, n° 84, A. 56). Cette solution a été réitérée dans des arrêts de 2001 (à propos du statut EDF-GDF, Cass. soc., 7 févr. 2001 : *CSBP* 2001, n° 129, S. 189, obs. F.-J. Pansier. – À propos d'un usage, Cass. soc., 27 mars 2001 : *Bull. civ.* V, n° 106 ; *CSBP* 2001, n° 131, S. 332, obs. C. Charbonneau). Finalement, le principe de faveur est le principe-règle qui gouverne les conflits entre différentes normes, lorsqu'elles se trouvent en concours. Il peut s'agir des conflits de normes du statut collectif entre elles, ou de ceux entre une règle de ce premier ensemble et un contrat de travail, ou encore entre une norme du professionnelle et la loi au sens large. Dans tous les cas, le principe de faveur a pour mission de garantir l'application de la disposition la plus favorable au salarié.

71. – Méthodes de comparaison. Si ce principe de faveur s'appuie sur des textes légaux, il est plutôt le produit d'une extrapolation à partir de ces textes, permettant de conclure à une norme procurant des solutions non prévues par la loi. Il a l'indétermination caractéristique de la teneur des principes généraux, et son application (comment apprécie-t-on le plus favorable ?) sera souvent malaisée.

Il s'agit, problème après problème, de déterminer la norme la plus favorable au salarié : ceci implique une pesée des avantages (Cass. soc., 9 juill.

1984 : *Bull. civ.* V, n° 304 ; *Gaz. Pal.* 1985, 1, pan. jurispr. p. 8) et le caractère avantageux doit être apprécié globalement (Cass. soc., 22 mai 1979), mais dans le cadre de l'entreprise considérée (Cass. soc., 22 oct. 1984 : *Bull. civ.* V, n° 395 ; *D.* 1985, inf. rap. p. 436, note Langlois). Son corollaire est le *non-cumul des avantages résultant d'une convention collective et d'une loi* (Cass. ass. plén., 18 mars 1988 : *D.* 1989, p. 221, note Chauchard). Si la loi nouvelle contient des dispositions plus favorables, elle s'applique, sauf si c'est la convention qui reste la plus favorable aux travailleurs. La loi est en principe d'application immédiate. En ce qui concerne les concours de conventions collectives, la Cour de cassation arrête que « *les avantages ayant le même objet ou la même cause ne peuvent sauf stipulation contraire, se cumuler, le plus favorable d'entre eux pouvant seul être accordé* » (Cass. ass. plén., 18 mars 1988, préc.). Par exemple, en matière de maternité une seule convention sera applicable : il n'est pas concevable que l'on puisse bénéficier des 30 jours de congés prévus par la convention A en plus des 30 jours prévus par la convention B.

Toutefois l'application de ces règles jurisprudentielles, à les supposer clairement établies, n'est pas toujours simple, dès lors, surtout, qu'un engagement de sauvegarde de l'emploi doit être mis dans la balance. Les juges ont retenu plusieurs méthodes de comparaison : *la comparaison analytique* (il s'agit d'une comparaison avantage par avantage), la *comparaison semi-analytique* (qui se fait catégorie d'avantages par catégorie d'avantages, ayant même cause ou même objet) et *la comparaison globale* (qui se traduit par une comparaison entre l'ensemble des normes applicables ; il en résulte dans ce cas qu'une seule des sources sera applicable).

Il n'existe pas de véritable « hiérarchie des normes » pour ce qui concerne les normes professionnelles entre elles, ni lorsqu'il s'agit d'une confrontation de celles-ci avec la loi ; mais elle est observable entre les autres sources (sources internationales/ loi, Constitution/ loi). S'agissant des *conflits intervenant entre une norme du statut individuel ou collectif et la loi* (par exemple, entre la loi et un contrat de travail, ou bien entre la loi et un usage), si la loi qui nous intéresse est une loi d'ordre public absolu, la norme qui l'oppose sera nulle. Ainsi, la convention collective qui prévoit une compétence autre que celle du conseil des prud'hommes pour trancher les litiges relatifs au contrat individuel du travail est nulle. Si la loi qui nous intéresse n'est pas d'ordre public absolu, il convient de rechercher et d'appliquer la norme la plus favorable au salarié. *Dans le conflit qui oppose la loi à une norme individuelle*, l'on procédera à une comparaison semi-globale en fonction de l'intérêt individuel du salarié. *Dans le conflit entre loi et norme du statut collectif*, il s'agira d'utiliser une méthode de comparaison semi-globale en fonction de l'intérêt collectif des salariés.

En cas de *conflit entre normes du statut collectif*, la Cour de cassation établit une comparaison catégorie d'avantages par catégorie d'avantages, ayant la même cause ou le même objet en fonction de l'intérêt de l'ensemble des salariés. On pourra donc appliquer simultanément les conventions collectives, dès lors que l'application concerne des catégories d'avantage différentes.

Dans le cadre de la *comparaison contrat de travail/ norme du statut collectif*, les juges procèdent à une comparaison analytique a caractère objectif, en fonction de l'intérêt individuel du salarié concerné, c'est-à-dire que le juge compare catégorie d'avantages par catégorie d'avantages. Par exemple, comparer les avantages en matière de rupture du contrat prévu par la convention collective, et les avantages prévus par le contrat lui-même. Il faut bien sûr que ces avantages aient même cause et même objet. On peut donc dans ce cadre appliquer soit l'un soit l'autre selon le plus favorable.

Dès lors que l'une d'elle contient un *engagement en matière d'emploi*, les juges procèdent à une comparaison globale, et non semi-globale, c'est-à-dire qu'ils ne cumulent pas les avantages des deux conventions collectives en concours. Une partie de la doctrine a sollicité cette solution retenue en préconisant de l'appliquer dans une autre hypothèse : celle de la relation entre le contrat de travail et la convention collective. Selon ce courant si la convention contient un engagement en matière d'emploi, elle doit être réputée plus favorable au salarié que son contrat de travail. En principe, comme nous l'avons vu, dans la comparaison convention collective et contrat de travail, dans la recherche du plus favorable, les juges procèdent à une comparaison analytique à caractère objectif, en fonction de l'intérêt individuel. Depuis un arrêt *Quaissy* du 25 février 1998, le salarié serait bénéficiaire de la convention la plus favorable. Au contraire, lorsqu'il y aurait un engagement en matière d'emploi dans la convention collective, même si le contrat était plus favorable, la convention collective devrait primer : c'est la solidarité au nom du maintien de l'emploi.

72. – Principe de faveur et hiérarchie des normes. L'ordre public social conduit à l'application de la disposition la plus favorable au salarié. C'est *le principe de faveur*, qui bouscule la hiérarchie classique des normes. En ce sens, la conception de Hans Kelsen, selon laquelle les normes doivent être conçues comme *hiérarchiquement structurées*, n'est pas explicative de la réalité. Sa « pyramide » est bouleversée par la nécessité du choix de la norme la plus favorable au salarié, quelle que soit sa position dans la hiérarchie classique. La conception de Carl Schmidt, selon lequel les normes juridiques sont *juxtaposées*, explique mieux le principe de faveur.

Toutes ces constructions ont été remises en cause par un arrêt du Conseil constitutionnel et par la loi dite Fillon.

73. – Double remise en cause du principe de faveur. Il est à noter que le Conseil constitutionnel, saisi de la loi du 4 mai 2004 notamment en raison de la généralisation des accords dérogatoires, a été amené à préciser que le principe de faveur ne revêtait pas le caractère de principe fondamental reconnu par les lois de la République (au sens du Préambule de 1946), mais qu'il était simplement « *un principe fondamental du droit du travail dont il appartient au législateur de déterminer le contenu* » (Cons. const., déc. n° 2004-494 DC, 29 avr. 2004 : *JO* 5 mai 2004, p. 7998).

La loi Fillon du 4 mai 2004 *remet en cause le principe de faveur* afin d'introduire une certaine souplesse dans la vie des entreprises ; en effet, la généralisation de la possibilité des accords dérogatoires bouleverse le schéma traditionnel du droit du travail qui veut qu'on ne peut déroger qu'en mieux aux règles protectrices impératives. Comment apprécier l'étendue de ces bouleversements ?

D'abord la dérogation au principe de faveur n'est possible que dans les relations entre conventions ou accords collectifs de différents niveaux. D'une part, il est toujours impossible de déroger aux prescriptions du Code du travail ; d'autre part, dans les relations contrat de travail-conventions ou accords collectifs, *le contrat prime toujours sur l'accord si ce dernier est moins favorable*.

En outre, deux limites encadrent les accords dérogatoires :

– d'une part la norme supérieure (convention de branche ou interprofessionnelle) peut l'interdire (pour les accords d'entreprise) ou au contraire doit l'autoriser expressément (pour les conventions de groupe) ;

– d'autre part certains domaines, pour les accords d'entreprise, restent exclus des accords dérogatoires (cf. § 54).

Enfin, il reste à préciser que les accords dérogatoires ne sont pas nécessairement synonymes de *régression sociale pour les salariés* ; ils peuvent permettre de dégager parfois des marges de manœuvre plus importantes dans la négociation sociale susceptibles d'éviter des conflits collectifs, ainsi que d'adapter les accords aux réalités des différents secteurs d'activités.

§ 2. – Organes de protection. Inspection du travail

74. – Inspection du travail. Le droit du travail, parmi ses spécificités, comporte des institutions d'État ayant pour finalité la *protection des salariés* sur les plans dignes de recevoir un appui public et l'intervention de l'État.

En premier lieu, l'*Inspection du travail*, que l'article L. 611-1 du Code du travail charge de l'*application des lois, règlements et conventions collectives*, a vocation à constater les *infractions* et à provoquer des *poursuites pénales* s'il y a lieu. Elle remplit, à l'endroit des salariés, un rôle de *conseil*, parfois de médiateur, et intervient ponctuellement quand la situation l'exige. Sa consultation et même son autorisation sont parfois requises, lorsqu'il s'agit de licenciement de représentants du personnel ou des licenciements collectifs à caractère économique.

Il n'est pas interdit à l'Inspection du travail de répondre à l'employeur ou au salarié, qui lui demandent son avis à l'occasion d'un différend relatif à la relation de travail. Cependant le Conseil d'État considère que, d'une part, cet avis ne constitue *pas une décision* pouvant donner lieu à un recours pour excès de pouvoir, d'autre part, cet avis doit toujours être donné « *sous réserve de l'appréciation souveraine des tribunaux* », enfin, cette saisine ne décharge pas l'inspecteur du travail de son obligation de secret et de discrétion professionnelle.

L'Inspection du travail assume un rôle important, notamment en cas d'accident du travail, en vérifiant la bonne mise en œuvre des consignes de sécurité et le respect des prescriptions relatives à l'hygiène.

Elle est très appréciée des salariés, qui se plaignent de l'insuffisance de ses moyens.

§ 3. – Services de santé du travail

75. – Multiplicité des rôles de la médecine du travail. La médecine du travail, instituée par l'article L. 241-1 du Code du travail, est appelée « Services de santé du travail », depuis la loi de modernisation sociale du 17 janvier 2002. Elle a certes reçu une mission générale de *surveillance et de contrôle*, notamment quant à l'hygiène des locaux de l'entreprise, aux installations sanitaires, à la pollution des ateliers. Son intervention dans l'exécution du contrat de travail n'est pas négligeable. Soit d'office, soit à la demande de l'employeur ou du salarié, celui-ci peut être soumis à un examen médical au cours duquel le médecin du travail examine son aptitude à l'emploi occupé.

L'*inaptitude physique totale* conduit inéluctablement à un licenciement.

Cependant, la situation est délicate, lorsque le médecin du travail conclut à une inaptitude partielle, c'est-à-dire à un *changement d'emploi*, en spécifiant par exemple que le nouveau poste ne doit pas comporter la station debout, ni l'élévation ou le port de colis lourds, ni l'exécution de certains gestes ou mouvements.

L'employeur ne pourra procéder à un licenciement : il devra en effet procéder au *reclassement* de l'intéressé dans un emploi compatible avec ses capacités physiques, soit dans son entreprise, soit dans un autre établissement du même groupe (ce qui n'est pas toujours commode ; le reclassement d'un chauffeur d'une entreprise de transports routiers, déclaré inapte à la conduite de véhicules, sera quasi impossible). *L'absence d'offre valable ou l'insuffisance de la proposition* de reclassement sera assimilée à un *licenciement* donnant lieu à indemnisation, sauf à l'employeur à démontrer l'impossibilité de reclassement.

§ 4. – Syndicats représentatifs

76. – Importance du rôle des syndicats représentatifs. L'intégration du salarié à l'entreprise lui donne vocation à bénéficier des libertés syndicales et donc de recevoir conseil, aide et assistance des *délégués du personnel*, des *défenseurs syndicaux*, des *dirigeants* des organisations professionnelles, ce qui sera notamment le cas lorsqu'il s'agira de licenciements collectifs, ou pour motifs économiques ou prononcés par suite de manifestations ou grèves.

Dans cet ordre d'idées, il faut signaler la disposition de l'article L. 122-3-16 du Code du travail, aux termes de laquelle « les organisations syndicales représentatives peuvent *exercer en justice toutes actions en application de la présente section* (relative au contrat à durée déterminée), en faveur d'un salarié, sans avoir à justifier d'un mandat de l'intéressé ».

Cependant, le salarié est averti de l'introduction de l'instance et dispose d'un délai de quinze jours pour *s'y opposer* ; il pourra à tout moment intervenir à l'instance aux côtés du syndicat ou décider de mettre un terme à la procédure, par un *désistement*.

Cette procédure – *présomption de mandat d'ester en justice, jusqu'à preuve contraire* – est peut-être le prélude à une *intervention judiciaire* généralisée des syndicats représentatifs, justifiée lorsque les ouvriers en cause se trouvent dans l'incapacité de faire valoir eux-mêmes les droits que leur attribue le Code du travail.

La représentativité des organisations syndicales résulte de *critères non cumulatifs* fixés par l'article L. 133-2 du Code du travail : les effectifs, l'indépendance, les cotisations, l'expérience et l'ancienneté du syndicat, l'attitude patriotique pendant la guerre (critère dépassé aujourd'hui). Un arrêté du 31 mars 1996 a cependant prévu une *présomption de représentativité à l'échelon national* pour la CGT, CGT-FO, CFTC et CFDT, ainsi que pour les cadres de la CGC.

Section 3

L'AUTONOMIE JURIDICTIONNELLE

§ 1. – Spécialisation des juridictions

77. – Description des juridictions spécialisées. Selon l'article L. 511-1 du Code du travail, la totalité des litiges... « pouvant s'élever à l'occasion du contrat de travail » entre les employeurs (ou les organes que la loi leur substitue) et les salariés, ou entre les salariés eux-mêmes, échappent aux juridictions de droit commun, pour relever de la *compétence exclusive du conseil des prud'hommes, au premier degré,* et d'une *chambre sociale, à la cour d'appel au second degré et à la Cour de cassation* ; il s'agit là de formations spécialisées dont les conflits individuels du travail constituent l'essentiel des rôles.

Il existe, depuis la loi Boulin de 1979, au moins un conseil de prud'hommes dans chaque ressort de tribunal de grande instance. Il comporte cinq sections autonomes : industrie, commerce, activités diverses, agriculture (facultative) et encadrement (C. trav., art. L. 512-2). La formation de référé est commune. Les conseillers prud'homaux sont élus tous les cinq ans au scrutin de liste et à la représentation proportionnelle (système dit de la plus forte moyenne, sans panachage ni vote préférentiel. – V. C. trav., art. L. 512-5).

78. – Composition du conseil de prud'hommes. Il résulte notamment de la composition du conseil de prud'hommes des conséquences importantes, du fait qu'elle est, d'une part, paritaire, d'autre part, à base professionnelle (C. trav., art. L. 512-1).

En premier lieu, le conseil de prud'hommes est composé de quatre assesseurs, deux élus par les *employeurs*, les deux autres, généralement des *militants syndicaux*, étant élus par les salariés (deux personnes – un employeur et un salarié – en conciliation et en référé). Il ne comporte, sauf le cas de départage, aucun magistrat professionnel. La discussion va se situer essentiellement sur le *plan des faits* et non sur le terrain des principes juridiques. La solution présentera donc un caractère original, parfois non concordante avec les principes du droit civil ou du droit commercial.

En second lieu, le conseil de prud'hommes tient compte, nécessairement, de l'existence de *nombreuses règles impératives*, pour la plupart d'ordre public, édictées par le Code du travail, qui donnent un caractère particulier aux litiges relatifs au contrat de travail et restreignent largement la liberté des conventions.

Cette situation engendre une *différence d'appréciation marquée* entre le droit du travail, imprégné de considérations sociales, et le droit privé, qui est beaucoup moins personnalisé, plus objectif ; autrement dit, la jurisprudence des tribunaux du travail s'inspire des activités professionnelles, économiques et syndicales, davantage que des grands arrêts civils et de la doctrine juridique.

79. – Situation de départage. En cas de *départage* (2 voix pour une solution, 2 voix pour une autre pour le bureau de jugement, une voix pour et une voix contre en référé), une nouvelle audience a lieu, présidée par le juge départiteur, magistrat professionnel pris parmi l'effectif du tribunal d'instance (juge d'instance ou juge du TGI délégué à l'instance) ou un juge spécialisé à Paris. Les parties plaident à nouveau, et, si le motif de départage demeure, le juge prend seul la décision après avis des conseillers (C. trav., art. L. 515-3).

Le rôle du conseil de prud'hommes, saisi pour trancher les différends individuels nés à l'occasion d'un contrat de travail, est accru du fait de sa compétence exclusive d'ordre public.

80. – Spécificités de procédure. La procédure prud'homale repose sur le principe de l'oralité. Les parties peuvent se défendre elles-mêmes ; sont habilités à assister, ou représenter les parties, tant les salariés ou les employeurs appartenant à la même branche d'activité » (C. trav., art. R. 516-5) que « les délégués permanents ou non permanents des organisations syndicales ouvriers ou patronales » (cf. *La représentation des parties en matière prud'homale* : *CSBP* 1999, n° 113, D. 10).

De plus, le principe de l'unicité de l'instance dispose que « toutes les demandes dérivant du contrat de travail entre les mêmes parties doivent, qu'elles émanent du demandeur ou du défendeur, faire l'objet d'une seule instance » (C. trav., art. R. 516-1).

§ 2. – Interventions fréquentes du législateur

81. – Rôle d'impulsion du législateur et rôle créateur de la jurisprudence. La jurisprudence est lente à se former, ne serait-ce qu'en raison de la longueur de la procédure spécifique des conflits du travail.

Autrefois, on constatait de fréquentes interventions du législateur qui, occasionnellement, votait des dispositions précisant certains points ou donnant l'interprétation de dispositions légales antérieures, *se substituant ainsi à la jurisprudence.*

Cette situation a pratiquement disparu.

La *chambre sociale de la Cour de cassation* a eu l'occasion de prononcer de grands arrêts qui évitent désormais des incertitudes et des erreurs ; un certain nombre d'avocats et de dirigeants syndicaux se tiennent au courant de l'évolution du droit du travail et il existe un nombre suffisant de traités, précis et recueils.

JURISPRUDENCE

Application des règles communautaires dans les États membres

Le travail de nuit

CJCE, 25 juill. 1991 (*D.* 1991, p. 443, *ibid*, inf. rap. p. 212, note Huglo)

La directive n° 76-207, du 9 février 1976, met à la charge des États membres l'obligation de ne pas poser en principe législatif l'interdiction du travail de nuit des femmes, alors qu'il n'existe aucune interdiction du travail de nuit des hommes. Une telle disposition est contraire au principe de l'égalité de traitement entre hommes et femmes.

« Statuant sur un recours en manquement, la Cour déclare et arrête :

En maintenant dans l'article L. 213-1 du Code du travail une interdiction du travail de nuit des femmes dans l'industrie alors qu'une telle interdiction ne s'applique pas aux hommes, la République française a manqué aux obligations qui lui incombent en vertu de l'article 5, paragraphe 1, de la directive 76/207/CEE du Conseil, du 9 février 1976, relative à la mise en œuvre du principe de l'égalité de traitement entre hommes et femmes en ce qui concerne l'accès à l'emploi, à la formation et à la promotion professionnelles, et les conditions de travail ».

Cinquième chambre, 13 mars 1997.

Aff. C-197/96 : *Commission des Communautés européennes c/ République française.*

Le transfert d'entreprises

CJCE, Cour plénière, 11 mars 1997 (*Gaz. Pal.* 1997, 1, somm. p. 296 ; *D.* 1997, inf. rap. p. 64)

L'article L. 122-12 du Code français du travail dispose que... « s'il survient une modification dans la situation juridique de l'employeur, notamment par succession, vente, fusion, transformation du fonds, mise en société, tous les contrats de travail en cours au jour de la modification subsistent entre le nouvel employeur et le personnel de l'entreprise ». Cette règle – principe du maintien des contrats de travail en cas de transferts d'entreprises, d'établissements ou de parties d'établissements à un autre chef d'entreprise, résultant d'une cession conventionnelle ou d'une fusion – figure dans une directive CEE du 14 février 1977.

Ci-dessous, un arrêt du 11 mars 1997.

« Statuant sur la question préjudicielle soumise par l'Arbeitsgericht Bonn (conseil de prud'hommes, Bonn, Allemagne), la Cour dit pour droit :

L'article 1er, paragraphe 1, de la directive 77/187/CEE du Conseil, du 14 février 1977, concernant le rapprochement des législations des États membres relatives au maintien des droits des travailleurs en cas de transferts d'entreprises, d'établissements ou de parties d'établissements, doit être interprété en ce sens que cette dernière ne s'applique pas à une situation dans laquelle un donneur d'ouvrage, qui avait confié le nettoyage de ses locaux à un premier entrepreneur, résilie le contrat qui le liait à celui-ci et conclut, en vue de l'exécution de travaux similaires, un nouveau contrat avec un second entrepreneur si l'opération ne s'accompagne ni d'une cession, entre l'un et l'autre entrepreneur, d'éléments d'actif, corporels ou incorporels, significatifs, ni d'une reprise, par le nouvel entrepreneur, d'une partie essentielle des effectifs, en termes de nombre et de compétence, que son prédécesseur affectait à l'exécution de son contrat ».

Cour plénière, 11 mars 1997.

Aff. C-13/95 : *Ayse Süzen c/ Zehnacker GmbH.*

La compétence prud'homale. Le statut du personnel SNCF

Cass. soc., 17 juill. 1996 (*Gaz. Pal.* 1997, 2, pan. p. 155, *ibid*, 2, p. 429)

Conformément aux dispositions de l'article L. 511-1 du Code du travail, il appartient aux juridictions judiciaires de statuer sur le litige opposant la SNCF à l'un de ses agents

« La Cour,

Sur le moyen unique :

Attendu, selon l'arrêt attaqué (Bordeaux, 6 sept. 1994), que M. Foulcher, agent de la SNCF travaillant à la gare de Bordeaux Saint-Jean en qualité de « technicien transport mouvement principal », soutenant ne pas avoir perçu pendant ses congés payés une rémunération équivalente à celle qu'il aurait dû percevoir s'il avait travaillé, diverses primes et indemnités s'ajoutant à sa rémunération de base n'ayant pas été prises en considération dans le calcul des indemnités de congés payés, a saisi la juridiction prud'homale, le 22 juillet 1992, d'une demande en paiement de diverses sommes à titre de rappel d'indemnités de congés payés pour les cinq dernières années ;

Attendu que la SNCF fait grief à l'arrêt attaqué d'avoir reconnu la compétence du juge prud'homal pour statuer sur une demande de rappel de congés payés formée par l'un de ses agents, alors, selon le moyen, que les modalités de calcul et la détermination de l'assiette des indemnités de congés payés étant prévues par le règlement PS 2 qui forme un tout indissociable avec le statut des relations collectives entre la SNCF et son personnel, approuvé par décision ministérielle et constituant un acte administratif réglementaire, dont la légalité ne peut être appréciée par les tribunaux de l'ordre judiciaire, l'arrêt a violé la loi des 16-24 août 1790 et le principe de la séparation des pouvoirs ;

Mais attendu que la cour d'appel, qui a refusé, à juste titre, d'évoquer le litige sur le fond, les demandes étant inférieures au taux du dernier ressort du conseil des prud'hommes, et qui a renvoyé les parties devant cette juridiction qui en demeurait saisie, a exactement décidé, conformément aux dispositions de l'article L. 6511-1 du Code du travail, qu'il appartenait aux juridictions judiciaires de statuer sur un litige opposant la SNCF à l'un de ses agents ; que le moyen n'est pas fondé ;

Par ces motifs, rejette... »

Application de la Convention européenne de sauvegarde des droits de l'homme et des libertés fondamentales

Cass. soc., 12 janv. 1999 (*Gaz. Pal.* 1999, 1, pan. jurispr. p. 78 ; *CSBP* 1999, n° 110, A. 25, note Robert Wintgen)

« – Sur le premier moyen :

Vu l'article 8 de la Convention européenne de sauvegarde des droits de l'homme et des libertés fondamentales ;

Attendu que selon ce texte toute personne a droit au respect de son domicile ; que le libre choix du domicile personnel et familial est l'un des attributs de ce droit ; qu'une restriction à cette liberté par l'employeur n'est valable qu'à la condition d'être indispensable à la protection des intérêts légitimes de l'entreprise et proportionnée, compte tenu de l'emploi occupé et du travail demandé, au but recherché ; Attendu que M. Spileers a été engagé à compter du 30 août 1991 par la société Omni Pac en qualité d'attaché commercial ; qu'il résulte de la procédure qu'il était domicilié avec sa famille dans la région parisienne et que son secteur d'activité était la région parisienne, le Nord et l'Est de la France ; que son contrat comportait une clause précisant que l'employeur se réservait le droit de modifier la région d'activité, en demandant au salarié d'être domicilié sur cette région dans les 6 mois suivant ce changement d'affectation ; qu'il était également précisé qu'en cas de non-acceptation de la part du salarié, ce refus pourra entraîner la rupture du contrat de travail ne donnant lieu à aucune indemnité particulière de licenciement autre que les indemnités légales ou conventionnelles ; que le 21 août 1992, l'employeur a notifié au salarié la modification d'affectation et lui a demandé d'être domicilié dans la région de Montpellier ; qu'après avoir donné un accord de principe à cette proposition, le salarié a refusé de transférer son domicile familial à Montpellier et a été licencié le 3 novembre 1992 ; que contestant le bien-fondé de son licenciement M. Spileers a saisi la juridiction prud'homale pour obtenir paiement de diverses sommes ;

Attendu que, pour décider que le licenciement fondé sur le non-respect de la clause litigieuse, reposait sur une cause réelle et sérieuse, la cour d'appel a considéré que la clause était licite, dès lors qu'elle était justifiée par la nature et le lieu des fonctions commerciales exercées par l'intéressé et par le bon fonctionnement de l'entreprise ;

Qu'en statuant par ces seuls motifs qui ne justifiaient ni le caractère indispensable pour l'entreprise d'un transfert de domicile, alors que le salarié proposait d'avoir une résidence à Montpellier, ni le caractère proportionné au but recherché de cette atteinte à la liberté de choix du domicile du salarié et alors qu'elle n'explique pas en quoi les attributions de M. Spileers exigeaient une présence permanente à Montpellier, la cour d'appel n'a pas donné de base légale à sa décision ;

Par ces motifs, (...) casse (...) »

Deuxième partie

NAISSANCE DE LA RELATION DE TRAVAIL

Chapitre 1

PRÉALABLES À L'ÉTABLISSEMENT DU CONTRAT DE TRAVAIL

Section 1

LA MISE EN CONTACT DU SALARIÉ ET DE L'EMPLOYEUR

§ 1. – L'embauchage direct

82. – Notion. L'embauchage direct consiste dans un recrutement effectué *directement* par l'employeur, sans passer par un intermédiaire quelconque, public (ANPE) ou privé. La mise en contact est opérée par différents moyens : offre d'emploi ou demande d'emploi publiées dans la *presse*, par *relation* (présentation par un parent ou un ami), par *ouï-dire*, par apposition d'une *pancarte* sur le chantier, sur l'atelier ou l'entrepôt, par une *rencontre fortuite*.

L'embauchage direct suppose donc l'absence d'interposition d'un intermédiaire, notamment l'ANPE, un bureau de placement ; il est en conséquence *informel*. La négociation n'est pas réglementée.

Le recrutement direct comporte après la définition préalable, par le chef d'entreprise, de l'emploi qu'il s'agit de pourvoir et dont la création est nécessaire, ou qui se trouve vacant, la détermination du *profil du futur salarié* qu'il s'agit de recruter et des qualités essentielles qui sont la condition de son admission. Il est tenu compte du curriculum vitæ, de l'entretien du candidat avec le recruteur, des références professionnelles, du résultat des tests et de la graphologie.

A. – Abrogation du monopole de l'ANPE

83. – Principe et intérêt du monopole. Réclamée par les organisations ouvrières, qui dénonçaient les abus des bureaux de placement, l'institution d'un *service public de placement* remonte à une ordonnance du 24 mai 1945. C'était alors un élément d'une certaine révolution sociale, qui comportait, avec l'épuration, la nationalisation des grandes entreprises, la réglementation de la représentativité syndicale et le développement des prestations sociales. L'interdiction de l'embauchage direct aboutissait à conférer à un organisme public, l'ANPE, le monopole du placement des travailleurs. Ce principe du monopole de l'Agence nationale de l'emploi dite ANPE, en ce qui concerne l'embauchage des salariés, et les modalités de son application, étaient régis par les articles L. 311-4 et suivants du Code du travail. Par la force des choses, des dérogations de plus en plus nombreuses furent tolérées (Ord. n° 86-1286, 20 déc. 1986. – D. n° 87-442, 24 juin 1987) ; la jurisprudence de la Cour de justice de la Communauté européenne avait condamné ce monopole comme abusif. Finalement, il a été supprimé par la loi du 18 janvier 2005, qui a modifié l'article L. 311-2 du Code du travail.

84. – Maintien de réglementations spécifiques. L'ouverture du placement à des agences privées n'a pas un effet absolu. Les organismes privés (personnes physiques ou morales) sont soumis à autorisation et à réglementation.

Sont maintenus :

– l'obligation faite à tout travailleur cherchant un emploi de *requérir son inscription à l'ANPE,* sur la liste des demandeurs d'emploi (C. trav., art. L. 311-2) ; cette mesure permet un certain contrôle du marché du travail ;

– la *prohibition des situations discriminatoires,* en tenant compte des éléments énumérés par l'article L. 122-45 du Code du travail, tels que la race, l'ethnie, la religion, la nationalité, etc.

85. – Principe de gratuité. La *vente d'offres et de demandes d'emploi* demeure prohibée (C. trav., art. L. 311-4). L'activité de placement des travailleurs est gratuite pour le salarié. L'agence de placement ne peut réclamer rétribution qu'à l'employeur, à l'exception toutefois des artistes de spectacles (C. trav., art. L. 762-3) et en matière d'activité physique ou sportive (en raison du haut niveau des salaires).

86. – Actes positifs de recherche d'emploi. La loi de cohésion sociale a étendu les obligations des chômeurs à la recherche d'un emploi, en modifiant le libellé de l'article L. 351-16 du Code du travail. Le maintien du revenu de remplacement est subordonné, non seulement à l'inscription sur la liste des demandeurs de l'ANPE, mais à *l'accomplissement d'actes positifs et répétés* en vue de retrouver un emploi. La radiation de la liste des demandeurs d'emploi intervient en cas de refus du salarié, sans motif légitime, soit de suivre une formation nouvelle, soit d'occuper un emploi *compatible* avec sa situation personnelle ou familiale.

Il s'agit d'éviter que le salarié ne s'établisse dans une attitude négative, les allocations versées par les organismes sociaux étant complétées par un travail dans une entreprise familiale ou améliorées par des petits boulots clandestins ou occasionnels. La loi du 18 janvier 2005 a édicté des mesures restrictives ; l'importance du chômage en France justifie que soient éradiquées les fraudes, souvent tolérées par une partie de l'opinion publique.

B. – Contrôle de l'embauche

a) Contrôle préalable de l'embauche

87. – Déclaration préalable à l'Inspection du travail. La suppression du monopole public du placement a pour contrepartie un renforcement du contrôle, confié tant aux agents du ministère de l'Emploi qu'à ceux de l'ANPE et de l'ASSEDIC, lesquels reçoivent le pouvoir d'appliquer la suspension, ou la réduction du revenu de remplacement.

L'employeur, aux termes des articles L. 620 et L. 621 du Code du travail, lorsqu'il se propose d'occuper du personnel, doit en faire la déclaration à l'Inspection du travail. Cette déclaration, qui doit mentionner un certain nombre de renseignements, doit être adressée « dans les huit jours précédant la date prévisible de l'embauche » à l'URSSAF ou à la Mutualité sociale agricole (MSA). Il est accusé réception de la déclaration dans les cinq jours de la réception (C. trav., art. R. 320-1 et s.).

La déclaration doit être effectuée pour chaque salarié, mais l'employeur est autorisé à utiliser un « support unique », dit « déclaration unique d'embauche », instituée par le décret n° 98-252, du 1er avril 1998, utilisable pour l'information de tous les organismes administratifs ou sociaux intéressés.

Les modalités de déclaration sont notamment prévues par les articles R. 320-1 et suivants du Code du travail ; il est prescrit à l'employeur de l'adresser également à l'organisme chargé du recouvrement des cotisations de sécurité sociale ou à la Caisse de la mutualité sociale agricole.

b) Contrôle ultérieur du registre du personnel

88. – Obligation de tenir un registre unique du personnel. L'article L. 620-3 du Code du travail prescrit à l'employeur d'inscrire le personnel, *dans l'ordre des embauches,* sur un *registre unique,* qui porte obligatoirement un certain nombre de mentions (identité, qualifications, rémunération) permettant de connaître le statut de l'intéressé.

Il est conservé pendant une période de cinq ans (C. trav., art. R. 620-4, al. 2).

89. – Communication du registre. Ce registre du personnel est le document de base communiqué (C. trav., art. L. 620-4) aux inspecteurs du travail, aux agents de la sécurité sociale, aux *membres du Comité d'hygiène, de sécurité et des conditions du travail* (à défaut de comité, aux *délégués du personnel*) ; il constitue un moyen de contrôle et aussi un *élément de preuve,* lorsqu'il est produit devant le conseil de prud'hommes (par exemple, défaut d'embauche postérieure d'un salarié en cas de licenciement pour motif économique contesté).

c) Domaine de l'obligation

90. – Généralité de l'obligation (C. trav., art. L. 620-3). Les obligations ci-dessus mentionnées (déclaration préalable et contrôle postérieur) s'appliquent à la généralité des entreprises, même religieuses et même aux établissements de bienfaisance, d'enseignement, même aux professions libérales, aux sociétés civiles, aux syndicats et associations, etc., (C. trav., art. L. 200-1) ; mais la tenue d'un registre n'est pas imposée aux particuliers qui ont à leur service des *employés de maison ou des gardiens.*

Il doit être tenu un registre *dans chaque établissement* dépendant de l'entreprise (ex. : agence d'une société, Cass. crim., 28 sept. 1992 : *Bull. crim.,* n° 292 ; *JCP* 1993, II, 22020, note Godard et 17 janv. 1995 : *Bull. crim.,* n° 22 ; *Gaz. Pal.* 1995, 1, somm. p. 242 ; *JCP* 1995, II, 22476, note O. Godard).

C. – Le recours à la publicité

91. – Diversité des modes de recrutement. La disparition du monopole de l'ANPE a entraîné l'abrogation de l'article L. 311-2 du Code du travail qui, d'une part, obligeait l'employeur à notifier à cet organisme « toute place vacante dans son entreprise », et, d'autre part, interdisait de diffuser les offres d'emploi par des moyens de communication payants, qu'il s'agisse de la presse ou d'un autre media « accessible au public » (C. trav., art. L. 311-4).

Il est permis à l'employeur d'entrer en contact avec les demandeurs d'emploi par la voie d'annonces (offres d'emploi) et de parvenir ainsi à un embauchage *en dehors de l'ANPE*. Ce procédé de recrutement est surtout valable pour pourvoir les emplois d'un certain niveau, pour lesquels il est nécessaire d'examiner, non seulement le *curriculum vitæ*, mais aussi les diplômes, la formation, l'expérience (certificats de travail) et de compléter l'étude du dossier de candidature par un entretien. Il existe d'autres circonstances dérogatoires de recrutement, telles que l'embauche des jeunes gens *en fin d'apprentissage*, celle des élèves des *grandes écoles* dans la période qui précède leur sortie, les salariés en *formation ou stagiaires*.

92. – Recours aux modes de communication. Le Code du travail autorise ces prospections, effectuées soit par l'entreprise elle-même, soit par des agences spécialisées auxquelles s'adressent les grandes sociétés. C'est pour donner des garanties suffisantes aux demandeurs d'emploi que l'article L. 311-4 du Code du travail subordonne les « *insertions et demandes d'emploi dans la presse* » à l'application de règles strictes, notamment (art. L. 311-4) :

1° *prohiber les annonces anonymes* ; le directeur de la publication doit se faire communiquer par l'annonceur, personne physique ou morale, son identité ou sa raison sociale et son adresse. Le directeur départemental du travail et l'ANPE, sur simple demande, obtiendront ces renseignements du directeur de la publication ;

2° en même temps qu'il publie l'annonce, le directeur de la publication doit *donner connaissance à l'ANPE de l'offre d'emploi* qui y est faite.

93. – Contraintes spécifiques. Des contraintes supplémentaires pèsent sur l'employeur lorsqu'il s'agit d'offres d'emploi ou de *travaux à domicile*, les salariés travaillant à domicile étant considérés comme vulnérables et inaptes à défendre valablement leurs intérêts.

Il en est de même en ce qui concerne les entreprises de *travail temporaire*, qui recrutent généralement des personnes ayant perdu leur emploi, pour une durée déterminée, sans garantir la stabilité de leur poste, avec des interruptions fréquentes et des changements de lieux et de méthodes de travail, souvent laissés à la discrétion du patron.

Parmi ces contraintes, figure l'obligation d'employer la langue française.

94. – Répression. L'ensemble de ces dispositions est contenu dans les articles L. 311-4 et L. 311-5 du Code du travail, qui organisent la constatation et la répression des infractions constituées par la publication d'« *allégations fausses, ou susceptibles d'induire en erreur* », relatives aux offres d'emploi et aux carrières, imputables aux employeurs.

95. – Télé-recrutement. L'ensemble de ces dispositions peut être étendu aux annonces faites selon d'autres modes de communication : la chaîne de télévision *Demain* et certains sites Internet sont des exemples de ces nouveaux moyens de recrutement.

§ 2. – Le service public de placement

96. – ANPE. Le service public de placement (dont le statut occupe un chapitre du Code du travail, art. L. 311-1 et s.) avait été institué pour parvenir à la suppression des bureaux de placement privés, demandée par les organisations syndicales. D'où la création, par une ordonnance du 13 juillet 1967, d'une Agence nationale pour l'emploi, établissement public national, doté de la *personnalité juridique* et de l'*autonomie financière, à gestion tripartite* (État, employeurs, salariés), qui bénéficiait d'un *monopole du placement* ; recevant les déclarations des demandeurs d'emploi et celles des employeurs relatives aux offres d'emplois, l'ANPE, avec le concours des collectivités locales et de l'UNEDIC, se voyait confier le monopole du placement, ayant mission de réguler le marché du travail ; elle était pour cela dotée de *directions régionales* et de bureaux locaux, et passait des *conventions* avec des organismes paritaires (ou des associations locales créées par employeurs ou syndicats). Après plusieurs réformes partielles, le monopole de l'Agence a été finalement supprimé par une ordonnance du 20 décembre 1986, sinon de droit, mais tout au moins de fait, celle-ci permettant, pour les opérations de placement, la coopération de l'ANPE, avec des « correspondants » locaux conventionnels.

97. – Nouveau dispositif 2005. La suppression du monopole de l'ANPE a été complétée de mesures destinées à mettre (en principe) un terme à la dispersion et à l'éclatement du service public de l'emploi, à l'enchevêtrement des intervenants (communes, régions, formation des adultes, chambres de commerce, organisations patronales, syndicats ouvriers), avec comme conséquence des doubles emplois, des actions concurrentes, un gaspillage financier. L'idéologie de la « cohésion sociale » était de contraindre tous ces organes, à la cohérence, à la coopération et au rapprochement et aussi de faire appel à des nouveaux partenaires, en liant l'indemnisation du chômage au placement.

98. – Participation des ASSEDIC. Le nouvel article L. 311-1 du Code du travail, créé par la loi du 18 janvier 2005, indique que le service public de l'emploi comprend, outre les services de l'État, l'ANPE et l'AFPA (Association de formation professionnelle des adultes), ainsi que les organismes de l'assurance chômage mentionnés à l'article L. 321-25 du Code du travail, étant précisé que ceux-ci peuvent confier des missions (assurance et recouvrement des cotisations) « ... à un, ou des organismes privés de leur choix ». Il est difficile de prévoir de quelle manière va s'établir la structuration de cet ensemble, sans doute par voie de convention, à défaut de décret d'application. À cet égard, la loi indique que pourront participer au service public de l'emploi des organismes privés, tels que les entreprises de travail temporaire et même les organismes de placement privés. Une convention pluriannuelle, passée entre l'État, l'ANPE et les organismes de l'assurance chômage détermine les modalités de coordination et les actions à mener. Elle sera répercutée au plan local par des « conventions territoriales du développement de l'emploi ».

99. – Collectivités territoriales. Dans le cadre de la politique de décentralisation, actuellement menée en France, les collectivités territoriales sont appelées à participer au service de l'emploi. Leur rôle apparaît devoir être très important quant à la mise en place et au fonctionnement des maisons de l'emploi, qui peuvent prendre la forme de groupements d'intérêt public, dans lesquels elles sont associées à l'État, à l'ANPE et à d'autres organismes. Des « missions locales pour l'insertion professionnelle des jeunes de 16 à 25 ans » permettent une mobilisation de l'ensemble des éléments locaux susceptibles de coopérer à la politique de l'emploi et au recrutement des chômeurs, et d'un regroupement de tous les participants en un lieu unique (« guichet unique »). La création de 300 maisons de l'emploi est prévue en 2006.

§ 3. – Les placements privés

A. – Bureaux de placement gratuit

100. – Interdiction et tempéraments. Le principe de leur *interdiction* a été tempéré par le maintien à titre provisoire de bureaux créés par les *organisations professionnelles* (Bourses du travail, syndicats, associations d'anciens élèves, cf. C. trav., art. L. 312-1 et s.) ; ils sont soumis au contrôle de l'État et agissent généralement en qualité de *correspondants de l'ANPE.*

B. – Placement payant

101. – Réglementation nouvelle libérale. La suppression des *bureaux de placement payants* et le contrôle et la surveillance de ceux, *provisoirement maintenus*, qui avaient été créés avant le 24 mai 1945, font l'objet d'une réglementation stricte (C. trav., art. L. 312-7 et s.), inspirée par les abus commis par les bureaux de ce type au XIXe siècle (ils prélevaient des rémunérations excessives). Depuis la loi du 18 janvier 2005, toute personne physique ou morale de droit privé a le droit de consacrer son activité principale à la fourniture de services de placement sans autre formalité que la déclaration préalable à l'autorité administrative, mentionnant un certain nombre de renseignements.

Les manquements aux dispositions de l'article L. 310-2 du Code du travail sont constatés par les fonctionnaires et agents chargés du contrôle et peuvent être, après mise en demeure, sanctionnés par une fermeture de trois mois au maximum.

L'article L. 311-7 du Code du travail autorise l'ANPE à s'adresser au secteur privé, par exemple, en prenant des participations ou en créant des filiales ; celles-ci peuvent facturer leurs services, notamment aux employeurs, à l'exception des demandeurs d'emploi, pour lesquels la gratuité est de règle, ainsi que toute rétribution « directe ou indirecte ».

§ 4. – Exceptions et dérogations

A. – Dérogations légales

102. – Énumération des dérogations légales. Des exceptions ou dérogations sont apportées au droit commun, dans le cadre des statuts spécifiques de certains métiers, soit parce qu'ils sont réglementés et contrôlés par l'Administration ou lorsqu'ils exigent certaines qualifications ou la possession de diplômes. Elles résultent des *statuts spécifiques de certaines professions*, tels que ceux des :

1° *marins* (Code du travail maritime, qui les soumet à des exigences particulières quant à leur formation et leur embauche, et attribue un rôle important à l'Administration) ;

2° *artistes du spectacle* (réglementation des agences artistiques et de l'activité des managers, imprésarios, C. trav., art. R. 762-1 et s. ; pénalités : art. R. 796-2 et 3) ;

3° *agences de mannequins* (C. trav., art. L. 763-1 et s. ; R. 796-2 et 3).

B. – Dérogations communautaires et internationales. Prérecrutement

103. – Dérogations communautaires. L'*institution de règles communautaires,* relatives aux droits des travailleurs, compte tenu de la *liberté de circulation et de séjour à l'intérieur de l'UE,* conduit à une progressive uniformisation des systèmes de placement et de recrutement, et notamment à une diminution de l'emprise de l'État sur le placement.

104. – Contrat de droit international. Le *caractère international* du droit du travail devient de plus en plus important, compte tenu de l'implantation des *entreprises multinationales,* des *délocalisations,* de la *mondialisation de l'économie.* C'est ainsi, par exemple, que les contrats conclus par les organisateurs de *corridas* avec les matadors s'inspirent du droit espagnol (ou plutôt des usages ibériques) et comportent l'engagement collectif du « cartel » (picadors, matadors, péons, valets d'épée, etc.). Cette situation est fréquente en ce qui concerne les *tournées théâtrales,* les *tours de chant,* etc. (le contrat englobe la fourniture du matériel, etc. ; il y est inclus le personnel : danseurs, choristes, musiciens, etc.).

L'expatriation du travailleur, même s'il bénéficie d'un droit de séjour dans le pays où il se rend, met en jeu des problèmes particuliers, qui ont des aspects différents, selon qu'il s'agit, ou non, d'un départ définitif. Le *travail frontalier* permet le retour quotidien du salarié à son domicile ; le travail *saisonnier ou temporaire* entraîne de plus longues absences.

Il doit être encore mentionné le caractère spécifique des contrats de travail des *sportifs professionnels,* avec, sur le plan du recrutement, l'institution du *système dit des transferts.*

105. – Prérecrutement. Il existe des filières d'enseignement et de formation qui constituent en quelque sorte un *prérecrutement.* Certaines grandes entreprises possèdent en effet des centres d'apprentissage et des instituts professionnels qui, normalement, aboutissent à l'embauche directe des élèves, à l'expiration de la durée prévue au contrat (autre exemple : la qualification du personnel navigant des lignes aériennes).

§ 5. – La réglementation de la sélection

A. – Sélection

106. – Méthodes de recrutement. La sélection est effectuée, après la mise en rapport initiale de l'employeur et du futur salarié, par différents moyens, tels que le passage de tests, des enquêtes de personnalité, des demandes indiscrètes sur les opinions de l'intéressé, un entretien avec les dirigeants de l'entreprise, avec souvent mise en compétition de plusieurs candidats choisis parmi ceux qui ont répondu aux annonces.

La question se pose de savoir jusqu'où l'employeur peut pousser l'interrogatoire, sans outrepasser les limites légales et porter atteinte aux **droits de la personne**, et aussi – nous le verrons par la suite – le problème du respect du **principe de non-discrimination**.

Toute utilisation des nouvelles technologies d'information et de la communication pour le recrutement des salariés entraîne pour l'employeur l'obligation d'informer le comité d'entreprise (C. trav., art. L. 432-2-1). De plus, aucune information personnelle sur les candidats à un emploi ne peut être collectée par un dispositif qui n'a pas été porté à la connaissance des candidats

(C. trav., art. L. 121-8). En outre si l'employeur crée à partir des informations nominatives collectées auprès des candidats, des fichiers informatisés, il doit alors procéder à une déclaration préalable auprès de la CNIL (L. nº 78-17, 6 janv. 1978, art. 16).

107. – Précision de la sélection. La sélection présentera d'ailleurs des aspects différents, selon qu'elle s'adresse à de simples ouvriers, qui ne participent pas à la gestion de l'entreprise, à des techniciens d'un niveau moyen, à des cadres subalternes, dont la compétence et l'expérience jouent un rôle important dans le fonctionnement et la rentabilité de l'établissement ou au personnel de direction, assumant des responsabilités essentielles, dont le recrutement mérite les plus grandes précautions.

B. – Déontologie de la sélection et principes de non-discrimination

108. – Déontologie de la sélection. L'employeur, tant dans les annonces publiées dans la presse qu'au cours des opérations ultérieures de sélection, qui déterminent le choix de l'élu, ou le cabinet de consultants qu'il a chargé de ces opérations effectuées pour son compte et sous son contrôle, est tenu d'observer un certain nombre de règles qualifiées généralement de déontologie de la sélection, qui sont ci-après résumées.

En revanche, par deux arrêts très remarqués, la Cour de cassation a créé un véritable droit au mensonge du salarié en admettant que le candidat porte dans son *curriculum vitæ* des mentions inexactes, dès lors qu'elles ne sont pas constitutives de manœuvres frauduleuses (Cass. soc., 16 févr. 1999 : *CSBP* 1999, nº 110, A. 27, note F.-J. Pansier. – Cass. soc., 30 mars 1999 : *CSBP* 1999, nº 112, A. 35, note M. Hue).

109. – Principe de non-discrimination. Le principe de non-discrimination procède tantôt du *droit international,* ou communautaire (Déclaration européenne des droits de l'homme du 18 octobre 1968, notamment des règlements et directives instituant la *liberté de circulation, de déplacement et de séjour* à l'intérieur de la Communauté et l'égalité de traitement entre les ressortissants des États membres), tantôt du *droit interne* (C. pén., art. 225-1), en ce qui concerne l'appartenance « à l'un ou l'autre sexe » (C. trav., art. L. 123-1), pour ce qui est des libertés syndicales (C. trav., art. L. 412-1) ; l'article L. 122-45 du Code du travail a été modifié par les lois nº 2001-1066 du 16 novembre 2001 et nº 2002-403 du 4 mars 2002, qui ont élargi le domaine de la discrimination

Les principales règles intéressent :

1° l'origine, l'ethnie, la race, l'apparence physique, le patronyme, la nationalité ;

2° la religion ;

3° l'âge, les caractéristiques génétiques ;

4° le sexe, les mœurs, l'orientation sexuelle, la situation de famille ;

5° les opinions politiques, les activités syndicalistes et mutualistes ;

6° l'état de santé ou le handicap, dont il n'est tenu compte que si l'inaptitude à l'emploi est constatée par le médecin du travail.

Ces interdictions sont *d'ordre public,* donc toute convention contraire est *nulle de plein droit.*

Des dérogations existent en ce qui concerne l'appartenance à l'un ou l'autre sexe, notamment pour les artistes, mannequins (mode) et modèles (C. trav., art. R. 123-1).

C. - Sanctions

110. - Sanctions pénales. L'employeur, ou le cabinet de recrutement mandaté par lui, est donc tenu de s'abstenir, dans sa correspondance ou ses annonces, de manifester des exigences et conditions d'embauche, contrevenant aux règles et principes ci-dessus exposés, à peine d'être pénalement poursuivi, en application des articles 225-1 et suivants du Code pénal (Cf. à cet égard : note d'un chef de service interdisant le recrutement de « personnel de couleur », Cass. crim., 14 nov. 1989 : *Bull. crim.*, n° 416).

111. - Sanctions civiles. Le candidat à l'emploi évincé pour cause de discrimination raciale ne pourra obliger le chef d'entreprise à le désigner et à annuler la nomination d'un concurrent (nul ne peut être contraint à une obligation de faire) ; mais il sera recevable à réclamer l'indemnisation du préjudice qu'il a subi.

112. - Difficulté de la preuve. Il n'en reste pas moins qu'en cette matière, la preuve est difficile à faire, le chef d'entreprise dissimulant le motif « raciste » du rejet de la demande en invoquant des raisons dont il est le seul juge (non-conformité de l'intéressé au « profil de l'emploi »).

La jurisprudence communautaire estime que, pour apprécier le caractère discriminatoire, dans le cas d'un personnel salarié mixte, il y a lieu d'envisager le pourcentage de l'un et de l'autre ; il s'agit d'un premier pas vers une conception communautariste de la discrimination, conduisant à instaurer des quotas au titre de la *discrimination positive*.

La loi française *tente de faciliter cette preuve* : la loi du 16 novembre 2001 a modifié les règles de preuve applicables en matière de discrimination. La personne victime est désormais tenue d'apporter au juge « les éléments de fait laissant supposer l'existence d'une discrimination » ; le défendeur doit prouver que sa décision est justifiée par des éléments objectifs étrangers à toute discrimination. Cette réforme incite le juge à l'interventionnisme : le juge doit former sa conviction après avoir ordonné, en cas de besoin, toutes les mesures d'instruction qu'il estime utiles.

Afin de favoriser les poursuites, un *droit d'action* est reconnu tant aux syndicats professionnels qu'aux associations ayant pour objet la lutte contre la discrimination et des pouvoirs spéciaux sont confiés aux délégués du personnel et à l'inspection du travail (C. trav., art. L. 122-45-1).

En outre, la loi du 30 décembre 2004 (L. n° 2004-1486 : *JO* 31 déc. 2004) crée une *Haute autorité de lutte contre les discriminations et pour l'égalité* (HALDE), autorité administrative indépendante, compétente « pour connaître de toutes les discriminations directes ou indirectes prohibées par la loi ou par un engagement international auquel la France est partie » (art. 1er). De plus, cette loi renforce les sanctions contre les propos injurieux, sexistes ou homophobes (art. 21). Enfin, modifiant la loi du 16 novembre 2001 relative à la lutte contre les discriminations, elle crée un service d'accueil téléphonique destiné à recueillir les appels des personnes estimant avoir été victimes de discriminations (art. 24).

113. - Homosexualité. Dans un arrêt célèbre opposant un sacristain à une institution religieuse, la Cour de cassation a solennellement affirmé que l'employeur ne peut faire état, pour refuser l'embauche ou pour prononcer un licenciement, de l'homosexualité du candidat, quel que soit l'emploi envisagé (Cass. soc., 17 avr. 1991 : *Bull. crim., n°* 201 ; *Gaz. Pal.* 1991, 2, p. 474, note O. Echappé ; *JCP* 1991, II, 21724, note A. Sériaux). C'est une décision juste et protectrice des droits de l'homme (pour une position similaire pour des raisons religieuses : Cass. soc., 27 nov. 1986 : *Dr. soc.* 1987, p. 379).

§ 6. – L'interdiction du marchandage

A. – Interdiction du marchandage

114. – Définition. Le délit de marchandage consiste dans la fourniture de main-d'œuvre, opérée *à but lucratif*, par une entreprise spécialisée, au profit d'un employeur, qui a pour objet et résultat de priver le salarié des avantages et garanties qui lui donne la loi, d'éluder l'application des règlements et conventions collectives, de mettre en échec les libertés syndicales. Constitue également un marchandage « toute opération à but lucratif, ayant pour objet exclusif le prêt de main-d'œuvre » lorsqu'elle n'entre pas dans le cadre du travail temporaire légalement permis.

115. – Sanction pénale. Le marchandage, qui ne doit pas être confondu avec le travail temporaire (prévu par les articles L. 124-1 et s. du Code du travail), est *interdit* par les articles L. 125-1 et suivants du Code du travail, toute infraction à cette interdiction étant, aux termes de l'article L. 152-3 du Code du travail, sanctionnée par des poursuites pénales.

116. – Sanction civile. Les contrats de marchandage, illicites comme contrevenant à la loi pénale, sont donc nuls d'une *nullité absolue d'ordre public.* Reste que la distinction est rendue très délicate en présence de contrats de prestations de services avec mise à disposition de personnel, comme c'est le cas dans le domaine informatique par l'intermédiaire des sociétés de service d'ingénierie informatique (dites SSII, cf. sur ce point, K. Guellaty et F.-J. Pansier, *Les SSII*, Coll. Droit@Litec, Litec, 2001).

B. – Contrats licites

117. – Exception à l'interdiction du marchandage. En dehors de l'exception relative au travail temporaire, existent d'autres dérogations à l'interdiction de marchandage, justifiées dans la mesure où les opérations pratiquées ne constituent pas une simple fourniture de main-d'œuvre et ne recherchent pas une fraude à la loi, mais se trouvent légitimées par le fonctionnement normal de l'entreprise, étant précisé que le but lucratif existe dès qu'il y a dispense, pour l'entreprise bénéficiaire, de supporter les charges sociales qui seraient dues si elle employait ses propres salariés (Cass. crim., 12 mai 1998 : *Bull. crim.*, n° 160 ; *Gaz. Pal.*, 1998, 2, chron. crim. p. 155) ou lorsque les salariés objet du prêt de main-d'œuvre ne perçoivent qu'un salaire minoré (Cass. crim., 16 juin 1998 : *Bull. crim.*, n° 195 ; *Gaz. Pal.*, 1998, 2, chron. dr. crim. p. 172 ; *CSBP* 1998, n° 105, S. 437, obs. F.-J. Pansier).

118. – Licéité du détachement. Sont licites des *détachements* dans d'autres entreprises, en France ou à l'étranger, dès lors qu'ils ont pour but de *transmettre un savoir ou un tour de main*, à l'occasion de la vente d'équipements ou dans le cadre d'un service après-vente, et aussi lorsque l'opération se déroule entre sociétés dépendant d'*un même groupe*, avec pour objectif des restructurations et remises en ordre. Ainsi, beaucoup de sociétés d'ingénierie informatiques ont mis à la disposition des entreprises des informaticiens en vue de préparer le passage à l'an 2000 ou au second millénaire. Ces salariés détachés ont une capacité haute en technicité justifiant leur mise à disposition.

119. – Sous-traitance et marchandage déguisé. La sous-traitance est susceptible de revêtir l'aspect d'un marchandage lorsqu'elle est fictive et *déguise occasionnellement un prêt de main-d'œuvre.*

120. – Extériorisation des taches. Cette expression désigne une pratique par laquelle l'entreprise ne conserve sous sa gestion directe que ses activités principales et confie à d'autres ses *activités accessoires* (telles que le nettoyage des locaux, le gardiennage, la maintenance, la facturation, l'exploitation de la cantine, etc.) ; les salariés affectés à ces tâches passent donc au service des sociétés chargées de ces missions, que ce soit par contrat d'entreprise ou en sous-traitance, et se trouvent désormais exclus du statut des employés de l'entreprise principale (C. trav., art. L. 125-2 et L. 125-3).

Ils sont en conséquence admis à prouver, pour obtenir le maintien de leurs droits acquis, que l'opération apparente, qui leur préjudicie, est fictive et que l'entreprise tierce intervenante se borne à une simple fourniture de main-d'œuvre ; c'est le cas notamment si elle ne comporte aucun encadrement, aucune organisation propre, aucune modalité d'exécution originale (Cass. crim., 21 août 1995 : *Gaz. Pal.* 1995, 2, somm. p. 577).

121. – Travail temporaire. Pour les mêmes raisons, le marchandage est imputable aux entreprises de travail temporaire qui transforment la « mise à disposition de main-d'œuvre » en une manœuvre permettant d'échapper à l'immatriculation du salarié à la sécurité sociale et de lui refuser les avantages stipulés par la convention collective. Toutefois, il faut distinguer ce marchandage interdit de pratiques spécifiques dans certains domaines : en ingénierie informatique, il est courant que des sociétés placent des salariés auprès d'entreprises tierces (ce sont les Sociétés de services et ingénierie informatique, ou SSII. – Cf. K. Guellaty et F.-J. Pansier, *Les SSII*, Coll. Droit@Litec, Litec, 2000).

JURISPRUDENCE

Le prêt de main-d'œuvre et le marchandage prohibé

Cass. soc., 9 juin 1993, *SA Sotralenz c/ Ruiz Sanchez* (*Bull. civ.* V, n° 164 ; *Gaz. Pal.* 1993, 2, pan. jurispr. p. 199 ; *CSBP* 1993, n° 52, S. 112)

« *Sur le moyen unique :*

Vu les articles 455 du Nouveau Code de procédure civile et L. 125-3 du Code du travail ;

Attendu, selon l'arrêt attaqué, que M. Ruiz Sanchez, employé depuis 1965 par la société Sotralenz, en dernier lieu en qualité de chef de chantier, a été chargé par son employeur d'une mission en Syrie sur un chantier de la société Buttner ; que, le 14 février 1985, quelques jours avant la date fixée pour son départ, et alors qu'il se trouvait à Paris, au siège de cette société, il a téléphoné à son employeur pour lui faire connaître qu'il ne pouvait accepter la mission aux conditions financières qui lui avaient été proposées ; qu'ayant, dès le 20 février 1985, été licencié pour faute grave, il a saisi le conseil de prud'hommes d'une demande en paiement d'indemnités de préavis et de congés payés et d'une demande en dommages-intérêts pour licenciement sans cause réelle et sérieuse ;

Attendu que, pour dire que le licenciement ne procédait ni d'une faute grave ni d'une cause réelle et sérieuse, la cour d'appel énonce que le salarié était fondé à refuser de se rendre en Syrie sur un chantier de la société Buttner dès lors que l'opération, qui consistait exclusivement en une fourniture de main-d'œuvre, s'analysait en un « marchandage » illicite ;

Attendu, cependant, que le prêt de main-d'œuvre n'est pas prohibé par l'article L. 125-3 du Code du travail lorsqu'il n'est que la conséquence nécessaire de la transmission d'un savoir-faire ou de la mise en œuvre d'une technicité qui relève de la spécificité propre de l'entreprise prêteuse ;

Que la cour d'appel, qui avait constaté que la mission confiée au salarié était une tâche ponctuelle et spécifique consistant à superviser la pose d'un électrofiltre sur un chantier de la société Buttner, n'a pas mis la Cour de cassation en mesure d'exercer son contrôle sur la licéité de l'opération, en ne recherchant pas, ainsi que l'y invitaient les conclusions de la société, si la technicité à laquelle cette opération faisait appel ne relevait pas d'une activité propre à la société Sotralenz ;

Par ces motifs :

Casse et annule, dans toutes ses dispositions, l'arrêt rendu le 8 novembre 1990, entre les parties, par la cour d'appel de Colmar... »

Le droit au mensonge du salarié lors de son recrutement

Par deux arrêts remarqués, la Cour de cassation a reconnu au salarié le droit de mentir lors de son recrutement.

Cass. soc., 16 févr. 1999 (*CSBP* 1999, nº 110, A. 27 et la note)

« Sur le moyen unique, pris en sa première branche :

Vu l'article 1116 du Code civil,

Attendu que Mlle Bentenat a été engagée, en qualité de responsable du centre d'étude de langues, par l'association Institut interprofessionnel de formation pour l'industrie et le commerce (IFPIC) suivant contrat à durée déterminée d'un an à compter du 13 juin 1994 ; que le 23 septembre 1994, elle a remis une lettre de démission qu'elle a dénoncée le 26 septembre suivant ; qu'elle a saisi le conseil de prud'hommes en réclamant une indemnité de fin de contrat et des dommages-intérêts ; que l'employeur a invoqué la nullité du contrat pour dol constitué par la mention sur le *curriculum vitæ* de la salariée, remis lors de son embauche, d'une indication erronée relative à son expérience professionnelle ;

Attendu que la cour d'appel, pour déclarer nul le contrat de travail et rejeter en conséquence les demandes de la salariée retient que cette dernière a fait figurer dans son *curriculum vitæ* la mention 1993 assistance de la responsable de formation Renault (Rueil-Malmaison), alors qu'en réalité il s'agissait d'un stage de formation de 4 mois à la direction des études de Renault dans le service formation linguistique ; qu'elle ajoute que manifestement la relation salariale ne se serait jamais nouée, s'il n'était apparu qu'au lieu de bénéficier d'une expérience professionnelle d'une année au sein d'une société importante à un poste d'assistante de la responsable de formation, l'intéressée n'avait eu en fait qu'une expérience professionnelle de 4 mois au titre d'un stage de formation ; qu'elle en conclut que le consentement de l'employeur a été vicié par la manœuvre dolosive de la salariée ;

Qu'en statuant ainsi, alors que la mention litigieuse, si elle était imprécise et susceptible d'une interprétation erronée, n'était pas constitutive d'une manœuvre frauduleuse, la cour d'appel a violé le texte susvisé ;

Par ces motifs (...)

Casse et annule »

Cass. soc., 30 mars 1999 (*CSBP 1999*, nº 112, A. 35, note Mathieu Hue)

« Attendu, selon l'arrêt attaqué, que Mme Poupardin, épouse Minaud a été engagée par la société Esterel le 2 septembre 1991, que cette société ayant été mise en liquidation judiciaire, Mme Minaud a été reprise le 1er janvier 1994, par la société Elsydel, société mère du groupe auquel appartient la société Esterel, avec laquelle elle a conclu un avenant à son contrat de travail le 12 janvier 1994 ; qu'elle a été licenciée le 22 février 1994 ;

Sur le premier moyen :

Vu l'article 1134 du Code civil et l'article L. 223-14 du Code du travail ;

Attendu que pour débouter Mme Minaud de sa demande d'indemnité compensatrice de congés payés correspondant au mois de décembre 1993 et dirigée contre la société Elsydel, la cour d'appel se borne à relever que les congés payés afférents à cette période sont à inscrire au passif de la liquidation judiciaire de la société Esterel,

Qu'en statuant ainsi, alors qu'elle avait constaté que Mme Minaud avait été mutée à la société Elsydel à la suite de la liquidation judiciaire de la société Esterel en la même qualité et avec la même ancienneté, ce dont il résulte que le nouvel employeur devait supporter la charge de l'indemnité compensatrice de congés payés exigible à la date du licenciement, la cour d'appel a violé les textes susvisés,

Et sur le second moyen :

Vu l'article 1116 du Code civil, les articles L. 122-14-3 et L 122-14-4 du Code du travail ;

Attendu que pour décider que le licenciement de Mme Minaud était fondé sur une cause réelle et sérieuse, l'arrêt relève que la salariée a manqué à son obligation de loyauté en ne fournissant pas à la société Esterel lors de son engagement en 1991, des informations exactes concernant ses diplômes ;

Attendu cependant que la fourniture de renseignements inexacts par le salarié lors de l'embauche n'est un manquement à l'obligation de loyauté susceptible d'entraîner la nullité du contrat de travail que si elle constitue un dol ; qu'elle ne constitue une faute susceptible de justifier le licenciement que s'il est avéré que le salarié n'avait pas les compétences effectives pour exercer les fonctions pour lesquelles il a été recruté ;

D'où il suit qu'en statuant comme elle l'a fait, sans caractériser le dol, et sans relever l'incompétence de Mme Minaud qui occupait depuis trois ans les fonctions pour lesquelles elle avait été recrutée, la cour d'appel a violé les textes susvisés ;

Par ces motifs :

Casse et annule »

Le principe de non-discrimination ne vaut pas pour un surveillant religieux, qui a l'obligation de se conformer à la pratique stricte des règles de la religion

CA Toulouse, 4e ch. soc., Baracassa c/ Association culturelle israélite de Toulouse

(Extraits)

« *Faits et procédure :*

Bernard Baracassa a été engagé le 1er novembre 1984 par l'Association culturelle israélite de Toulouse (ACIT) en qualité de surveillant rituel.

Il a été en congé maladie à partir du 1er juin 1991.

Le 13 juin, le Grand Rabbinat de Toulouse a estimé qu'il ne disposait plus de la moralité religieuse et, partant, de la crédibilité nécessaire pour exercer la fonction de surveillant religieux. Le 24 novembre 1991 le Grand Rabbin a informé le conseil d'administration de l'Association de son obligation de disqualifier le salarié comme surveillant religieux pour des motifs à caractère moral et religieux.

Le 30 juin 1992 il a été licencié pour le motif suivant : « Le Grand Rabbinat de Toulouse et des Pays de la Garonne nous ayant signifié que vous n'étiez pas apte à exercer un emploi de surveillant rituel au sein de notre Association, nous sommes dans l'obligation de procéder à votre licenciement. »

Il a saisi le conseil de prud'hommes de Toulouse qui par jugement du 21 juin 1994 l'a débouté de toutes ses demandes. Il a relevé appel de cette décision.

Moyens et prétentions des parties :

Baracassa fait plaider que le conseil de prud'hommes, sur l'initiative de l'ACIT s'est immiscé de manière intolérable dans sa vie personnelle ; qu'en réalité son licenciement est fondé sur le fait qu'il n'a pas respecté les consignes qui lui avaient été ordonnées par son autorité hiérarchique, le Rabbinat, qui lui demandait de cesser toutes relations, même si elles n'étaient pas adultères avec Mme Ingold pour faire cesser le trouble qu'elles créaient ou que l'on contribuait à créer au sein de la Communauté.

(...)

L'ACIT réplique que Baracassa a commis l'une des plus graves fautes au niveau de la morale religieuse, soit l'adultère, que de ce fait il n'était plus apte à exercer sa profession de surveillant rituel qui tient toute sa crédibilité auprès de commerçants dont il contrôle la conformité par rapport aux règles religieuses du fait qu'il est lui-même religieux.

Dans de longues conclusions très explicatives, l'ACIT indique que dans la mesure où le Rabbinat avait prononcé une disqualification religieuse à l'encontre de Baracassa, le contrat de travail ne pouvait persister ; elle ajoute que l'adultère n'avait même pas à être prouvé car pour un religieux, le fait d'entretenir des relations régulières d'amitié même apparemment platoniques avec une femme mariée constitue un acte répréhensible portant gravement à conséquences.

(...)

Motifs de la décision

Attendu qu'aux termes de l'article L. 122-45 du Code du travail, aucun salarié ne peut être licencié en raison de son origine, de son sexe, de ses mœurs, de sa situation de famille... et de ses convictions religieuses ;

Attendu que Bernard Baracassa ne conteste pas la règle de la religion juive selon laquelle les surveillants rituels doivent être d'une piété exemplaire, faute de quoi les activités professionnelles auxquelles ils s'adonnent ne revêtent plus aucun caractère sacré, pas plus que le fait que sa disqualification l'empêchait radicalement de les poursuivre ;

Attendu que Baracassa a adopté librement la religion juive ; que son emploi est inséparable de la pratique stricte des règles de cette religion sans laquelle il perd auprès de ceux qu'il est chargé de surveiller toute crédibilité et la qualification même qui a conduit à lui confier cet emploi ;

Attendu qu'en l'espèce ayant accepté d'être soumis aux restrictions à sa vie privée qu'exigent les fonctions qu'il occupait et qui sont de caractère religieux, il ne peut se prévaloir de la liberté protégeant la vie privée pour conserver son emploi en dépit des violations à la règle qui lui sont reprochées et qui résultent des documents produits ;

Attendu qu'il convient dès lors de confirmer le jugement entrepris »

L'acquisition par le salarié du concessionnaire d'une marque d'automobiles, d'une voiture de marque concurrente est une marque de défiance ou une méconnaissance des intérêts de l'employeur

Cass. soc., 22 janv. 1992, *Rossard c/ Société Robuchon* (*Bull. civ.* V, n° 30 ; *Gaz. Pal.* 1992, 1, pan. jurispr. p. 58)

Selon l'article 9 du Code civil, chacun a droit au respect de sa vie privée ; il en résulte qu'il ne peut être procédé à un licenciement pour une cause tirée de la vie privée du salarié que si le comportement de celui-ci, compte tenu de la nature de ses fonctions et de la finalité propre de l'entreprise, a créé un trouble caractérisé au sein de cette dernière.

Dans sa vie privée, le salarié est libre d'acheter les biens, produits ou marchandises de son choix. Le juge qui, pour admettre l'existence d'une cause réelle et sérieuse de licenciement, se borne à constater le simple achat, par le salarié d'un concessionnaire automobile, d'un véhicule d'une marque différente de celle commercialisée par l'employeur, sans relever aucun trouble apporté à l'entreprise par le comportement incriminé du salarié, viole l'article 9 du Code civil.

« La Cour,

Sur le moyen unique :

Vu l'article 9 du Code civil ;

Attendu que, selon ce texte, chacun a droit au respect de sa vie privée ; qu'il en résulte qu'il ne peut être procédé à un licenciement pour une cause tirée de la vie privée du salarié que si le comportement de celui-ci compte tenu de la nature de ses fonctions et de la finalité propre de l'entreprise, a créé un trouble caractérisé au sein de cette dernière ;

Attendu que Mme Rossard, qui avait été engagée le 20 janvier 1986 en qualité de secrétaire par la société Robuchon, concessionnaire Renault à Montmorillon, a été licenciée le 8 juin 1989 au motif que, pour remplacer sa voiture Renault R5, elle avait l'acquisition d'un véhicule Peugeot 405 ;

Attendu que pour débouter la salariée de sa demande d'indemnité pour licenciement sans cause réelle et sérieuse, l'arrêt confirmatif attaqué énonce que la liberté individuelle du salarié a pour limite, vis-à-vis de son employeur, l'obligation de ne pas causer à celui-ci de préjudice ; que le fait pour un salarié d'acquérir une voiture, qui est en concurrence directe avec des véhicules de même catégorie et de prix analogues vendus par son employeur, constitue nécessairement une marque de défiance dans la qualité de la marchandise offerte dans l'établissement où il travaille ; qu'un tel comportement constitue une publicité et en tout cas une critique indirecte de la marchandise dont la vente permet d'assurer le travail et la rémunération du personnel ; que, dans ces conditions, la liberté du salarié d'acheter un véhicule de marque autre que celle vendue par l'employeur a pour corollaire, en raison de la méconnaissance des intérêts de l'employeur, la liberté pour celui-ci de se séparer pour une cause réelle et sérieuse de ce salarié ;

Qu'en statuant ainsi, alors que, d'une part, dans sa vie privée, le salarié est libre d'acheter les biens, produits ou marchandises de son choix et alors que, d'autre part, elle s'est bornée à constater le simple achat d'un véhicule sans relever le moindre trouble objectif apporté à l'entreprise par le comportement incriminé de la salariée, la cour d'appel a violé le texte susvisé ;

Par ces motifs :

Casse et annule... »

Section 2

LA PRÉPARATION AU TRAVAIL

§ 1. – L'enseignement technique et professionnel

A. – Obtention des diplômes professionnels

122. – Définition et fonctions des diplômes professionnels. Le diplôme technique ou professionnel atteste que son titulaire est apte à l'exercice d'un métier déterminé et, lors de l'embauchage direct, permet de revendiquer la qualification correspondante définie par la convention collective. Les diplômes sont de niveaux différents : CAP, BTS, baccalauréats techniques, ingénieurs des IUT et des « grandes écoles », des institutions spécialisées (cinéma, journalisme, etc.).

Des facilités importantes sont accordées à ceux qui sortent de ces établissements, en ce sens que des propositions leur sont souvent faites par les entreprises qui ont des besoins de recrutement et qui prennent contact avec la direction des lycées et instituts, d'une part, et que, d'autre part, au cours des dernières années de scolarité, des stages effectués dans des entreprises peuvent aboutir à un recrutement. Les associations d'anciens élèves jouent un rôle important.

Cependant, les situations de ces demandeurs d'emploi jusqu'à leur embauche n'entrent pas dans le cadre du contrat de travail.

B. – Actions de formation et d'insertion

123. – Formation et insertion. Il existe un nombre relativement élevé de préparations et formations – relevant soit d'établissements publics, soit d'associations privées reconnues d'utilité publique et subventionnées, soit d'institutions privées – ayant pour mission la préparation au travail des adultes sans emploi. Les modalités sont diverses : la formation professionnelle des adultes, les contrats de formation, de qualification, d'insertion, les stages. L'inventaire en est difficile, d'autant qu'en raison de la crise économique et du chômage, la réglementation en est très souvent modifiée. En effet, il s'agit de la mise en œuvre de mesures à caractère social, qui ne constituent pas de véritables contrats de travail et qui relèvent de la politique gouvernementale de l'emploi.

L'incitation des entreprises à la pratique de la formation continue est réalisée, depuis 1987, par la création du crédit d'impôt formation, qui n'est autre qu'une franchise d'impôt. Il a été institué, par les articles L. 931-1 et suivants et R. 931-1 et suivants du Code du travail, un congé individuel de formation comportant la participation du salarié en vue « d'accéder à un niveau supérieur de qualification, de changer d'activité ou de profession et de s'ouvrir plus largement à la culture ou à la vie sociale, à des stages ou actions de formation.

§ 2. – L'apprentissage

A. – Généralités

124. – Historique et évolution. L'apprentissage était dans l'Ancien droit confié aux corporations, jurandes, maîtrises, et se faisait sur le tas, dans la famille du maître. Profondément modifié par des lois de 1986 et 23 juin 1987, le statut de l'apprentissage, maintenant codifié, forme les chapitres V à IX, Livre I, du Code du travail (art. L. 115-1 et s.).

À l'origine, l'apprentissage recueillait les jeunes gens qui, sortant de l'enseignement primaire, ne poursuivaient pas leurs études dans le secondaire, et recevaient une formation alternée (entreprise et centre de formation), destinée à leur faire acquérir une... « qualification générale, théorique et pratique » (C. trav., art. L. 115-1, al. 1,) sanctionnée par la délivrance d'un diplôme (qui a longtemps été limité au CAP, obtenu par moins de 50 % de l'effectif). Il a fallu rénover une institution en perte de vitesse, peu efficace, par comparaison à l'étranger (Allemagne). Ce fut l'œuvre de la *loi quinquennale du 20 décembre 1993*, complétée par des lois des 4 février 1995, 6 mai 1996 et, en dernier lieu, par la loi dite de cohésion sociale n° 2002-73, du 17 juin 2002. Un *renouveau de l'apprentissage* est encouragé ; il est admis que, sur le plan des métiers manuels, il donne des meilleurs résultats que les lycées professionnels ou techniques, pour mettre les apprentis en prise directe sur la vie active.

L'apprentissage permet à un chef d'entreprise de former un jeune tout en bénéficiant d'exonération de charges et d'une prime d'État. C'est aussi un mode prévisionnel de gestion des ressources humaines, car l'entreprise forme l'apprenti à sa culture et à ses méthodes de travail. C'est encore une démarche citoyenne : par ce mode de recrutement et de formation, l'entreprise contribue à l'insertion des jeunes et concourt aux objectifs éducatifs de la Nation.

125. – Contrat d'apprentissage. Le contrat d'apprentissage, aux termes de l'article L. 117-1 du Code du travail, s'analyse en *un « contrat de travail à durée déterminée d'un type particulier »*, comportant :

1° pour l'employeur, l'obligation de *payer un salaire* et de *dispenser une formation alternée*, partie en *entreprise*, partie dans un *centre de formation des apprentis* ;

2° pour l'apprenti, l'obligation de fournir *son travail* et suivre la formation.

Des quotas d'heures de formation sont imposés (400 heures par an en moyenne, 1 350 heures en deux ans pour un bac pro ou un BTS, 240 heures en cas de prolongation du contrat d'un an pour échec à l'examen).

La loi du 18 janvier 2005 permet que l'apprentissage soit effectué, non chez un employeur, mais au sein d'une section d'apprentissage ou d'une unité de formation par apprentissage, créés et régis par des conventions conclues dans les conditions définies par la loi et dont le personnel doit posséder les qualifications appropriées (Cf. C. trav., art. L. 115-1).

B. – Le contrat : conditions de validité

126. – Conditions chez l'apprenti. En ce qui concerne l'apprenti, celui-ci doit avoir, au début de l'apprentissage, atteint l'âge de *16 ans* (15 ans lorsqu'il a effectué le premier cycle de l'enseignement secondaire) et ne pas avoir dépassé *celui de 25 ans.*

La personne directement responsable de la formation du jeune est appelée maître d'apprentissage. Il doit être majeur et offrir des garanties de moralité et de compétence. Le contrat d'apprentissage précise le nom, les titres, les diplômes (au moins de même niveau que celui préparé par l'apprenti) et l'expérience professionnelle du maître d'apprentissage (trois ans minimum). Cette fonction tutoriale peut être partagée entre plusieurs salariés constituant une équipe tutoriale, au sein de laquelle est désigné un maître d'apprentissage référent, qui assure la coordination de l'équipe et la liaison administrative avec le CFA. Certains accords que l'employeur, qui confie à un salarié la charge d'un apprenti doit lui faire signer la « charte du maître d'apprentissage » ; par celle-ci, il accepte de favoriser l'accueil et l'intégration du jeune dans l'entreprise, de l'aider à confirmer son projet professionnel et à acquérir la qualification visée (accord BTP, 13 juill. 2004). Tous les salariés qui acceptent la responsabilité de maître d'apprentissage devront suivre une formation individualisée et le coût de cette formation est imputable sur le plan de formation de l'entreprise (C. trav., art. L. 118-1-1). L'exercice de cette fonction ouvre droit soit au versement d'une indemnité spécifique pendant la durée du contrat de chaque apprenti, soit à l'accès au statut spécifique de maître d'apprentissage.

Chef d'entreprise, maître d'apprentissage et centre de formation ont également mission de garantir la qualité de la formation.

127. – Conditions chez l'employeur. L'employeur, qui doit être majeur, n'est plus, depuis 1993, tenu de justifier d'un agrément administratif ; mais il doit disposer des *éléments, équipements, personnels*, etc., suffisants pour assumer la *mission de formation* de manière satisfaisante. Le préfet pourra, s'il échet, prendre les mesures utiles pour remédier aux carences de l'employeur. Le chef d'entreprise a l'obligation de *déclarer le contrat d'apprentissage à l'Inspection du travail*, chargée du contrôle et de la surveillance de la formation sous peine de requalification.

128. – Forme du contrat. En ce qui concerne la forme, à peine de nullité, doit être passé un contrat écrit, qui est dispensé de tous droits de timbre et d'enregistrement, mais renfermera impérativement un *certain nombre de clauses et de mentions énumérées par décret* (C. trav., art. L. 117-12 ; sur les conséquences pour le mineur de l'annulation : Cass. soc., 21 févr. 1990 : *CSBP* 1990, B. 43, et la note). Le contrat doit être établi en trois exemplaires (C. trav., art. R. 117-10). Il est enregistré gratuitement auprès de la Direction départementale du travail et de l'emploi.

C. – Durée

129. – Durée initiale du contrat (C. trav., art. R. 117-6 et s.). Le principe est la *durée de deux ans* ; mais il est prévu différentes dérogations, justifiées par des situations exceptionnelles. Ainsi, la durée de l'apprentissage sera portée à *trois ans* pour ceux qui préparent un titre d'ingénieur diplômé ou un diplôme de l'enseignement supérieur, lorsque le cycle d'études, en ce cas, comporte une période de trois ans. De même, le délai pourra être allongé en cas d'échec scolaire. Au contraire, il sera abrégé si l'intéressé est déjà titulaire de certains diplômes et a effectué antérieurement une partie de la formation.

Le contrat d'apprentissage peut être conclu pour une durée de *six mois à un an* dans quatre cas : formation complémentaire à un diplôme déjà obtenu par apprentissage (CAP-MC ; BEP-CAP ; CAP-CAP connexe) ; préparation d'un diplôme de niveau inférieur à celui obtenu (e.g. titulaire du CAP tentant de passer le BAC PRO) ; préparation d'un diplôme dont une partie a été obtenue par valorisation d'acquis existants ; préparation d'un diplôme initié sous un autre statut (1re année scolaire/ 2e année d'apprentissage).

130. – Rupture anticipée (C. trav., art. L. 117-17). Une *rupture anticipée unilatérale* est permise, à chaque partie, sans versement d'indemnité, pendant un délai de *deux mois* courant de la signature du contrat ; à tout moment, la convention d'apprentissage est résiliable d'un *commun accord* ; à défaut, la rupture n'est admise que sur la preuve de *motifs justifiés*, par exemple une faute grave ou manquement imputable à l'un ou l'autre des contractants. Le délai de deux mois prévu par l'article L. 117-17, pendant lequel chacune des parties peut résilier le contrat d'apprentissage, est suspendu pendant les périodes d'absence pour maladie de l'apprenti (Cass. soc., 16 mars 2004 : *Bull. civ.* V, n° 86 ; *CSBP* 2004, n° 161, S. 220, obs. C. Charbonneau).

Dans les deux mois qui suivent la signature du contrat, le CFA invite l'apprenti, l'employeur et le maître de d'apprentissage, ainsi qu'un formateur, à un entretien au cours duquel les participants font un premier bilan, en vue, le cas échéant, d'en adapter le contenu et la durée (C. trav., art. L. 115-2-1).

Elle sera possible lorsque, sous le contrôle du médecin du travail, aura été constatée l'*inaptitude de l'apprenti au métier qu'il a choisi*. La loi du 17 janvier 2002 dite de modernisation sociale permet à l'apprenti, qui a obtenu le diplôme ou le titre qu'il préparait, de résilier son contrat avant son terme sans avoir besoin de l'autorisation de l'employeur (C. trav., art. L. 115-2).

131. – Arrivée du terme. Le contrat d'apprentissage, hors le cas de *rupture anticipée*, prend fin de plein droit *à l'expiration de sa durée* ; il s'agit d'un *contrat* *à durée déterminée*. Toutefois, les dispositions concernant les CDD de droit commun ne s'appliquent pas au contrat d'apprentissage, comme la prime de précarité ou le délai de carence entre deux conventions.

D. – Statut de l'apprenti

132. – Contrôle préalable. Il est réglementé de façon détaillée, notamment ce qui concerne l'enregistrement du contrat d'apprentissage (C. trav., art. L. 117-14), l'examen du dossier et les conséquences d'un *refus d'enregistrement* (C. trav., art. R. 117-13 et s.), la constatation de l'*aptitude* de l'apprenti au métier qu'il a commencé à apprendre (C. trav., art. R. 117-19 et R. 117-20), le rôle dévolu aux *chambres des métiers, de commerce et d'industrie et d'agriculture.*

133. – Temps de travail. Le statut de l'apprenti est défini également en ce qui concerne le *régime du travail* ; il s'agit d'un salarié pris en charge à ce titre par l'entreprise, bien que les apprentis ne soient pas décomptés pour le calcul des seuils sociaux dans l'effectif de l'entreprise. Cependant, d'une part, une certaine *protection supplémentaire* est accordée aux apprentis (travail de nuit, travaux dangereux, etc.), d'autre part, l'apprenti est tenu, non seulement à l'obligation de travail, mais également à celle de suivre l'enseignement donné par les centres de formation ou établissements conventionnés.

L'apprenti bénéficie bien évidemment de la couverture sociale accordée au personnel de l'entreprise, même si celle-ci est exonérée de certaines charges sociales les concernant (cette exonération est totale pour les employeurs occupant moins de dix salariés et les artisans) et ce même si elle perçoit des aides diverses, qui ont été renforcées par la création d'une *indemnité compensatrice forfaitaire*, instituée par une loi du 6 mai 1996, modifiant l'article L. 118-7 du Code du travail (Cf. également, art. D. 118-1 et s., même code). Cette indemnité, versée par l'État à l'employeur, comprend deux éléments : aide de l'embauche pour les entreprises occupant plus de vingt salariés ; indemnité de sanction à l'effort de formation réalisée par l'employeur (C. trav., art. D. 118-1 et D. 118-2).

134. – Particularités liées à la minorité. La situation juridique de l'apprenti doit être appréciée en prenant en considération différents éléments ; en premier lieu, il s'agit souvent d'un *mineur* ou, même s'il a atteint la majorité de 18 ans, l'apprenti n'est généralement ni financièrement autonome, ni indépendant de sa famille, l'intervention des *parents*, du *tuteur*, des *services du travail*, du maître d'apprentissage, parfois même du juge des tutelles et du juge des enfants, est nécessaire et justifiée. L'apprenti ne peut effectuer plus de huit heures de travail par jour (C. trav., art. L. 117 *bis*-3). Toutefois, s'il a plus de 18 ans, il peut travailler le dimanche et les jours fériés.

E. – Salaire de l'apprenti

135. – Détermination du salaire. Le salaire de l'apprenti est fixé par les articles L. 117-10 et D. 117-1 et suivants du Code du travail, sur la base d'un *pourcentage du salaire minimum de croissance*, calculé en fonction de l'âge de l'apprenti et de l'année d'exécution du contrat, pourcentage variant de 25 % pour le « jeune âgé de 16 à 17 ans », en première année d'apprentissage, à 78 % pour les apprentis âgés de 21 ans et plus, se trouvant en troisième année.

Tableau du salaire minimum de l'apprenti

Âge	16-17 ans	18-20 ans	21 ans et +
1re année	25 %	41 %	53 %
2e année	37 %	49 %	61 %
3e année	53 %	65 %	78 %

F. – Formation. Examens

136. – Formation professionnelle. L'apprentissage ne saurait être utilisé comme un moyen de se procurer une main-d'œuvre complémentaire à bas prix. L'employeur et le directeur du centre de formation – s'agissant d'une formation en alternance – sont donc tenus d'établir un *programme de formation*, répartissant le temps de présence de l'apprenti entre les études et le travail, l'amenant à maîtriser graduellement les difficultés et problèmes, selon une progression calculée pour amener l'intéressé à se présenter (et à réussir) à un examen, à obtenir un diplôme.

L'apprenti est tenu de se présenter à l'examen du diplôme ou du titre visé. Il a le droit, dans le mois qui précède l'examen, à un congé spécifique de cinq jours, pour suivre les révisions organisées par le CFA.

La loi de modernisation sociale du 17 janvier 2002 a institué, au profit des salariés, une procédure de validation des acquis de l'expérience professionnelle, qui leur permet d'obtenir tout ou partie d'un diplôme ou d'un titre professionnel, en prenant en compte toute activité, salariée ou bénévole, ayant un rapport direct avec le contenu de ce diplôme, ou titre, à condition d'une durée minimale d'au moins trois ans. Le jury statue au vu d'un dossier. La validation peut se faire sans le consentement du candidat.

137. – Rôle de l'employeur. Le chef d'entreprise a l'obligation d'affecter l'apprenti à des postes de travail concordant avec les étapes de sa formation professionnelle. S'il ne dispose pas des équipements nécessaires pour réaliser certaines parties de la formation prévue, il lui appartient de se substituer un autre employeur, avec qui il passera une *convention*, pour que soit comblée cette lacune. Les mesures à prendre sont élaborées dans le cadre d'une harmonisation entre la théorie et la pratique, étant ajouté que les centres de formation d'apprentissage complètent l'œuvre de l'entreprise, en associant l'enseignement général avec une formation technologique, et que le chef d'entreprise doit s'assurer que l'apprenti suit bien les cours qui sont donnés.

Préparer les apprentis aux épreuves des *examens*, qu'ils soient pratiques ou théoriques.

G. – Rupture du contrat d'apprentissage

138. – Fin du contrat. Le contrat d'apprentissage se poursuit jusqu'à l'expiration de la durée qu'il détermine, sauf résiliation amiable par commun accord de l'apprenti et de l'employeur.

Le contrat d'apprentissage prend fin en cas d'embauche en contrat à durée indéterminée dans la même entreprise ; dans cette hypothèse, aucune période d'essai ne peut être stipulée par l'employeur. La durée de l'apprentissage est prise en compte pour le calcul du salaire et de l'ancienneté.

139. – Résiliation anticipée. La *résiliation anticipée* (C. trav., art. L. 117-17) est prononcée par le *conseil de prud'hommes ou le juge d'instance,* si l'apprenti (ou ses représentants légaux) démontre l'existence de fautes imputables à l'employeur, telles que le fait de lui confier des *tâches excédant ses capacités* ou d'exercer des *sévices corporels.* La résiliation du contrat ne peut intervenir que sur accord exprès et bilatéral des cosignataires ou, à défaut, être prononcée par le conseil de prud'hommes en cas de faute grave ou de manquements répétés de l'une des parties à ses obligations ou en raison de l'inaptitude de l'apprenti à exercer le métier auquel il voulait se préparer.

L'employeur, s'il peut prononcer une *mise à pied conservatoire* de l'apprenti dans l'attente de la décision à intervenir, ne saurait le renvoyer purement et simplement ; il lui faut obtenir la *résolution judiciaire du contrat* (Cass. soc., 30 mars 1994 : *Bull. civ.* V, n° 112. – Cass. soc., 6 févr. 2001 : *Bull. civ.* V, n° 38 ; *CSBP* 2001, n° 129, S. 178, obs. F.-J. Pansier). On trouve dans la jurisprudence des exemples de fautes graves justifiant la résiliation, tel le cas de l'apprenti qui, refusant d'obéir au patron, l'injurie et le frappe d'un coup de poing. L'apprenti, mis à pied à titre conservatoire dans l'attente de l'issue de la procédure intentée par l'employeur en vue de la résiliation du contrat d'apprentissage, a droit au paiement de ses salaires durant cette période, si la résiliation n'est pas prononcée à ses torts, ce qui est le cas lorsque aucun manquement du salarié à ses obligations au sens de l'article L. 117-7 du Code du travail n'étant relevé, la résiliation est prononcée aux torts de l'employeur (Cass. soc., 26 mars 2002 : *Bull. civ.* V, n° 100 ; *CSBP* 2002, n° 141, S. 247, obs. C. Charbonneau).

Le juge qui prononce la résiliation du contrat d'apprentissage peut en fixer la date au jour où l'une des parties a manqué à ses obligations ou au jour où la demande a été formée. Il peut, en particulier, lorsque l'employeur a gravement manqué à ses obligations de ne pas payer les salaires avant sa liquidation judiciaire, prononcer la résiliation du contrat à ses torts et fixer la date de la rupture au jour où l'apprenti a saisi la juridiction prud'homale de sorte que la créance indemnitaire du salarié, antérieure à la liquidation judiciaire est garantie par l'AGS, peu important que le liquidateur ait réglé par la suite le montant des salaires dus au moment de l'ouverture de la procédure (Cass. soc., 1er oct. 2003 : *Bull. civ.* V, n° 249 ; *CSBP* 2003, n° 155, S. 429, obs. F.-J. Pansier).

Le licenciement est également admis lorsque l'*état mental ou physique* de l'apprenti rend impossible la continuation de l'apprentissage (par exemple, débilité mentale démontrée) ; il en est de même pour ce qui est de l'employeur (maladie ou accident entraînant son inaptitude à la gestion de son affaire ou à la pratique de son métier).

Chapitre 2

LE CONTRAT DE TRAVAIL

Section 1

LES CONDITIONS DE VALIDITÉ

§ 1. – Les conditions de forme

A. – Existence d'un écrit

140. – Liberté de principe. L'article L. 121-1 du Code du travail énonce, d'une part, que le contrat de travail « est soumis aux *règles du droit commun* » et, d'autre part, qu'il peut être constaté « *dans les formes qu'il convient aux parties d'adopter* ». On pourrait donc déduire de ce texte légal qu'un *contrat verbal est valable*.

141. – Contrats devant être passés par écrit. Cependant, des réglementations particulières exigent que soient écrits les contrats :

1° à *durée déterminée* ;

2° à *temps partiel* ;

3° d'*apprentissage* (seul cas de nullité du contrat verbal) ;

4° *d'orientation, de formation, de qualification* ;

5° de travail *intermittent* ;

6° de travail à *domicile*, ainsi que les contrats des médecins du travail et des avocats salariés. À défaut d'écrit, ces contrats sont requalifiés en contrat à durée indéterminée (sauf apprentissage).

142. – Contrat pouvant être oral. Restent, comme possibles contrats verbaux, les contrats de travail à *durée indéterminée*, qui constituent, il est vrai, le droit commun de la relation de travail. Cependant, est applicable en France une *directive de la CEE* n° 91-533, du 14 octobre 1991, aux termes de laquelle, dans les deux mois de la date de l'embauche, l'employeur doit remettre au salarié des *documents écrits* contenant des *informations suffisantes* sur les éléments essentiels du contrat. Le ministre français du Travail (réponse ministérielle n° 11065 : *JO* 25 avr. 1994, p. 2079) estime que les parties ne sont pas tenues pour autant d'établir un contrat écrit et que peut suffire une *lettre d'engagement* adressée par le chef d'entreprise au salarié, qui la retourne après l'avoir signée.

143. – Preuve du contrat oral. En l'absence de contrat écrit se pose le problème de la *preuve* de la convention verbale. La charge de la preuve pèse sur le demandeur (Cass. soc., 3 juill. 1991 : *Bull. civ.* V, n° 338), mais l'établissement d'un contrat de travail apparent renverse la charge de la preuve. La partie qui le conteste doit établir son caractère fictif (Cass. soc., 7 janv. 1997 : *JCP* 1997, II, 22931, note C. Puigelier). On admet généralement que la relation de travail est suffisamment établie par la *présence* du salarié à son poste de travail dans l'entreprise et l'existence d'une rémunération comportant la délivrance d'un *bulletin de salaire*. Dans certains cas, la preuve est facilitée par des *présomptions légales* ; c'est ainsi que la participation à une représentation ou l'appartenance à la troupe théâtrale font présumer l'existence d'un contrat de travail (artistes du spectacle, C. trav., art. L. 762-1 ; mannequins, art. L. 763-1, même code).

B. – Usage de la langue française

144. – Rédaction en langue française. Dans le cadre plus général des mesures prises pour imposer la prééminence de notre idiome national, une loi du 4 août 1994, modifiant l'article L. 121-1 du Code du travail, pose le principe que tout contrat de travail, *conclu en France*, doit être rédigé en *langue française*, et ce quel que soit le lieu de son exécution. Cette règle, qui est d'ordre public, régit tous les contrats passés après son entrée en vigueur. Il est même prévu le cas où il serait nécessaire d'utiliser un « *terme étranger* » parce qu'il n'existe pas d'équivalent français ; il est alors permis de l'employer, à condition d'en donner l'*explication en langue française*.

145. – Traduction pour le travailleur non francophone. Eu égard au grand nombre d'étrangers résidant en France, il est reconnu au travailleur immigré le droit d'exiger que le chef d'entreprise lui remette une *traduction*, dans sa langue, du texte français. Noter qu'en cas de *non-concordance* du libellé français et de la traduction, à l'endroit du salarié, seul fait foi le texte rédigé *dans sa langue*. Il importe donc que l'employeur porte la plus grande attention au contenu exact de la traduction, au besoin en ayant recours à un interprète.

C. – Mentions obligatoires

146. – Énumération des mentions obligatoires. Il convient de se référer, à cet égard, à la directive de la CEE de 1991 (Cf. ci-dessus, section 1).

En ce qui concerne l'*identité des parties*, d'une part, l'employeur devra porter sa qualité (personne physique ou morale), son domicile, la nature de son activité, s'il y a lieu, si son entreprise constitue un élément d'un groupe, une filiale, etc. ; d'autre part, le salarié doit, s'il est étranger, présenter la *carte de séjour* l'autorisant à travailler en France et fournir tous les renseignements nécessaires à sa prise en compte (immatriculation aux organismes de sécurité sociale, adhésion à la Caisse de retraites, situation de famille, etc.).

En second lieu, seront portés le lieu de travail, la durée, la période d'essai, les congés, les horaires, le régime des déplacements, *tout ce qui a trait à l'exécution du travail*.

Ensuite, les parties indiqueront le titre, le grade, la qualification retenue, les primes et gratifications, frais de mission et de déplacement et autres éléments du calcul des salaires, les délais de préavis, sans oublier les *références des textes légaux* et des conventions collectives ou accords d'entreprise régissant la relation de travail.

D. – Contrat d'adhésion

147. – Contrat de travail, contrat d'adhésion. Dans les grandes entreprises, employant un nombre important de salariés effectuant le même travail, il n'est pas exclu que l'embauche ne soit précédée d'aucune négociation véritable et soit concrétisée par la simple adhésion à un contrat-type, dont la plupart des clauses reproduisent les termes de la convention collective. Il est même permis de procéder par renvoi à cette convention et de n'indiquer dans la « lettre d'engagement » que les éléments indispensables.

§ 2. – Les conditions de fond de droit commun

A. – Vices du consentement. Dol. Fraude

148. – Validité du consentement. Les règles relatives à la *validité du consentement* s'appliquent au contrat de travail, comme en droit commun ; mais celles qui concernent le dol ou la fraude revêtent en la matière un caractère spécifique.

149. – Loyauté précontractuelle. Sera ainsi annulé le recrutement obtenu par le salaire au moyen de *fausses affirmations,* qu'il a fournies quant à ses *diplômes,* à leur valeur (notamment s'ils sont étrangers), à sa *formation,* à sa *carrière,* aux fonctions exercées et à la rémunération qui lui était versée. Le contrat de travail sera annulé à condition qu'il soit démontré que la fraude dolosive ainsi commise a été *déterminante de l'embauche.* La Cour de cassation résume excellemment le problème en affirmant qu'au cours de la négociation qui précède la signature du contrat de travail, un *devoir de loyauté réciproque* s'impose aux parties.

150. – Contrat de travail fictif. Le *caractère fictif* du contrat de travail est également une cause de nullité, lorsque l'emploi ne comporte aucune tâche effective et a pour seul but de permettre au prétendu salarié de profiter d'avantages fiscaux ou sociaux, auxquels il ne peut prétendre.

La Cour de cassation (Cf. à cet égard, Cass. ass. plén., 8 janv. 1993 : *Bull. civ.* V, n° 2 ; *Gaz. Pal.* 1993, 1, pan. jurispr. p. 61 ; *CSBP* 1993, n° 47, S. 30 ; *JCP* 1993, II, 22010, note Saint-Jours) a refusé la qualité de salarié à un *prêtre,* affecté par l'évêque à un établissement d'enseignement, en qualité de professeur, comme à une *religieuse* travaillant au service de sa congrégation. La Haute Juridiction estime en effet qu'en l'espèce la relation de travail n'est pas le fruit d'un consentement libre puisqu'elle est la conséquence d'un *devoir d'obéissance* envers la hiérarchie ecclésiastique.

151. – Mensonge du salarié. En ce qui concerne les *allégations mensongères,* citons l'annulation du contrat de travail obtenu en raison du comportement d'un salarié affirmant faussement être titulaire d'un DESS théorique et pratique en économie (Cass. soc., 17 oct. 1995) ou au vu d'un *curriculum vitae* écrit de la main de son épouse et non de la sienne (Cass. soc., 5 oct. 1994 : *Bull. civ.* V, n° 256 ; *Gaz. Pal.* 1994, 2, pan. jurispr. p. 231 ; *D.* 1994, inf. rap. p. 241 ; *D.* 1995, p. 282, note Mozas). Toutefois, l'erreur est excusable si l'employeur pouvait facilement l'éviter en procédant à des investigations qui ne se heurtaient à aucune difficulté notable (Cass. soc., 3 juill. 1990 : *Bull. civ.* V, n° 329 ; *Gaz. Pal.* 1990, 2, pan. jurispr. p. 197 ; *D.* 1991, p. 507, note Mouly), ou encore lorsque la fraude n'est pas déterminante. La chambre sociale reconnaît aujourd'hui le droit au mensonge du salarié (Cf. *infra*, Jurisprudence).

B. – Clauses nulles d'ordre public

152. – Diversité de la notion. L'ordre public recouvre plusieurs notions différentes.

153. – Ordre public et droits de l'homme. Sur un plan général, il peut d'abord se référer aux principes constitutionnels consacrant les *droits fondamentaux de la personne humaine* et les respects de la *vie privée*, la *liberté d'opinion et de conscience*. Il fut un temps où le contrat de travail comportait, pour certains métiers, une *clause de célibat* ; c'était le cas des hôtesses de l'air. Il a été parfois même stipulé l'interdiction d'adhérer à tel ou tel syndicat. De telles clauses sont évidemment *nulles et réputées non écrites*. Mais la Cour de cassation admet que dans certaines hypothèses (personnel de service des églises, temples ou synagogues), l'inconduite et l'athéisme du salarié, s'ils sont apparents et connus des fidèles, deviennent cause d'exclusion comme portant atteinte à la *crédibilité* nécessaire de tâches touchant à la religion et à la foi.

154. – Cause illicite. Sur le plan de la cause joue la théorie de l'annulation en cas de stipulations à caractère *immoral ou illicite*, de nature à porter atteinte à la dignité du salarié et aux bonnes mœurs, en exigeant de lui une attitude humiliante, des pratiques sexuelles dégradantes, etc. C'est ainsi que la Cour de cassation a refusé à une femme de chambre employée dans une maison de prostitution la possibilité de se prévaloir de son contrat de travail, nul pour avoir une cause illicite.

155. – Droit impératif. D'autre part, sont nulles de plein droit toutes les clauses contrevenant à la *réglementation d'ordre public découlant du droit du travail*, des dispositions des lois spéciales et des conventions collectives étendues, dans la mesure où elles réduisent les *droits et avantages reconnus aux salariés*, notamment lorsqu'elles tendent à allonger la durée du travail, réduire les congés, diminuer les salaires, restreindre les libertés syndicales, etc.

C. – Clauses spécifiques

156. – Variété des clauses spécifiques. Il n'est pas possible d'examiner la totalité des clauses spécifiques qui se rencontrent dans les contrats de travail ; elles correspondent à des situations différentes dont certaines sont illicites, comme par exemple la *clause d'indexation des salaires sur l'indice des prix* (elle n'est permise que si l'indexation est en *relation directe* avec l'activité de l'entreprise ; il est ainsi possible d'indexer les salaires des ouvriers du bâtiment sur l'indice du coût de la construction). Cette clause équivaut à celle dite d'*échelle mobile*.

157. – Clauses permises. La jurisprudence reconnaît la validité des clauses de :

1° **mobilité**, permettant à l'employeur de muter le salarié, selon les besoins de l'entreprise, dans une autre localité ou un autre secteur ;

2° **exclusivité**, interdisant au salarié d'exercer, pendant la durée du contrat, une activité professionnelle pour son propre compte ou pour celui d'un tiers ;

3° **conscience**, au profit des journalistes, lorsque la publication, à la suite de modifications dans sa direction ou dans le cas de cession du journal ou périodique, change de caractère, d'opinion, ou d'orientation (C. trav., art. L. 761-7. – Cf. pour un exemple, Cass. soc., 26 févr. 2002 : *CSBP 2002, n°* 140, D. 7) ;

4° **garantie d'emploi**, clause selon laquelle, sauf faute lourde ou grave, le salarié ne peut être renvoyé pendant la période de garantie d'emploi (Cf. pour un exemple de clause de garantie d'emploi de trois années se renouvelant par tacite reconduction, Cass. soc., 13 févr. 1996 : *CSBP* 1996, n° 79, B. 77. – Cass. soc., 10 oct. 2002 : *Bull. civ.* V, n° 304 ; *CSBP* 2002, n° 145, S. 445, obs. C. Charbonneau). Il est parfois difficile de distinguer la clause de garantie d'emploi et la clause de prévision d'emploi (Cf. Jurisprudence).

158. – Clauses interdites. Sont interdites les clauses de *sécurité syndicale* (autrement dit « *closed shop* ») qui font défense à l'employeur d'embaucher des non-syndiqués, lesquelles sont estimées attentatoires à la liberté des gens, mais sont autorisées (ou l'ont été) dans certains États étrangers.

159. – Clauses discutées. Les clauses imposant au salarié un *rythme de production* (quotas de ventes, salaire à la tâche, primes au rendement), souvent contestées comme abusives, sont la source d'un certain nombre de contentieux.

La jurisprudence admet que le chef d'entreprise tient, de son pouvoir de direction, le droit de fixer les objectifs à atteindre par le salarié ; ce droit dégénère en abus lorsqu'il s'avère que ces objectifs étaient irréalisables ou que l'insuffisance des résultats est imputable à des circonstances extérieures ou à la force majeure. Le licenciement pour cause réelle et sérieuse ne saurait être justifié que par la preuve de la négligence et de la carence fautive du salarié.

§ 3. – Les conditions de fond spécifiques au droit du travail

A. – Lien de subordination

160. – Définition par l'oralité. Il s'agit tout simplement du droit pour l'employeur de donner des ordres, dans le cadre de l'exécution du travail, et de l'obligation pour le salarié de les exécuter, sauf abus manifeste ou inobservation de la réglementation du travail, qu'il signalera s'il y a lieu au délégué du personnel et à l'Inspection du travail. La Cour de cassation, dans un arrêt du 13 novembre 1996, caractérise le lien de subordination... « par l'exécution d'un travail *sous l'autorité d'un employeur, qui a le pouvoir de donner des ordres et des directives, d'en contrôler l'exécution et de sanctionner les manquements de son subordonné* ». C'est en ce sens que la relation de travail est marquée du sceau de l'oralité : oralité préalable ou *a priori* (ordres et directives) et pendante ou *a posteriori* (contrôle de l'exécution).

161. – Sanction de l'absence de subordination. En l'absence de lien de subordination, la relation conventionnelle, conclue par les parties, n'entre pas dans le statut du contrat de travail salarié, puisque les contractants doivent alors être considérés comme *indépendants et autonomes*.

162. – Appréciation judiciaire du lien de subordination. La qualité de salarié implique nécessairement l'existence d'un lien juridique de subordination du travailleur à celui qui l'emploie (Cass. civ., 6 juill. 1931 : *DP* 1931, 1, p. 121). La jurisprudence a évolué sur ce principe : la subordination s'entendait d'une direction et du contrôle effectif de l'employeur sur l'exécution même du travail.

Certains problèmes ont occasionnellement surgi dans des cas particuliers. Le vendeur de journaux, qui organise lui-même les modalités de la vente, en toute liberté, n'est pas un salarié ; tel peut être le cas des activités de démarchage et de courtage immobilier.

Au contraire, le locataire-gérant d'une station-service, qui exploite dans les locaux une petite boutique de vente d'objets et produits destinés aux automobilistes, n'est pas un travailleur indépendant, mais un salarié, dès lors que ses ressources professionnelles proviennent en *quasi-totalité* de la vente des carburants, pour laquelle il est placé sous la subordination « économique » de la société pétrolière qui l'emploie.

En toute hypothèse, seul le juge peut qualifier contrat de travail, une relation entre deux parties ; peu importe ce que les parties ont voulu ou encore le nom donné à la convention qui les lie (Cass. soc., 23 janv. 1997 : *Gaz. Pal.* 1997, 1, pan. jurispr. p. 61).

B. – Incompatibilité des qualités d'employeur et de salarié

163. – Cumul salarié/employeur. Le simple bon sens indique avec évidence que l'un ne peut réunir sur sa tête les qualités de chef d'entreprise et de salarié, faute du lien de subordination, élément essentiel du contrat de travail. Cependant, pour des raisons nombreuses (fiscales, sociales, etc., que chacun connaît), la plupart des dirigeants ont tendance à rechercher le moyen d'accéder au statut du salariat.

164. – Pratique et jurisprudence. La Cour de cassation, quant à la reconnaissance d'un lien de subordination, prescrit de tenir compte d'éléments tels que l'*indépendance de l'intéressé dans sa mission* (il règle lui-même les horaires, rémunère les employés, fournit le matériel) ou le caractère réel de son salaire, lequel ne doit pas être dérisoire, ou la *communauté de travail* entre les prétendus employeur et salariés, ou encore le fait que le travail accompli par l'intéressé n'a qu'un caractère *tout à fait accessoire.* C'est ainsi que la pratique de soins donnés aux adhérents par un médecin d'une société de secours minière, occupant un poste de médecin du travail, ne suffit pas à caractériser l'existence d'un lien de subordination et d'un contrat de travail. D'une manière générale, une activité exercée de manière autonome et indépendante ne relève pas du contrat de travail.

Certains cadres dans une entreprise n'apparaissent pas comme placés dans *une situation de subordination* : non seulement ils disposent dans leur activité d'une réelle indépendance et d'une grande liberté de décision, mais surtout ce sont eux qui tiennent le rôle de l'employeur à l'égard des salariés placés sous leur autorité. Ce sont formellement des salariés : ils sont liés par contrat de travail à l'employeur (généralement une société, personne morale), mais leurs fonctions sont des fonctions d'employeur qu'ils exercent par délégation. Ce sont des employeurs-salariés. Il ne saurait y avoir confusion entre la qualité de salarié (attestée par le contrat de travail) et la qualité d'employeur qui revient à la personne propriétaire de l'entreprise ou qui l'exploite (c'est donc l'acquisition par un salarié de la propriété de l'entreprise qui est susceptible de faire disparaître le lien de subordination, donc le contrat de travail, Cass. soc., 12 févr. 1991 : *Bull. civ.* V, n° 60).

C. – Incompatibilité avec la qualité de mandataire social

165. – Contentieux. Un contentieux particulier concerne les dirigeants sociaux ou gérants qui détiennent un contrat de travail.

La société employeur a ses propres organes : conseil d'administration, directoire, gérant... Ceux qui participent au travers de ces organes à la direction générale ou à l'administration de la société peuvent-ils être simultanément salariés de celle-ci ? C'est le problème du cumul d'un contrat de travail et d'un mandat social. Certains cumuls sont exclus. Ainsi, un gérant associé ne peut être salarié d'une société en nom collectif (Cass. soc., 5 avr. 1974, *SNC* : *Bull. civ.* V, n° 220). De même, un administrateur de société anonyme ne saurait devenir salarié (C. trav., art. L. 225-44). En revanche, alors que les membres du conseil de surveillance ne pouvaient souscrire de contrats de travail (L. 1966, art. 142. – Cass. soc., 2 mai 1989 : *Bull. civ.* V, n° 322 ; *D.* 1989, p. 512, note Y. Chartier), tel n'est plus le cas depuis la loi du 11 février 1994, codifiée à l'article L. 225-85 du nouveau Code de commerce.

166. – Droit des sociétés et droit du travail. En droit des sociétés, le principe qui est décisif est celui de la révocabilité *ad nutum* des mandataires sociaux. Ce principe connaît cependant aujourd'hui une atténuation : la loi Nouvelles régulations économiques (dite NRE) a modifié l'article L. 225-55 du Code de commerce et prévoit l'indemnisation du directeur général d'une société anonyme pour révocation sans juste motif. Il s'oppose à ce qu'un mandataire social reçoive de la société la conclusion d'un contrat de travail afin d'obtenir les indemnités afférentes à la rupture dudit contrat, au cas où son mandat serait révoqué. Un tel contrat de garantie serait illicite. Le même principe s'opposerait même à ce que soit consentie une promesse de contrat de travail destinée à être exécutée à la fin du mandat social (Cass. soc., 15 mars 1983 : *Bull. civ.* V, n° 109 ; *Gaz. Pal.* 1983, 2, pan. jurispr. p. 228 ; *D.* 1984, p. 99, note J. Guyénot ; *JCP* 1983, II, 20002, note A. Viandier).

Le régime actuel de l'article L. 225-22 du Code de commerce peut être exprimé par les deux principes suivants : un administrateur en fonctions ne peut accepter un poste de salarié dans la société ; en revanche, un salarié de la société peut devenir administrateur sans perdre le bénéfice de son contrat de travail, à condition que ce contrat corresponde à un emploi effectif. La condition d'antériorité *de deux ans* a été supprimée par la loi dite Madelin du 11 février 1994 ; malencontreusement, la codification de septembre 2000 qui était pourtant à droit constant, avait rétabli cette condition de deux ans. C'était l'une des « erreurs » commises par cette œuvre de codification à droit constant. La loi Murcef, du 11 décembre 2001 modifie l'alinéa premier de l'article L. 225-22 du Code de commerce supprimant la condition d'antériorité de deux ans du contrat de travail. Cette condition d'antériorité de deux ans du contrat de travail ne demeure donc plus que pour les administrateurs élus des salariés. En revanche, demeure l'obligation de l'existence du contrat préalablement à la désignation comme administrateur. Le nombre d'administrateurs liés à la société par un contrat de travail ne peut en effet dépasser le tiers des administrateurs en fonction (seuil qui est écarté pour les SEL). En cas de dépassement, la sanction est la nullité de la nomination, et non pas celle de la nullité du contrat de travail.

Dans les hypothèses où le cumul ne se heurte pas aux impératifs du droit des sociétés et est par conséquent permis, le contrat de travail peut coexister avec le mandat social (jurisprudence constante, notamment, Cass. soc., 19 févr. 1986 : *Bull. civ.* V, n° 10). Ce cumul effectif suppose toutefois que soient encore exercées des fonctions techniques ne se confondant pas avec les fonctions de direction générale qui correspondent au mandat social, rémunérées de façon distincte et assumées en situation de réelle subordination. Celle-ci se conçoit bien pour l'administrateur (voire le directeur général) qui continue d'exercer des fonctions de salarié sous la subordination du président du conseil d'administration (Cass. com., 22 nov. 1983 : *Bull. civ.* IV, n° 317 ; *D.* 1984, p. 392, note M. Jeantin), mais pour le président lui-même, on voit mal dans quelle relation de subordination il se trouve placé. La Cour de cassation juge pourtant qu'il n'y a pas incompatibilité entre les fonctions de salarié et celles de président de conseil d'administration et que celui-ci peut, dans l'exercice effectif de fonctions distinctes de la direction générale, être sous la subordination de la société elle-même, alors même qu'il ne reçoit d'ordre de personne (Cass. soc., 16 oct. 1991 : *Bull. civ.* V, n° 408 ; *JCP* 1992, 21828, note Y. Chaput ; *Dr. soc.* 1991, p. 953).

Dans le cas où, au contraire, l'accès du salarié à des fonctions de mandataire social fait disparaître la relation de subordination, donc l'emploi salarié fictif, la jurisprudence majoritaire a longtemps considéré que le contrat de travail disparaissait, « absorbé par le mandat social » (Cass. soc., 28 janv. 1988 : *Bull. civ.* V, n° 83). Pour que le contrat soit seulement suspendu, il fallait que cette suspension soit expressément stipulée entre les parties. Le principe est maintenant inversé : le contrat de travail se trouve, en l'absence de convention contraire, suspendu pendant le temps d'exercice du mandat (Cass. soc., 12 déc. 1990 : *Bull. civ.* V, n° 609 ; *Dr. soc.* 1991, p. 463). Au demeurant, puisque ni la rupture ni la novation du contrat ne se présument, c'est à celui qui prétend que la nomination du salarié à des fonctions de mandataire social a mis fin au contrat de travail qu'il appartient d'en rapporter la preuve (Cass. soc., 12 juin 1991 : *Bull. civ.* V, n° 295).

167. – Sociétés particulières. La solution est relativement simple pour ce qui est des *gérants de sociétés à responsabilité limitée* ; ou bien ils sont directement, ou indirectement, par l'intermédiaire de membres de leur famille, *majoritaires* dans le capital social et ne peuvent alors être titulaires d'un contrat de travail salarié, ou bien ils se trouvent *minoritaires*, soumis aux ordres des associés majoritaires et donc ont la qualité de salariés.

Le problème se pose également dans le cas où le salarié, par exemple un ingénieur, accède aux fonctions d'*administration* ou de *P-DG*, c'est-à-dire cumule désormais avec son contrat de travail un mandat social, lequel exclut un lien de subordination, et dans le cas inverse, où un mandataire social devient salarié. La jurisprudence de la Cour de cassation est à cet égard relativement libérale.

168. – Activité distincte. Le contrat de travail est maintenu, si son exécution peut être effectuée *distinctement de l'exercice du mandat social* (notamment lorsqu'il s'agit de fonctions purement techniques).

Les *dirigeants sociaux*, d'une manière générale, ne peuvent être titulaires d'un contrat de travail que s'il existe une distinction entre le mandat social et le contrat de travail. Le critère appliqué par la jurisprudence est celui des fonctions distinctes. Il n'y a pas incompatibilité entre la fonction de président du directoire (et de membre du conseil de surveillance) et un emploi de salarié ; la solution est la même à l'endroit du président du conseil d'administration, qui, en tant que salarié, effectue des tâches distinctes de la direction générale, et qui dans leur exécution, reste sous la subordination de la société.

169. – Sanctions du cumul illicite. L'incompatibilité n'a pas pour effet d'entraîner la rupture de plein droit du contrat de travail, mais seulement de *suspendre le contrat de travail pendant la durée du mandat social* (Cass. soc., 30 mai 1995 : *Gaz. Pal.* 1995, 2, pan. jurispr. p. 154). Il a été également jugé que le salarié, nommé par la maison mère pour exercer en son nom un mandat social dans un filiale, conserve le bénéfice du contrat de travail et peut se prévaloir de la *clause de réintégration*, stipulée pour le cas où serait révoqué le mandat social.

Toutefois, il doit être tenu compte des règles légales relatives aux sociétés, telles que l'article L. 225-85 du Code de commerce (ex-article 142 de la loi du 24 juillet 1966), qui interdit aux membres du conseil de surveillance de percevoir un salaire ; le contrat, qui leur serait consenti, est donc nul.

JURISPRUDENCE

L'existence du contrat de travail et du lien de subordination pour un ministère pastoral

Cass. soc., 23 avr. 1997, Fédération des églises adventistes du 7e jour c/ Garcia (Gaz. Pal. 1997, 1, pan. jurispr. p. 137 ; CSBP 1997, nº 92, B 140 ; JCP 1997, II, 22961, note Pignet-Cabrillac)

« Pour qualifier de contrat de travail la relation entre un pasteur et son église, les juges du fond ne peuvent s'attacher uniquement à la dénomination donnée par les parties à leurs rapports, sans rechercher si l'intéressé recevait des ordres et des directives de son église caractérisant un rapport de subordination.

Sur le moyen unique :

Vu l'article 12 du Nouveau Code de procédure civile, ensemble l'article L. 121-1 du Code du travail ;

Attendu que, selon l'arrêt attaqué (Riom, 4 janv. 1994), M. Garcia, pasteur à la Fédération des églises adventistes du 7e jour du sud de la France, a saisi la juridiction prud'homale en prétendant qu'il avait été abusivement licencié par cette fédération ; que le conseil de prud'hommes s'est déclaré compétent ; que la Fédération des églises adventistes a formé contredit ;

Attendu que, pour dire que le conseil de prud'hommes était compétent, la cour d'appel a retenu que le contrat traduisait l'intention des parties de se placer sous l'empire des dispositions législatives et réglementaires régissant les rapports de travail, et instituait un lien de subordination ;

Attendu cependant que le lien de subordination est caractérisé par l'exécution d'un travail sous l'autorité d'un employeur qui a le pouvoir de donner des ordres et des directives, d'en contrôler l'exécution et de sanctionner les manquements de son subordonné ; que le travail au sein d'un service organisé peut constituer un indice du lien de subordination lorsque l'employeur détermine unilatéralement les conditions d'exécution du travail ;

Qu'en statuant comme elle l'a fait, en s'attachant uniquement à la dénomination donnée par les parties à leurs rapports dans le contrat, et en ne recherchant pas si l'intéressé recevait des ordres et directives de la Fédération, la cour d'appel n'a pas donné de base légale à sa décision ;

Par ces motifs :

Casse et annule, dans toutes ses dispositions, l'arrêt rendu le 4 janvier 1994, entre les parties, par la cour d'appel de Riom. »

Section 2

LA NORME : LE CONTRAT À DURÉE INDÉTERMINÉE

§ 1. – Les notions générales

A. – Existence d'une norme

170. – Contrat de droit commun. L'article L. 121-5 du Code du travail pose pour principe que le contrat de travail est... « *conclu sans détermination de durée* ». Cette règle est d'*ordre public*, ce qui signifie, d'une part, qu'il ne peut exister de dérogations à ce statut de droit commun qu'à titre exceptionnel, dans les cas *limitativement définis par la loi*, et, d'autre part, que les contrats conclus en violation de cette disposition légale doivent être *d'office requalifiés* par le juge en contrats à durée indéterminée. Ce sera le cas, par exemple, des *contrats verbaux* ; de même, le contrat de travail à *durée déterminée*, lorsqu'il est permis et même lorsqu'il se poursuit après l'échéance de son terme, donne obligatoirement naissance à un contrat à durée indéterminée (Cf. C. trav., art. L. 122-3-10).

B. – Justification

171. – Stabilité de l'emploi. Le principe de la durée indéterminée, auquel est très attaché le mouvement syndical, est légitimé par la volonté de garantir au salarié une *stabilité de l'emploi* suffisante pour lui permettre de résister aux abus de pouvoir du chef d'entreprise. Un contrat à durée déterminée est soumis à renouvellement à intervalles réguliers ; l'éventualité d'un refus de reconduction de la relation de travail constitue pour le salarié une menace qui le met à la merci de l'employeur et le place en état de précarité.

C. – Notion de durée indéterminée

172. – Durée indéterminée et non perpétuelle. L'expression « durée indéterminée » signifie seulement qu'*aucun terme n'est fixé par les parties pour une expiration de plein droit du contrat de travail*. Elle n'équivaut pas à la « perpétuité ». D'ailleurs, depuis l'abolition en France du système féodal, et pour éviter sa reconstitution sous la forme de servitudes personnelles, tous les contrats de travail à caractère perpétuel sont interdits d'ordre public, comme contrevenant aux libertés fondamentales des citoyens.

Le contrat à durée indéterminée est en conséquence susceptible de *rupture*, dans des conditions *réglementées d'ordre public* par les textes légaux et réglementaires, ainsi que par les conventions collectives, lesquelles prévoient une indemnisation, à la charge de l'employeur, si le licenciement n'est pas justifié.

Le contrat à durée déterminée peut comporter une clause de garantie d'emploi. Cela ne change pas la nature du contrat de travail mais cela oblige l'employeur, en cas de violation à indemniser le salarié du solde des salaires dus jusqu'à l'expiration de la garantie.

§ 2. – La période d'essai

A. – Notion d'essai

173. – Période d'essai et essai professionnel. L'*essai professionnel* ne doit pas être confondu avec la période d'essai stipulée au contrat de travail, lors de la conclusion de celui-ci. L'essai professionnel consiste dans un stage de formation, généralement proposé aux candidats qui ont répondu à une offre d'emploi se situant dans une procédure de présentation ; il ne débouche pas forcément sur un recrutement.

174. – Fonctionnement de l'essai. La *période d'essai* est stipulée lors de l'embauche, dans une clause du contrat de travail ou de la convention collective applicable portée à la connaissance du salarié, et s'adresse à un salarié déjà recruté. Son embauche ne prendra un *caractère définitif* qu'à l'expiration de la période d'essai, pendant laquelle la relation du travail peut être *unilatéralement et discrétionnairement révoquée*, par l'un ou l'autre des contractants, *sans préavis ni formalité aucune, sans justification ni motivation et sans paiement d'aucune indemnité.* Cette situation éprouvante (pour le salarié surtout) est ressentie comme très rigoureuse et la jurisprudence en limite les effets excessifs.

B. – Conditions de validité

175. – Clause expresse. L'essai doit faire l'objet d'une *clause expresse*, à défaut de laquelle est appliquée la *convention collective* ou l'usage en vigueur dans l'entreprise ; si ni l'un ni l'autre ne prévoient obligatoirement une période d'essai et si le contrat est muet sur ce point, l'embauche est considérée comme définitive ; le silence du salarié ne vaut pas non plus acceptation (Cass. soc., 5 mars 1996 : *Gaz. Pal.* 1996, 1, pan. jurispr. p. 93). La *prolongation* de la période d'essai est possible si la convention collective la permet, si la durée ajoutée ne fait dépasser à l'ensemble de l'essai le maximum légal et s'il y a accord exprès des parties (Cass. soc., 23 mars 1989 : *Bull. civ.* V, n° 24 ; *Gaz. Pal.* 1989, 2, pan. jurispr. p. 101 ; *ibid*, 2, somm. p. 374). Le renouvellement ou la prolongation de la période d'essai ne peut résulter que d'un accord exprès des parties intervenu au cours de la période initiale et les parties ne peuvent convenir d'un renouvellement ou d'une prolongation tacite de la période d'essai qu'une fois la période expirée (Cass. soc., 10 janv. 2001 : *Bull. civ.* V, n° 4 ; *CSBP* 2001, n° 128, S. 165, note C. Charbonneau). L'ignorance du salarié sur l'existence de la période d'essai ne peut valoir consentement.

176. – Essai sur essai ne vaut. Lorsqu'un salarié est *muté*, par changement de poste, ou accède à de nouvelles fonctions, il ne s'agit pas d'une nouvelle embauche et une période d'essai ne saurait lui être imposée (Cass. soc., 17 févr. 1993 : *Bull. civ.* V, n° 24 ; *CSBP* 1993, 49, A. 26 ; *Gaz. Pal.* 1993, 1, pan. jurispr. p. 89 ; *D.* 1993, p. 618, note J. Mouly. – *Adde* : Cass. soc., 20 avr. 2001 : *Dr. soc.* 2001, p. 756, note Roy-Loustaunau). Il en est de même en cas de transfert d'entreprise par application de l'article L. 122-12 du Code du travail.

C. – Durée

177. – Ampleur de la durée. La durée est fixée par le contrat, dans la limite du *maximum indépassable mentionné par la convention collective* ou les usages de la profession (Cf. VRP, trois mois, Cass. soc., 17 juill. 1996 : *Gaz. Pal.* 1996, 2, pan. jurispr. p. 238 ; *CSBP* 1996, 84, S. 126 ; *Bull. civ.* V, n° 288 ; durée de deux mois en matière d'apprentissage). À défaut, la durée de la période d'essai ne doit pas être pour le salarié *hors de proportion avec le temps nécessaire* pour éprouver un salarié de sa catégorie (Cass. soc., 9 juin 1988 : *Bull. civ.* V, n° 348).

À la demande des employeurs, le gouvernement avait songé à augmenter de manière significative la durée de la période d'essai : le contrat nouvelle embauche était, au départ, un contrat à durée déterminée dont la période d'essai est de deux ans. Ce projet a conduit la doctrine à s'interroger sur la qualification « période d'essai » : n'est-il pas dangereux d'avoir recours à une technique destinée à mesurer les capacités professionnelles d'un salarié pour apporter de la flexibilité au travail. Autrement dit, la technique de la période d'essai demeure-t-elle compatible avec une durée longue, tout au moins au-delà du temps nécessaire pour apprécier les capacités professionnelles ?

178. – Essai comme temps de probation. Il s'agit d'effectuer un *travail effectif*, qui permet à l'employeur d'évaluer l'aptitude au travail du salarié. En conséquence, la *maladie* suspend le cours de l'essai, qui est prolongé d'autant qu'a duré l'arrêt de travail. La même solution vaut en cas de congés annuel d'accidents du travail.

D. – Rupture anticipée

179. – Rupture discrétionnaire mais non arbitraire. Le contrat de travail peut être rompu à tout moment, au cours de la période d'essai, sans préavis ni indemnité.

Cette règle rigoureuse a été modulée par des arrêts récents de la Cour de cassation, qui déclarent *abusive et ouvrant éventuellement droit à indemnisation*, une rupture précipitée ne permettant pas au salarié de faire la preuve de ses capacités. La rupture anticipée est un droit reconnu aux parties, et notamment à l'employeur, à condition que, et c'est une règle générale, il ne soit pas fait de ce droit un usage abusif.

180. – Préavis de la rupture. Certaines conventions collectives instituent, pour la rupture en cours d'essai, un préavis, qui est alors obligatoire. À défaut, la rupture intervient immédiatement.

181. – Effets de la rupture. La rupture anticipée – une controverse s'élève à ce sujet, quant à sa nature juridique – produit des effets équivalents à ceux de la condition résolutoire.

E. – Arrivée du terme

182. – Effet de l'arrivée du terme. Lorsque la période d'essai arrive à expiration au terme convenu, l'embauche prend un caractère définitif et l'effet en est rétroactif.

JURISPRUDENCE

La clause de garantie d'emploi

La clause de garantie d'emploi insérée au contrat de travail, même s'il est à durée indéterminée, produit entier effet, et, à défaut de toute faute grave imputable au salarié, interdit à l'employeur de procéder au licenciement du salarié pendant la période de garantie d'emploi.

Cass. soc., 6 mai 1997 (*Bull. civ.* V, n° 164 ; *CSBP* 1997, n° 92, B. 142 ; *Gaz. Pal.* 1997, 2, pan. jurispr. p. 156 ; *D.* 1997, inf. rap. p. 132 ; *JCP* 1997, II, 22972, note Mouly)

« La Cour,

Sur le moyen unique :

Vu l'article 1134 du Code civil ;

Attendu, selon l'arrêt attaqué, que M. Dearman a été engagé le 31 mai 1989 en qualité de directeur général de l'Association Montpellier Basket ; que son contrat de travail, conclu pour une durée de dix ans, prévoyait que, pendant une période de trois ans, aucune partie n'avait la faculté de rompre le contrat et que, pendant les sept années suivantes, le salarié pouvait seul résilier le contrat, après dénonciation par lettre recommandée trois mois avant l'échéance annuelle ; qu'ayant été licencié le 27 mars 1991, M. Dearman a saisi la juridiction prud'homale afin d'obtenir paiement de dommages-intérêts pour rupture anticipée de son contrat à durée déterminée, sur le fondement de l'article L. 122-3-8 du Code du travail ;

Attendu que, pour rejeter sa demande, la cour d'appel a énoncé que lorsqu'un contrat à durée déterminée comporte une clause de dénonciation par l'une ou l'autre des parties, applicable par l'effet de la seule volonté d'un cocontractant, il est à durée indéterminée ; qu'il ne s'agit pas, en l'espèce, d'une violation par l'employeur de la réglementation des contrats à durée déterminée, édictée dans le seul souci de protection du salarié, mais de l'intention initiale des parties en sorte que M. Dearman ne saurait s'opposer valablement à cette requalification ; que la rupture doit donc s'analyser dans le cadre d'un contrat à durée indéterminée ;

Qu'en statuant ainsi, alors même que s'il était à durée indéterminée, le contrat de travail comportait une période de garantie d'emploi de trois ans pendant laquelle il ne pouvait être rompu, à défaut de faute grave du salarié rendant impossible le maintien des relations contractuelles, la cour d'appel a violé le texte susvisé ;

Par ces motifs :

Casse et annule... »

Le contrat de travail à durée indéterminée d'un salarié, assorti d'une clause de mobilité internationale rédigée ainsi : « cette mission (en Italie) vous est confiée pour une durée de 4 ans, prorogeable d'un commun accord » doit être interprété, en raison de son caractère imprécis et, partant, ambigu, sur le fondement de l'article 1159 du Code civil. Conformément à l'usage concernant les contrats de travail des cadres expatriés, la clause précitée ne constituait pas une garantie d'emploi, mais prévoyait seulement une durée prévisible de l'affectation en Italie sans exclure la possibilité d'une rupture du contrat de travail pendant la période de quatre ans (Cass. soc., 29 oct. 2003 : *CSBP* 2004, n° 156, S. 26, obs. C. Charbonneau).

Section 3

LA PRÉCARITÉ DU TRAVAIL

§ 1. – Le contrat à durée déterminée

A. – Position du problème

183. – Notion. Le contrat de travail à durée déterminée, dit parfois « contrat guillotine », prend fin *de plein droit* et sans recours possible au *terme* fixé par les parties, et, contrairement au contrat à durée indéterminée, n'assure pas la garantie de l'emploi. Il est néanmoins nécessaire de l'autoriser seulement dans des cas où il est pleinement justifié (par exemple, lorsqu'il s'agit de recruter des ouvriers pour la durée du chantier, ou de l'intérim).

184. – Durée déterminée et précarité. La crise économique et le développement du chômage, la difficulté de retrouver un emploi ont fait passer le problème du plan juridique dans celui de la vie sociale, et les organisations syndicales ont dénoncé le vice de précarité d'un tel contrat, d'une part, et, d'autre part, les abus des employeurs que permet la possibilité de ne pas renouveler le contrat venu à expiration. D'où les nombreux textes législatifs qui ont successivement modifié le statut du travail à durée déterminée : ordonnance n° 82-130 du 5 février 1982, loi n° 85-772 du 25 juillet 1985, loi n° 86-76 du 17 janvier 1986, ordonnance n° 86-948 du 11 août 1986, loi n° 89-18 du 13 janvier 1989, loi n° 90-613 du 12 juillet 1990 et enfin la loi de modernisation sociale n° 2002-73 du 17 janvier 2002, qui comporte diverses dispositions ayant pour objet la lutte contre la précarité. L'action du législateur tend à restreindre les hypothèses où le contrat à durée déterminée est admis, à prévoir l'indemnisation du préjudice qu'il peut occasionner au salarié (exigence d'un contrat écrit, paiement d'une indemnité de précarité) et à lutter contre la fraude, qui consisterait à substituer des contrats à durée déterminée à des contrats à durée indéterminée, sans justification véritable. Le contrat à durée déterminée doit demeurer l'exception et non un mode de gestion de l'entreprise.

B. – Principe

185. – Recours exceptionnel. Il est donc de principe, et ce d'ordre public, que le contrat à durée déterminée, dérogatoire au contrat à durée indéterminée, norme de droit commun, n'est admis que dans les *cas expressément prévus par la loi ou par des usages constants*, et que les contrats conclus en violation de cette règle doivent être *requalifiés en contrats à durée indéterminée*.

Cependant, la requalification du CDD en CDI constituant une protection légale édictée dans l'intérêt du salarié, *celui-ci seul peut s'en prévaloir* et n'est pas tenu de la réclamer, ce qu'il s'abstient parfois de faire pour des raisons d'opportunité : par exemple, lors d'une rupture infondée du contrat par l'employeur, il vaut mieux obtenir, à titre de dommages et intérêts, l'intégralité des salaires dus jusqu'au terme (ce qui est la règle du contrat à durée déterminée), plutôt que la réparation du préjudice effectivement subi par le salarié. Ce qui signifie que le juge ne peut pas prononcer d'office cette requalification et que l'employeur ne peut la demander.

C. – Conditions de forme

186. – Sanctions. Elles font partie des garanties légales données au salarié, et sont donc, si celui-ci le demande, sanctionnées par la requalification en contrat à durée indéterminée.

187. – Exigence de l'écrit. En premier lieu, l'article L. 122-3-1 du Code du travail exige que le contrat soit *écrit*. En l'absence d'écrit – s'agissant d'un contrat verbal – ou au cas où le contrat écrit est nul, le contrat est *présumé de manière irréfragable être à durée indéterminée* et l'employeur n'est pas recevable à prouver l'existence d'une embauche orale à durée déterminée (Cass. soc., 21 mai 1996 : *Bull. civ.* V, n° 110 ; Gaz. *Pal.* 1996, 2, pan. jurispr. p. 172 ; *D.* 1996, p. 565, concl. Chauvy ; *ibid.* inf. rap. p. 146 ; *JCP* 1996, 22701, note Roy-

Loustaunau. – 11 mars 1997 : *Gaz. Pal.* 1997, 1, pan. jurispr. p. 125 et 12 nov. 1997 : *Bull. civ.* V, n° 362 ; *Gaz. Pal.* 1997, 2, pan. jurispr. p. 350).

De plus, lorsque le contrat de travail prévoit son renouvellement par la signature d'un avenant écrit, la relation de travail devient à durée indéterminée à l'échéance de la première période et ce sans que l'avenant prévu ait été formalisé (Cass. soc., 15 janv. 1997 : *Gaz. Pal.* 1997, 1, pan. jurispr. p. 60 ; *CSBP* 1997, n° 89, S. 64).

Si en l'absence de contrat écrit, l'employeur ne peut écarter la présomption instituée par l'article L. 122-3-1 du Code du travail, selon laquelle le contrat doit être réputé conclu pour une durée indéterminée, le salarié peut rapporter la preuve que le contrat conclu verbalement est à durée déterminée, les dispositions des articles L. 122-1 et suivants du Code du travail ayant été édictées dans le souci de le protéger (Cass. soc., 10 juill. 2002 : *Bull. civ.* V, n° 235 ; *CSBP* 2002, n° 145, A. 60, obs. C. Charbonneau).

188. – Exigence de mentions obligatoires. En second lieu, le même article – et ce *d'ordre public* – exige également que le contrat écrit porte un *certain nombre de mentions ou indications*, telles que la durée du contrat, s'il s'agit d'un intérim le nom et la qualification du salarié remplacé, la cause de son indisponibilité, la durée probable de son absence, le poste de travail, le montant de la rémunération ; en un mot, sont requises les énonciations *précises et détaillées* permettant de vérifier si le contrat à durée déterminée entre bien dans les prévisions de la loi.

189. – Sanctions. L'inobservation de cette obligation – énonciation des motifs justificatifs de la conclusion d'un contrat à durée déterminée – est sanctionnée par la *requalification du contrat à durée déterminée en contrat à durée indéterminée* (Cass. soc., 4 déc. 1996 : *Bull. civ.* V, n° 415 ; *CSBP* 1997, n° 88, S. 40 ; *Gaz. Pal.* 1997, 1, pan. jurispr. p. 28 ; *D.* 1997, inf. rap. p. 11, et 6 mai 1997 : *Bull. civ.* V, n° 160 ; *Gaz. Pal.* 1997, 2, pan. jurispr. p. 156 ; *D.* 1997, inf. rap. p. 132 ; *CSBP* 1997, n° 92, A. 38).

190. – Délai de signature du contrat. Le contrat écrit doit être *transmis au salarié*, pour signature, « au plus tard *dans les deux jours suivant l'embauche* ». Cette exigence a pour but d'éviter la fraude de certains employeurs qui tenteraient, après avoir engagé verbalement un salarié (donc selon une durée indéterminée), de transformer leur relation en contrat à durée déterminée.

D. – Conditions de fond

191. – Hypothèses de recours au contrat à durée déterminée. Les dérogations au droit commun du contrat à durée indéterminée se trouvent définies par le Code du travail ou des textes particuliers, que nous n'analyserons pas en détail. La *liste limitative* est fixée à l'article L. 122-1-1 du Code du travail, notamment :

1° *remplacement d'un salarié absent ou indisponible*, sans pourtant que l'employeur soit tenu d'affecter le salarié recruté au poste même de celui qu'il remplace (Cass. soc., 22 nov. 1995 : *Bull. civ.* V, n° 308 ; *CSBP* 1996, n° 77, A. 9 ; *Gaz. Pal.* 1996, 1, pan. jurispr. p. 29 ; *D.* 1996, inf. rap. p. 5 ; *JCP* 1996, II, 22642, note Roy-Loustaunau) ; l'employeur n'est donc pas contraint d'affecter le salarié recruté par contrat à durée déterminée en remplacement au poste occupé par la personne absente : cette technique, appelée « remplacement en cascade », ne doit pas avoir pour effet de pourvoir durablement un emploi permanent de l'entreprise (Cass. soc., 16 juill. 1997 : *Bull. civ.* V, n° 270 ; *Gaz. Pal.* 1997, 2, pan. jurispr. p. 253 ; *CSBP* 1997, n° 94, A. 50) ;

2° *accroissement temporaire d'activité*, surcharge occasionnelle de travail ;

3° *emplois saisonniers* ou bien *usages constants*, dans un secteur d'activité, de considérer les emplois comme étant par nature temporaires (stations touristiques, secteurs de vacances, etc.).

4° s'ajoute, depuis la loi du 21 décembre 2001, un cas moins général relatif aux pharmaciens (« Remplacement d'un pharmacien titulaire d'officine dans les cas prévus aux premier et troisième alinéas de l'article L. 5125-21 du Code de la santé publique ou remplacement d'un directeur de laboratoire d'analyses de biologie médicale tel que prévu à l'article L. 6221-11 du même code ») ;

5° la loi n° 2003-6 du 3 janvier 2003 (art. 7) autorise le CDD pour le *remplacement d'un chef d'exploitation agricole ou d'entreprise* tels que définis aux 1er à 4e de l'article L. 722-1 du Code rural, d'un aide familial, d'un associé d'exploitation, ou de leur conjoint dès lors qu'il participe effectivement à l'activité de l'entreprise ou de l'exploitation agricole ;

6° l'ordonnance n° 2004-602 du 24 juin 2004 (art. 7-I) permet le remplacement d'un *chef d'entreprise artisanale, industrielle ou commerciale, d'une personne exerçant une profession libérale, de son conjoint participant effectivement à l'activité de l'entreprise à titre professionnel et habituel ou d'un associé non salarié d'une société civile professionnelle, d'une société civile de moyens ou d'une société d'exercice libéral.*

192. – Interprétation restrictive de la jurisprudence. La jurisprudence donne de ces situations des interprétations que l'on peur qualifier de diverses, qui sont fonction des circonstances du cas. La Cour de cassation, dans une série d'arrêts récents, a dit que n'étaient pas des contrats saisonniers à durée déterminée, mais des contrats à durée indéterminée, ceux conclus pour l'année scolaire ou universitaire, notamment en ce qui concerne les chauffeurs de cars scolaires, les professeurs de judo, de danse ou de ski, les employés de remontées mécaniques ou les danseuses employées pendant plusieurs années successives. Une animatrice de radio employée par contrats successifs pendant plus de cinq ans (Cass. soc., 22 janv. 1992 : *Bull. civ.* V, n° 21 ; *Gaz. Pal.* 1992, 1, pan. jurispr. p. 54) est nécessairement titulaire d'un contrat à durée indéterminée.

193. – Interdiction de pourvoir durablement un emploi. L'article L. 122-1 du Code du travail donne à cet égard, à la jurisprudence, une directive générale, savoir que le contrat à durée déterminée, quel que soit son motif, « *ne peut avoir, ni pour objet, ni pour effet, de pourvoir durablement un emploi* », ni... « *l'activité normale et permanente de l'entreprise* » ; il n'est justifié que pour l'exécution d'une... « *tâche précise et temporaire* » ; et les exigences de la loi doivent être satisfaites... « *à la date de conclusion du contrat* » (Cass. soc., 11 avr. 1991 : *Bull. civ.* V, n° 184 ; *Gaz. Pal.* 1991, 2, pan. jurispr. p. 247).

E. – Notion de durée déterminée

194. – Durée maximum. L'article L. 122-1-2 du Code du travail édicte un certain nombre de règles restrictives tendant à empêcher que le contrat à durée déterminée ne soit frauduleusement utilisé, en le substituant à un contrat à durée indéterminée. C'est la raison pour laquelle la *durée maximum a été fixée à 18 mois* ; au-delà, la loi l'interdit, car il s'agirait de pourvoir un emploi durable. La loi de modernisation sociale, dans le cadre de la lutte contre la précarité, dispose que le contrat peut être rompu – outre la force majeure et l'accord des parties – par le salarié qui trouve une embauche définitive, sous réserve d'un préavis d'un jour par semaine de durée du contrat. L'indemnité de fin de contrat passe de 6 % à 10 % de la rémunération. Pour pourvoi un emploi libéré en contrat à durée déterminée, le chef d'entreprise ne peut recourir à un nouveau CDD qu'à l'expiration d'un délai de carence, égal à la moitié de la durée du contrat, avec un minimum de 14 jours.

195. – Renouvellement. Cette durée maximum de 18 mois s'applique au cas de *renouvellement*, un *seul renouvellement est autorisé*, et la durée totale du contrat initial et du contrat renouvelé ne saurait excéder le *maximum indépassable de 18 mois.* Lorsque la convention collective prévoit une durée inférieure (par exemple, durée maximum de trois mois renouvelable une fois), cette durée réduite – et non le délai de 18 mois imposé par la loi ou un délai plus long inséré dans le contrat de travail – doit trouver application (Cass. soc., 25 mai 1982 : *Bull. civ.* V, n° 242).

196. – Précision du terme. Le contrat de travail, pour être régulier et valable... « *doit comporter un terme fixé avec précision dès sa conclusion* ». Cependant, certaines situations exceptionnelles permettent de ne pas stipuler une date précise et de choisir une échéance appropriée à la nature de l'emploi. En matière d'intérim, pour absence ou maladie, le contrat à durée déterminée peut valablement se poursuivre *jusqu'au retour du salarié* ou son licenciement (le contrat à durée déterminée prend fin à la date de la rupture du contrat de travail du salarié indisponible). Le contrat demeure à durée déterminée, selon un terme (défini comme un événement futur et certain) indéterminé.

197. – Autres dérogations. D'autres dérogations que celles relatives à l'intérim sont prévues ; noter à cet égard :

1° *la réduction de la durée maximale à 9 mois,* lorsque le contrat à durée déterminée est conclu pour pourvoir un emploi dans l'attente de la prise de fonction d'un salarié recruté en contrat à durée indéterminée, ou s'il s'agit de réaliser des travaux urgents ;

2° *la durée de 24 mois* est permise pour les contrats exécutés à l'étranger ou en cas de commande exceptionnelle à l'exportation ou de départ définitif d'un salarié par suppression de son poste de travail ; une durée minimum de neuf mois est prévue en cas de surcharge de travail en vue de l'exportation (Cf. *Le contrat initiative-emploi, CDD de droit commun* : *CSBP* 2000, n° 121, A. 30 ; *CDD et activité hôtelière* : *CSBP* 2000, n° 122, A. 34).

198. – Requalification. Le contrat à durée déterminée est requalifié en contrat à durée indéterminée si :

1° le remplaçant a la même qualification et le même salaire que la personne remplacée, car il s'agit alors non d'un intérim, mais d'une affectation à un emploi permanent (Cass. soc., 4 déc. 1996 : *Bull. civ.* V, n° 414 ; *CSBP* 1997, n° 88, A. 14 ; *Gaz. Pal.* 1997, 1, pan. jurispr. p. 27) ;

2° si les contrats à durée déterminée successifs (5 en l'espèce) confient au prétendu intérimaire, sans interruption, les mêmes tâches (Cass. soc., 16 juill. 1997 : *Bull. civ.* V, n° 270 ; *CSBP* 1997, n° 94, A. 50 ; *Gaz. Pal.* 1997, 2, pan. jurispr. p. 253).

F. – Emplois saisonniers

199. – Notion et domaine du contrat saisonnier. Le contrat à durée déterminée n'est autorisé que lorsqu'il n'est conclu que pour une seule saison, *aucune reconduction n'étant stipulée pour la saison suivante* (C. trav., art. L. 122-3-15). S'il est prévu par le contrat, ou par une convention collective, l'obligation de proposer au salarié son réemploi, dans un poste identique, pour l'année à venir, le contrat à durée déterminée doit être requalifié en contrat à durée indéterminée, car il s'agit de pourvoir un emploi durable et permanent.

D'une manière générale, le contrat saisonnier est considéré comme licite en matière agricole ou agroalimentaire ou dans le domaine du tourisme. Même lorsque la reconduction ou le renouvellement ne sont pas mentionnés, le contrat saisonnier devra être requalifié en contrat à durée indéterminée si la durée convenue est voisine d'une année (le ministère du Travail estime la durée maximum indépassable à huit mois).

G. – Sanction de la requalification

200. – Procédure accélérée. L'article L. 122-3-13 du Code du travail permet au salarié, lorsque le contrat à durée déterminée a été conclu en violation des règles légales et doit donc être réputé comme étant à durée indéterminée, de saisir le Conseil des prud'hommes, suivant une procédure accélérée. L'affaire vient directement devant le Bureau de jugement qui doit statuer dans le mois de sa saisine ; la décision rendue est de droit exécutoire par provision.

201. – Sanction. Lorsqu'elle fait droit à la demande de requalification d'un contrat à durée déterminée en contrat à durée indéterminée formée par un salarié, la juridiction saisie doit d'office condamner l'employeur, en application de l'article L. 122-3-13 du Code du travail, à payer au salarié une indemnité qui ne peut être inférieure à un mois de salaire (Cass. soc., 19 janv. 1999 : *Gaz. Pal.*, 1999, 1, pan. jurispr. cass. p. 92).

202. – Initiative de la requalification. La requalification en revanche ne saurait être prononcée d'office ; elle peut être réclamée par le salarié ainsi que par les organismes sociaux intéressés (guillotine), mais pas par l'employeur (Cf. Cass. soc., 30 oct. 2002 : *CSBP* 2002, n° 146, A. 5, obs. F.-J. Pansier).

§ 2. – Le travail temporaire

A. – Généralités

203. – Justification et mécanisme du travail temporaire. Le travail temporaire, ou intérimaire, est justifié par un *besoin économique* ; *l'entreprise utilisatrice* du travail salarié, ne désirant pas procéder à un recrutement de personnel du fait qu'elle n'a besoin d'une main-d'œuvre complémentaire que pour une *mission déterminée* (réalisation d'un chantier) ou une *période limitée* (surcharge momentanée de travail), demande à une entreprise spécialisée dans cette activité de lui fournir, contre rémunération, des prestations de travail dont la durée et la nature sont rigoureusement définies. Il existe donc trois parties en cause : *l'utilisateur* bénéficiaire et *l'entreprise de travail temporaire*, d'une part, qui sont liées par ce qu'il est convenu d'appeler un *contrat de mise à disposition* ; l'entreprise de travail temporaire et le salarié, d'autre part, qui se trouvent sous le statut du contrat de travail temporaire (dit de mission).

L'article L. 121-1 du Code du travail n'autorise l'exercice de cette activité qu'autant que l'entrepreneur de travail temporaire embauche les salariés qu'en fonction de la qualification convenue. Il est tenu de vérifier qu'ils sont bien aptes au travail qui fait l'objet de leur mission.

Des sanctions pénales sont prévues en cas de non-respect de ces règles (C. trav., art. L. 152-2 à L. 152-2-2 et R. 152-5 à R. 152-7).

204. – Travail temporaire et précarité. Le travail temporaire constitue en définitive un *travail précaire, à durée déterminée,* qui prend fin avec la mission confiée au salarié. Il a en conséquence fait l'objet de contestations de la part des organisations syndicales, qui lui reprochent notamment d'instituer un *prêt de main-d'œuvre,* susceptible d'être utilisé pour briser des grèves ou pour éviter la création d'emplois permanents, de maintenir par la précarité une dépendance qui s'avère très rigoureuse en période de crise et de chômage, de sous-traiter la gestion du personnel, de s'apparenter au marchandage et à l'activité des « négriers », au lieu de se limiter aux intérims, aux urgences et aux tâches non durables. Ce qui explique que le statut du travail temporaire, régi par les articles L. 124-1 et suivants du Code du travail (Cf. également les dispositions pénales, art. L. 152-2 et s. même code), a été souvent modifié depuis son instauration par une loi du 3 janvier 1972, en dernier lieu, pour favoriser la stabilité de l'emploi, par des lois du 12 juillet 1990 et du 17 janvier 2002 (loi de modernisation sociale), des circulaires d'application des 30 octobre 1990 et 29 avril 1992 et des accords collectifs étendus.

B. – Entreprise de travail temporaire

205. – Règles relatives à l'entreprise de travail temporaire. Qu'il s'agisse d'une personne physique ou d'une personne morale, l'entreprise de travail temporaire est tenue de se conformer à un certain nombre de règles d'ordre public, telles que la déclaration préalable d'activité à l'autorité administrative, la fourniture de renseignements, notamment à l'ANPE, la justification de garanties financières suffisantes et surtout le *caractère exclusif de l'activité de travail temporaire,* toute activité secondaire étant rigoureusement sanctionnée par la Cour de cassation.

206. – Règles relatives au contrat de mise à disposition. Le contrat de mise à disposition n'est admis, et licite, que dans les cas limitativement fixés par la loi (C. trav., art. L. 124-2-1), de « missions », tâches non durables, à savoir :

1° *remplacement d'un salarié,* qui est absent, en instance de départ définitif par suppression de poste ou qui a été recruté par contrat à durée indéterminée (pendant la période précédant sa prise effective de service) ;

2° *accroissement temporaire de l'activité,* surcharge de travail ;

3° *exécution de tâches n'ayant pas, par leur nature même, un caractère permanent* (activités saisonnières ou pour lesquelles l'usage du travail temporaire est permis).

La loi du 18 janvier 2005 a créé un article L. 124-2-1-1 du Code du travail, qui ajoute deux nouveaux cas de missions autorisées :

1° lorsque la mission de travail temporaire vise, en application de dispositions législatives ou réglementaires, ou d'un accord de branche étendu, à *faciliter l'embauche de personnes sans emploi rencontrant des difficultés sociales et professionnelles particulières* ;

2° lorsque l'entreprise de travail temporaire et l'utilisateur s'engagent, pour une durée et dans des conditions fixées par décret ou par accord de branche étendu, à assurer un *complément de formation professionnelle* au salarié ;

La législation (C. trav., art. L. 124-2-3) comporte des *interdictions formelles,* notamment remplacement de grévistes lors des conflits collectifs de travail, en cas de licenciements pour motif économique ou s'agissant de travaux, soit dangereux, soit soumis à surveillance médicale.

207. – Exigence d'un écrit. Le contrat de mise à disposition doit être établi *par écrit, à peine de nullité* (Cf. Cass. soc., 7 nov. 1995 : *Bull. civ.* V, n° 212 ; *Gaz. Pal.* 1995, 2, pan. jurispr. p. 255 ; *D.* 1995, inf. rap. p. 258 ; *JCP* 1996, II, 22626, note Petit et Picq) ; la sanction de toute irrégularité consiste dans la *requalification en contrat à durée indéterminée.*

208. – Effet relatif du contrat. Les clauses de ce contrat ne peuvent être invoquées par le salarié, qui n'y est point partie. Cependant, en fait, l'entreprise utilisatrice peut – c'est souvent le cas – provoquer des sanctions prononcées contre le salarié en mission lorsque ce dernier commet des fautes dans l'exécution de sa tâche ou se comporte de manière préjudiciable sur le chantier, en dénonçant son attitude à l'entreprise de travail temporaire, qui a seule qualité d'employeur.

C. – Contrat de mission

209. – Exigence de l'écrit. Le contrat de mission doit être écrit (C. trav., art. L. 124-3) ; il s'agit d'une *formalité d'ordre public,* dont l'omission entraîne la *nullité* de la convention en tant que contrat à titre temporaire, et éventuellement sa requalification en contrat à durée indéterminée (Cass. soc., 12 juin 1981 : *Bull. civ.* V, n° 419 ; *Gaz. Pal.* 1982, 1, pan. jurispr. p. 29 ; *Quot. jur.* 27 févr. 1982). En raison de la requalification d'un contrat de qualification en contrat de travail à durée déterminée de droit commun, le salarié a droit, dès le début de la période contractuelle, à une rémunération au moins égale au SMIC et l'employeur n'a pas la faculté de différer le paiement du SMIC en pratiquant une compensation d'une période de paie sur l'autre, et se dispenser ainsi de payer la totalité du SMIC un mois au prétexte que le montant versé le mois précédent a dépassé ce minimum (Cass. soc., 29 janv. 2002 : *CSBP* 2002, n° 139, S. 152, obs. F.-J. Pansier).

210. – Parties au contrat. Il est conclu entre le salarié et l'entreprise de travail temporaire, qui a la qualité d'employeur ; le salarié est placé *sous la seule subordination de l'entreprise de travail temporaire,* même si pendant sa mission un salaire lui a été versé par l'entreprise utilisatrice (Cass. soc., 27 mars 1996 : *Bull. civ.* V, n° 117 ; *Gaz. Pal.* 1997, 1, pan. jurispr. p. 92). Cependant, dans une certaine mesure, le salarié en mission doit respecter le règlement intérieur et les méthodes de travail en vigueur dans l'entreprise utilisatrice, mais le régime disciplinaire applicable demeure celui de l'entreprise de travail temporaire.

211. – Durée du contrat. La durée de la mission a été réglementée en vue de mettre fin à des abus qui aboutissaient à l'utilisation ininterrompue de travailleurs temporaires, lesquels occupaient ainsi, de fait, des emplois permanents (C. trav., art. L. 124-2-2). En cas de remplacement, la durée est en principe égale à celle de l'absence du titulaire du poste, mais le contrat peut prendre effet quelques jours avant le départ du salarié (mise au courant de l'intérimaire) ou avant la reprise de l'emploi par le salarié remplacé. Des règles existent également pour la fixation de la durée minimale (variation pouvant atteindre jusqu'à 10 postes).

C'est la *durée maximale* qui est l'élément le plus important ; elle est de 18 mois en général ; ramenée à 9 mois au cas de travaux urgents, elle est portée à 24 mois lorsque la mission est exercée à l'étranger – lorsqu'il s'agit d'une suppression de poste ou de l'exécution d'une commande exceptionnelle.

212. – Renouvellement. Le *renouvellement de la mission* est autorisé, mais la durée totale de la mission, y compris le renouvellement, ne peut en aucun cas excéder le maximum légal.

213. – Mentions obligatoires du contrat de mission. En outre, le contrat de mission doit énoncer clairement, d'abord le cas de travail temporaire auquel il se réfère, ensuite la qualification du salarié, la nature de la mission, le lieu de travail, les conditions de rémunération, etc. La Cour de cassation a décidé à plusieurs reprises que le travailleur temporaire a les mêmes droits, y compris quant à sa rémunération, que les salariés recrutés pour une durée indéterminée, et ne saurait subir *aucune discrimination*.

D. – Indemnité de précarité

214. – Notion. Une indemnité de précarité est due *en fin de mission*, dans la mesure où le salarié n'est pas maintenu dans l'entreprise sous le bénéfice d'un contrat de travail à durée indéterminée (C. trav., art. L. 124-4-4).

215. – Montant. L'indemnité, *versée avec le salaire* en fin de mission est fixée à un taux de 10 %.

216. – Hypothèses de non-exigibilité. Toutefois, elle n'est pas exigible, soit s'il existe *une convention plus favorable au salarié*, soit en cas de *refus du salarié d'occuper le même emploi* dans le cadre d'un contrat à durée indéterminée, soit en cas de *rupture anticipée du contrat de travail* par démission du salarié, pour faute grave ou en cas de force majeure.

E. – Délai de carence. Requalification

217. – Nécessité et règles du délai de carence. Le travail temporaire ne saurait dissimuler le recours à un statut précaire, mettant le salarié à la merci de l'employeur, alors qu'il s'agit de pourvoir des emplois relevant de tâches durables et de travaux permanents, donc nécessairement soumis au régime du contrat à durée indéterminée.

C'est pour cela que (sauf quelques exceptions) la loi du 17 janvier 2002 a interdit la succession ininterrompue de contrats précaires dans un même emploi, un *délai de carence égal à la moitié (avant cette réforme, du tiers) de la durée de la mission* accomplie devant être respecté.

Pour la détermination de l'ancienneté du salarié, il y a lieu à totalisation de la durée des missions accomplies, et la présence de salariés en contrat de mission est prise en compte pour l'exercice des droits syndicaux.

F. – Expiration du contrat de mission

218. – Rupture anticipée. En cas de *rupture anticipée*, hors la faute grave du salarié ou la force majeure, l'entreprise de travail temporaire est tenue de lui proposer un *nouveau contrat* ou une *compensation financière*, dans un délai maximum de trois jours ouvrables (Cass. soc., 12 avr. 1995 : *Gaz. Pal.*, 1995, 2, pan. jurispr. p. 126). Toutefois la rupture anticipée du contrat, sans motif légitime par le salarié, ouvre à l'employeur un droit à dédommagement.

219. – Embauche. À l'inverse, le contrat de travail temporaire est susceptible d'être suivi, à son terme, d'une *embauche à durée indéterminée* par l'entreprise utilisatrice, ce qui d'ailleurs constitue l'un des buts de la réglementation du travail temporaire ; en ce cas, il y a dispense de paiement de l'indemnité de précarité.

220. – Requalification. D'autre part, le contrat de travail temporaire irrégulier, ou frauduleux, sera requalifié contrat à durée indéterminée, notamment en cas de succession de contrats précaires concernant des tâches durables. Le salarié est recevable à demander au Conseil des prud'hommes une telle requalification, même après la fin de la mission de travail temporaire, aucun délai n'étant imparti à peine de forclusion pour se prévaloir de l'inobservation de la loi.

G. – Mise à disposition par des groupements d'employeurs

221. – Définition et fonctionnement. Ce mode de travail temporaire est d'une importance modeste (environ 1 800 salariés dans l'industrie et le commerce, 2 000 quant à l'agriculture).

Le rôle de l'entreprise de travail temporaire est tenu par des *groupements de personnes physiques ou morales à but non lucratif*, constituées sous forme d'associations, qui mettent à la disposition de leurs membres des salariés liés au groupement par un contrat de travail. Le statut de cette institution de travail temporaire, défini par les articles L. 127-1 et suivants du Code du travail, est voisin de celui de l'entreprise de travail temporaire examiné ci-dessus (sous-sections 1 à 6).

Section 4

LES CONTRATS ATYPIQUES OU HORS NORMES

§ 1. – Les contrats spécifiques

A. – Contrats relatifs à certaines activités

222. – Contrat spécifique. Le contrat de travail relatif à certaines activités, en raison de la *nature* même de celles-ci ou de considérations *d'ordre public*, tenant à l'intérêt général comme à l'octroi de garanties aux salariés, fait l'objet de mesures contraignantes qui mettent à néant les stipulations contraires à la loi, *réputées non écrites.*

Parmi les statuts particuliers, nous citerons notamment :

– celui des *gens de mer* (Code du travail de la marine marchande), celui du personnel navigant des compagnies aériennes et aussi celui des *chauffeurs routiers* ;

– celui des dockers et employés des *ports de commerce.*

Les *journalistes* sont soumis à des règles propres, comportant l'obligation d'être titulaire d'une carte professionnelle et la possibilité d'invoquer une clause de conscience.

Il existe également un statut autonome pour les VRP (voyageurs, représentants, placiers), comme pour les avocats salariés et beaucoup d'autres.

Parfois même, le statut (*gens du spectacle, artistes, mannequins*) tient compte du caractère *intermittent* (et parfois collectif : troupe théâtrale) de l'exercice de la profession, en facilitant par des *présomptions* la preuve du contrat de travail.

B. – Travail à l'étranger

223. – Poursuite du contrat à l'étranger et détachement. Le salarié se trouve alors à l'étranger, soit au service de son employeur français, qui l'emploie par exemple sur un chantier de l'entreprise, pour la durée de ce chantier, soit en situation de détachement, dans le cadre du service après-vente ou d'une mission de transmission de savoir-faire ou de technologie.

224. – Contenu du contrat. Le contrat de travail doit alors prévoir les modalités relatives à *l'expatriement*, au séjour en pays étranger, au retour et à la *réintégration* en France, à la rupture anticipée provoquée par des événements locaux. Il est présumé comporter une *clause attributive de compétence* aux juridictions françaises, dans la mesure où le contrat est conclu en France et où le salarié est de nationalité française. En matière de contrats internationaux, il est admis que les parties contractantes peuvent valablement choisir la *loi applicable à leur convention.*

§ 2. – La réglementation à caractère social

A. – Handicapés. Inaptes

225. – Nécessité d'une législation spécifique. Inspirée par des motifs humanitaires, une législation spécifique vise à aboutir à une intégration, au moins partielle, tant des *handicapés physiques ou mentaux,* que des *inaptes* à certains travaux (invalides, notamment à la suite d'accidents du travail ou de maladies professionnelles), par l'adaptation de l'emploi aux capacités réduites de l'intéressé ; il s'agit notamment (C. trav., art. L. 323-1) des handicapés reconnus par la COTOREP, des victimes d'accidents du travail ou de maladies professionnelles dont le taux d'incapacité permanente atteint au moins 10 %, des anciens militaires bénéficiant d'une pension militaire d'invalidité et de certaines veuves ou certains orphelins de guerre. Il s'agit là de véritables contrats de travail, ce qui n'est pas le cas lorsque des handicapés – plus lourdement il est vrai – sont recrutés par des centres d'aide par le travail (CAT).

Une amélioration a été apportée au statut de l'emploi des handicapés (stages de formation) par la loi du 17 janvier 2002 sur la modernisation des entreprises (C. trav., art. L. 323-4).

Des lois récentes, et notamment la loi n° 2005-102 du 11 juin 2005, ont accru la participation de l'État et des organismes sociaux, notamment en créant ou adoptant des nouveaux contrats (contrats d'accompagnement dans l'emploi, initiative-emploi, insertion, etc., C. trav., art. L. 323-1 et s.).

226. – Quota de travailleurs handicapés et sanction. Le principe (C. trav., art. L. 323-1) est posé que toute entreprise occupant au moins vingt salariés doit employer des handicapés ou invalides protégés dans la proportion de *6 % de l'effectif total du personnel.* Les difficultés d'application – notamment fixation d'un salaire approprié et adaptation des postes de travail aux capacités physiques des salariés – incitent beaucoup d'employeurs à éluder cette obligation, en usant de la possibilité de substitution donnée par l'article L. 323-8-6 *(versement d'une pénalité au Trésor public).*

La loi du 11 février 2005, modifiant les articles L. 323-8-6 et suivants du Code du travail, a mis en place un nombre important de mesures (pénalités, réinsertion des handicapés dans la fonction publique, contribution des employeurs, achats de matériels et d'outillages appropriés) qui sont susceptibles de constituer un statuer valable pour les handicapés physiques et les invalides.

B. – Contrats de formation et de qualification

227. – Emplois jeunes et emploi pour jeunes. La crise économique et l'extension du chômage ont provoqué la création de différents contrats, destinés essentiellement, d'une part, aux *jeunes* (considérés comme tels, suivant les cas, jusqu'à l'âge de 25 à 26 ans), qu'il s'agit de former professionnellement et d'intégrer au marché du travail, d'autre part, aux *travailleurs ayant perdu leur emploi* et en difficulté du fait de leur âge (la cinquantaine est un handicap pour leur embauche) ou d'une insuffisante qualification. Ces mesures, prises par les pouvoirs publics, comportent l'*intervention et l'aide de l'État*, ainsi que d'organismes et associations spécifiques ou d'établissements d'enseignement ; elles se situent, non sur le plan de la rentabilité de l'économie et des équilibres financiers, mais dans le domaine de l'*échec scolaire et professionnel*, de l'action sociale, de la réparation des insuffisances de l'enseignement et de l'environnement familial.

L'article 13 de la loi du 18 janvier 2005 instaure un *droit à l'accompagnement personnalisé* au profit des jeunes sans qualification rencontrant des difficultés particulières d'accès à l'emploi et modifie le dispositif de soutien à l'emploi des jeunes en entreprise. La population cible de cette disposition sont les jeunes qui sortent du système éducatif sans diplôme savoir, près de 60 000 personnes par an, des personnes particulièrement exposées au chômage (taux de 40 %).

Cette même loi a créé un « *droit à un accompagnement ayant pour but l'accès à la vie professionnelle* », le Code du travail est complété par des articles L. 322-4-17-1 et 2. Les bénéficiaires de ce droit sont visés à l'article L. 322-4-17-1, soit des personnes de 16 à 25 ans confrontées à un « risque d'exclusion professionnelle ». Par ailleurs, les personnes d'un niveau V *bis* et VI selon la classification de l'Éducation nationale bénéficient d'un accompagnement renforcé avec la présence d'un référent (art. L. 322-4-17-2, al. 1er). Cet accompagnement sera réalisé par les missions locales pour l'insertion professionnelle et sociale des jeunes et les permanences d'accueil, d'information et d'orientation (PAIO), organismes avec lesquels les collectivités publiques pourront conclure des accords de coopération (al. 2). La réussite de ce dispositif passera, bien évidemment, par le recrutement d'un grand nombre de personnels dans les PAIO, ce que souligne le rapport Souvet, le gouvernement s'étant engagé à la création de 8 000 postes de collaborateurs des missions locales et PAIO ainsi que 2 800 emplois de référents.

Nous citerons, seulement à titre indicatif parmi ces contrats, ceux dits de qualification, de formation, d'orientation, d'accès à l'emploi, « initiative-emploi », d'adaptation à l'emploi, d'emploi consolidé. Il existe même un contrat pour la mixité de l'emploi.

C. – Contrats à dominante sociale hors du secteur de l'économie marchande

228. – Contrat hors du secteur de l'économie. Ces contrats se placent hors du secteur de l'économie de marché et du régime libéral, du fait que leur finalité essentielle – avec l'aide de l'État – se trouve dans la *solution de problèmes sociaux*, sans être subordonnée à des notions d'utilité et de rentabilité au sens ordinaire de ces termes.

Le Fonds national de l'emploi, dont l'action peut « se conjuguer avec celle des partenaires sociaux organisées pour le moyen d'accords professionnels ou interprofessionnels » a notamment, parmi ses missions, celle de faciliter l'adaptation des salariés à des emplois nouveaux et à l'insertion et la qualification de demandeurs d'emploi.

C'est ainsi que le *contrat emploi-solidarité*, qui avait été substitué aux « TUC » (« travaux d'utilité publique », C. trav., art. L. 322-4-4 et s.) est conclu dans le cadre de conventions passées entre l'État et des personnes morales de droit public, ou de droit privé, *à caractère non lucratif*, pour une durée déterminée (minimum de trois mois, maximum de 12 mois) ayant pour but... « *le développement d'activités répondant à des besoins collectifs non satisfaits* ». Les mesures d'embauche de jeunes, pour une durée de *cinq ans*, ont un objet identique, i.e. action sociale, animation culturelle, amélioration de l'environnement, assistance aux personnes en difficulté ou aux usagers des services publics, participation à la sécurité publique.

229. – Contrat d'accompagnement dans l'emploi (CAE). La loi du 18 janvier 2005 a créé le *contrat d'accompagnement dans l'emploi* (C. trav., art. L. 322-4-7). Ces embauches, faites afin de donner une solution aux problèmes sociaux de l'emploi, donnent naissance à des contrats de droit privé et d'une nature particulière, puisque, d'une part, les employeurs bénéficient d'un soutien et d'une aide de l'État ainsi que d'exonérations fiscales – ce qui exclut tout souci de rentabilité – et, d'autre part, l'utilité de l'emploi compte moins que son efficacité et son incidence sociale. Ce contrat est la fusion des contrats emploi-solidarité et des contrats emploi consolidé.

Ainsi se constitue un *secteur social du travail*, pris en charge financièrement par les pouvoirs publics, hors normes économiques, dont la justification réside dans le service rendu à la collectivité et dont l'importance paraît en constante progression.

Le nouveau contrat d'accompagnement est un *contrat d'insertion*. L'article L. 322-8-1 du Code du travail dispose ainsi en son premier alinéa que ce contrat est conclu « afin de faciliter l'insertion professionnelle des personnes sans emploi rencontrant des difficultés sociales et professionnelles particulières d'accès à l'emploi ». Cette définition est, selon les termes du rapport Souvet, volontairement vague pour permettre une plus grande souplesse d'interprétation.

Le CAE ne peut être conclu que dans le « secteur non marchand » entendu comme les collectivités publiques, le secteur associatif et les personnes privées gérant un service public. Il s'agit de deux conventions successives :

– la première entre l'État et l'une de ces personnes ;

– la seconde entre lesdites personnes et le bénéficiaire du contrat d'accompagnement, convention devant comprendre « les modalités d'orientation et d'accompagnement professionnel de chaque personne sans emploi et prévoient des actions de formation professionnelle et de validation des acquis de l'expérience nécessaires à la réalisation du projet professionnel de l'intéressé » (I, al. 2).

Les contrats d'accompagnement ne peuvent être conclus que pour des « emplois visant à satisfaire des besoins collectifs non satisfaits ».

Le contrat d'accompagnement est un contrat de droit privé à durée déterminée soumis au droit commun du CDD sauf pour ce qui a trait au renouvellement. Les conditions afférentes au renouvellement seront fixées par décret en Conseil d'État. Sa durée ne peut être inférieure à 6 mois (I, al. 5). La durée maximale sera fixée par décret en Conseil d'État. Il peut être à temps partiel ou à temps complet, le temps partiel ne pouvant conduire à une durée hebdomadaire inférieure à 20 heures.

Quant à la *rupture*, il est fait exception au principe de rupture au terme du contrat par le dernier alinéa du paragraphe II qui prévoit que « Par dérogation aux dispositions du deuxième alinéa de l'article L. 122-3-8, les contrats d'accompagnement dans l'emploi peuvent être rompus avant leur terme, à l'initiative du salarié, lorsque la rupture du contrat a pour objet de lui permettre d'être embauché pour un contrat à durée déterminée d'au moins six mois ou à durée indéterminée ou de suivre une formation conduisant à une qualification prévue aux quatre premiers alinéas de l'article L. 900-3. À la demande du salarié, le contrat peut être suspendu afin de lui permettre d'effectuer une période d'essai afférente à une offre d'emploi visant une embauche, en contrat à durée indéterminée ou à durée déterminée au moins égale à six mois. En cas d'embauche à l'issue de cette période d'essai, le contrat est rompu sans préavis ».

La *rémunération* applicable est définie au dernier alinéa du paragraphe I : « Sous réserve de clauses contractuelles ou conventionnelles plus favorables, les bénéficiaires de contrats d'accompagnement dans l'emploi perçoivent un salaire égal au produit du montant du salaire minimum de croissance par le nombre d'heures de travail effectuées ».

Le CEA est un « *contrat aidé* ». Le premier alinéa du paragraphe II de l'article L. 322-4-8-1 prévoit ainsi que « L'État prend en charge **une partie du coût** afférent aux embauches effectuées en application des conventions mentionnées au I. Cette aide **peut être modulée** en fonction de la catégorie à laquelle appartient l'employeur, des initiatives prises en matière d'accompagnement et de formation professionnelle en faveur du bénéficiaire, des conditions économiques locales et de la gravité des difficultés d'accès à l'emploi (...). Cette aide est versée à l'organisme employeur et ne donne lieu à aucune charge fiscale ».

230. – Contrat d'avenir. Le régime applicable à ce nouveau contrat est prévu par les articles L. 322-4-10 à 13 du Code du travail. Ce régime légal sera complété par un décret en Conseil d'État prévu par l'article L. 322-4-13.

Le contrat d'avenir est un contrat d'insertion sociale et professionnelle destiné :

– aux bénéficiaires du Revenu minimum d'insertion (RMI) d'une part et aux bénéficiaires de l'allocation spécifique de solidarité ou de l'allocation de parent isolé d'autre part ;

– justifiant d'une certaine ancienneté, la durée devant être fixée par décret en Conseil d'État.

Ces contrats ne peuvent être conclus que dans le secteur « *non marchand* » et ne sauraient permettre que de pourvoir à des « besoins collectifs non satisfaits ».

Ne peuvent conclure ces contrats que les personnes suivantes (art. L. 322-4-11, al. 1er) :

1° Les collectivités territoriales et les autres personnes morales de droit public ;

2° Les personnes morales de droit privé chargées de la gestion d'un service public ;

3° Les autres organismes de droit privé à but non lucratif ;

4° Les employeurs mentionnés aux articles L. 322-4-16 et L. 322-4-16-8.

Le contrat d'avenir suppose la conclusion préalable d'un accord multipartite signé par le bénéficiaire, le président du conseil général ou le maire ou, le cas échéant, le président de l'établissement public de coopération intercommunale, le représentant de l'État et l'employeur appartenant aux catégories susvisées.

La convention doit comprendre un véritable plan d'accompagnement du bénéficiaire et les actions de formation ou de validation des acquis de l'expérience qui doivent être mises en œuvre à son profit dans les conditions prévues à l'article L. 935-1 (art. L. 322-4-11, al. 2). L'article L. 322-4-12, I, alinéa 3 précise que le contrat d'avenir prévoit **obligatoirement** des actions de formation et d'accompagnement au profit de son titulaire, qui peuvent être menées pendant le temps de travail et en dehors de celui-ci.

Le contrat d'avenir est un contrat de droit privé (art. L. 322-4-12, I, al. 1er) à durée déterminée d'une *durée* maximale de 2 ans renouvelable pour une durée de 12 mois soit 36 mois au maximum sauf pour les personnes de plus de 50 ans qui peuvent bénéficier d'un renouvellement de 36 mois soit au total dans cette hypothèse une durée maximale de 5 ans. La situation du bénéficiaire doit cependant être réexaminée tous les six mois (art. L. 322-4-12, I). Une période d'essai peu être insérée dans le contrat d'avenir et ne saurait être supérieure à un mois.

L'article L. 322-4-12, I, alinéa 3 prévoit comme principe que la *durée hebdomadaire* du travail est fixée à vingt-six heures. Cette durée peut cependant varier sur tout ou partie de la période couverte par le contrat, sans dépasser la durée prévue au premier alinéa de l'article L. 212-1 du présent code et à l'article L. 713-2 du Code rural et à condition que, sur toute cette période, elle n'excède pas en moyenne vingt-six heures.

L'article L 322-4-12, I *fine* prévoit que le bénéficiaire d'un tel contrat doit bénéficier d'une rémunération au moins égale au produit du salaire minimum de croissance par le nombre d'heures de travail effectuées.

Il est tout d'abord prévu un mécanisme permettant de basculer vers un emploi « normal ». L'article L. 322-4-12, IV autorise le bénéficiaire du contrat à rompre avant terme en cas d'embauche pour une durée indéterminée ou pour une durée déterminée au moins égale à six mois, ou en cas de suivi d'une formation conduisant à une qualification mentionnée aux quatre premiers alinéas de l'article L. 900-3. De même, cet article autorise le bénéficiaire à faire suspendre son contrat pendant la période d'essai afférente à une offre d'emploi visant une embauche, en contrat à durée indéterminée ou à durée déterminée au moins égale à six mois.

Enfin, il est également envisagé l'hypothèse où le bénéficiaire ne bénéficierait pas d'un véritable contrat au terme du contrat d'avenir. Dans ce cas, le versement de l'allocation dont il bénéficiait avant la conclusion du contrat est maintenu ou rétabli selon les conditions respectivement prévues aux articles L. 262-7 à L. 262-12-1 du Code de l'action sociale et des familles, L. 351-10 du présent code ou L. 524-1 du Code de la sécurité sociale.

D. – Contrats pour le secteur marchand

231. – Le nouveau contrat initiative-emploi. Le nouveau contrat initiative-emploi est un peu le pendant du contrat d'accompagnement pour le « secteur marchand ».

Le régime fixé par le nouvel article 322-4-8 du Code du travail est donc identique à ce « modèle public » quant :

– à la finalité du contrat qui est un contrat d'insertion, dont la conclusion vise à « faciliter l'insertion professionnelle des personnes sans emploi rencontrant des difficultés sociales et professionnelles d'accès à l'emploi » (I, al. 1er) ;

– à la structure de cette convention qui repose sur la conclusion d'un contrat entre l'État et l'organisme qui souhaite y recourir puis sur la conclusion d'un contrat entre ledit organisme et le bénéficiaire du contrat (I, al. 1er) ;

– à la durée, le CIE étant un CDD particulier dérogeant aux règles relatives au renouvellement et renvoyant à un décret en Conseil d'État la définition du maximum de durée (I, *in fine* et III) ;

– à la rupture anticipée autorisée en cas de conclusion d'un CDD de six mois, d'un CDI ou d'une formation conduisant à une qualification telle que prévue aux quatre premiers alinéas de l'article L. 900-3 (III, al. 2) ;

– au caractère aidé du CIE qui ouvre droit à une aide à l'embauche – variable en fonction de la situation des bénéficiaires, de la situation de leurs employeurs et des initiatives prises en matière d'accompagnement et de formation professionnelle par ceux-ci ainsi que des conditions économiques locales – dont le montant sera défini par décret en Conseil d'État (II, al. 1er).

Certains éléments du régime sont cependant différents du régime applicable au contrat d'accompagnement et notamment :

– quant aux personnes pouvant conclure de tels contrats : si le contrat d'accompagnement est un contrat tourné vers le public ou le service public, le CIE est tourné vers le privé dès lors qu'il peut être conclu entre l'État et « les employeurs mentionnés à l'article L. 351-4 et aux 3° et 4° de l'article L. 351-12, les groupements d'employeurs mentionnés à l'article L. 127-1 qui organisent des parcours d'insertion et de qualification et les employeurs de pêche maritime non couverts par lesdits articles » mais à l'exclusion des particuliers ;

– quant aux conditions objectives dont doivent justifier ces personnes : le paragraphe II, alinéa 2, interdit en effet la conclusion d'un CIE :

• aux établissements qui ont procédé à un licenciement économique dans les six mois précédant la date d'effet du contrat ;

• lorsque l'embauche est la conséquence directe du licenciement d'un salarié sous contrat à durée indéterminée ;

• lorsque l'établissement n'est pas à jour du versement de ses cotisations et contributions sociales ;

– quant au temps partiel, aucune limitation n'est posée alors que pour les contrats d'accompagnement, un minimum de 20 heures est prévu.

232. – Contrat d'insertion : revenu minimum d'activité ou CI-RMA. Le CI-RMA institué par la loi n° 2003-1200 du 18 décembre 2003 jusqu'alors contrat susceptible d'être conclu tant dans le « secteur service public » que le secteur « non service public » est aujourd'hui réservé au seul secteur marchand par la nouvelle rédaction de l'article L. 322-4-15-1, qui limite la conclusion des CI-RMA selon le même critère que celui applicable au contrat initiative-emploi (*supra, 3.1.2*). Est également ajoutée l'impossibilité de conclure des contrats de ce type pour les trois motifs visés pour le contrat initiative-emploi, à savoir, lorsque l'employeur a procédé à un licenciement économique dans les six mois précédant la date d'effet du contrat, lorsque l'embauche est la conséquence directe du licenciement d'un salarié sous contrat à durée indéterminée ou lorsque l'établissement n'est pas à jour du versement de ses cotisations et contributions sociales :

– les personnes pouvant bénéficier du CI-RAM : sont désormais visés par l'article L. 322-4-15, à côté des bénéficiaires du RMI, les bénéficiaires de l'allocation de solidarité spécifique (ASS) ou de l'allocation de parent isolé (API) ;

– l'autorité signataire des conventions avec les employeurs qui sera, selon les cas, le département (pour le RMI ou l'API) ou la « collectivité débitrice » de l'ASS ;

– la durée hebdomadaire du travail : l'article L. 322-4-15-4 prévoit désormais une faculté d'une annualisation du temps de travail sous réserve de ne pas dépasser une moyenne hebdomadaire de 35 heures dans des conditions qui seront fixées par décret en Conseil d'État ;

– les causes de suspension du CI-RMA : à l'image du dispositif adopté pour le contrat d'accompagnement et le contrat initiative-emploi, le CI-RMA autorise la suspension du contrat de travail pendant la période d'essai afférente à une offre d'emploi visant une embauche, en contrat à durée indéterminée ou à durée déterminée au moins égale à six mois (art. L. 322-4-15-5) ;

– le rétablissement des droits dont l'intéressé bénéficiait antérieurement dès lors que le CI-RMA n'a pas été renouvelé et que son bénéficiaire n'exerce pas d'activité professionnelle rémunérée (L. 322-4-15-5) ;

– le montant de l'aide accordé à l'employeur : la rédaction de l'article L. 322-4-15-5 est modifiée. L'aide était auparavant égale au montant de l'allocation RMI moins le montant des aides au logement. Le nouveau mécanisme supprime cette soustraction des aides personnelles au logement.

233. – Contrat nouvelles embauches. Ce contrat est le pivot de la nouvelle politique sociale initiée par Dominique de Villepin à compter de mai 2005. Il part du constat que le chômage est dû, en grande partie, au défaut de flexibilité de la législation française : les employeurs hésitent à recruter des salariés du fait que les procédures de licenciement sont rigides et trop encadrées. Le constat est vrai pour les petites structures, très petites entreprises (ou TPE, moins de 10 salariés) ou petites PME (*moins de 20 salariés*, étant donné qu'une PME est définie comme une entreprise dont l'effectif est inférieur à cinquante personnes).

Aussi, pour favoriser TPE et petites PME, il est possible de recruter un salarié, sans avoir à justifier d'une cause réelle et sérieuse de licenciement pendant une durée de deux ans à compter de l'embauche. Toutefois, une indemnité de fin de contrat est due, dont le montant varie à proportion du temps passé au service de l'entreprise.

Les employeurs qui emploient au plus vingt salariés peuvent conclure, pour toute nouvelle embauche, un contrat de travail dénommé « contrat nouvelles embauches ». Il ne peut pourvoir les emplois mentionnés au 3° de l'article L. 122-1-1 du Code du travail.

Le contrat de travail est conclu sans détermination de durée. Il est obligatoirement établi par écrit. Il peut être rompu à l'initiative de l'employeur ou du salarié, pendant les deux premières années courant à compter de la date de sa conclusion, sous réserve de respecter trois conditions :

– la rupture est notifiée par lettre recommandée avec demande d'avis de réception ;

– lorsque l'employeur est à l'initiative de la rupture et sauf faute grave ou force majeure, la présentation de la lettre recommandée fait courir, dès lors que le salarié est présent depuis au moins un mois dans l'entreprise, un préavis. La durée de celui-ci est fixée à deux semaines, dans le cas d'un contrat conclu depuis moins de six mois à la date de la présentation de la lettre recommandée, et à un mois dans le cas d'un contrat conclu depuis au moins six mois ;

– lorsqu'il est à l'initiative de la rupture, sauf faute grave, l'employeur verse au salarié, au plus tard à l'expiration du préavis, outre les sommes restant dues au titre des salaires et de l'indemnité de congés payés, une indemnité égale à 8 % du montant total de la rémunération brute due au salarié depuis la conclusion du contrat. À cette indemnité versée au salarié s'ajoute une contribution de l'employeur, égale à 2 % de la rémunération brute due au salarié depuis le début du contrat, recouvrée par les organismes sociaux. Elle est destinée à financer les actions d'accompagnement renforcé du salarié par le service public de l'emploi en vue de son retour à l'emploi.

Toute contestation portant sur la rupture se prescrit par douze mois à compter de l'envoi de la lettre recommandée.

Les ruptures du contrat de travail envisagées à l'initiative de l'employeur sont prises en compte pour la mise en œuvre des procédures d'information et de consultation régissant les procédures de licenciement économique collectif prévues au chapitre Ier du titre II du livre III du Code du travail.

La rupture du contrat doit respecter les dispositions législatives et réglementaires qui assurent une protection particulière aux salariés titulaires d'un mandat syndical ou représentatif.

En cas de rupture du contrat, à l'initiative de l'employeur, au cours des deux premières années, il ne peut être conclu de nouveau « contrat nouvelles embauches » entre le même employeur et le même salarié avant que ne soit écoulé un délai de trois mois à compter du jour de la rupture du précédent contrat.

Les travailleurs involontairement privés d'emploi, aptes au travail et recherchant un emploi au sens de l'article L. 351-1 du Code du travail, ayant été titulaires du contrat nouvelles embauches pendant une durée minimale de quatre mois, ont droit, dès lors qu'ils ne justifient pas de références de travail suffisantes pour être indemnisés en application de l'article L. 351-3 du Code du travail, à une allocation forfaitaire de 16,40 € (V. D. n° 2005-6846 du 2 août 2005). Cette allocation est à la charge du fonds de solidarité créé par la loi du 4 novembre 1982 susvisée relative à la contribution exceptionnelle de solidarité en faveur des travailleurs privés d'emploi.

234. – Autres aides étatiques. Les lois du 18 janvier 2005 et 23 février 2005 ont retouché cet important dispositif, notamment en matière de transports scolaires et transports à la demande (C. trav., art. L. 120-3), formation professionnelle continue et congé de formation (C. trav., art. L. 931-1 à L. 931-20-2), allocations de conversion (C. trav., art. L. 322-3 et L. 353-1. – Montant du soutien de l'État fixé par le décret n° 2005-221 du 9 mars 2005 à 150 €), groupements d'employeurs exerçant des tâches confiées par des collectivités territoriales dans le cadre d'un service public industriel ou commercial.

JURISPRUDENCE

La rupture du contrat de travail à durée déterminée

Par application de l'article L. 122-41 du Code du travail, la sanction disciplinaire doit être motivée. En conséquence, la lettre de rupture avant terme d'un contrat à durée déterminée qui n'indique aucun motif justificatif ne produit aucun effet.

Cass. soc., 23 janv. 1997 (*Bull. civ.* V, n° 32 ; *CSBP* 1997, n° 89, S. 65 ; *Gaz. Pal.* 1997, 1, pan. jurispr. p. 61 ; *D.* 1997, p. 29)

« La Cour,

Sur le moyen unique,

Attendu que M. Paris a été engagé par M. Bardol, le 1er juillet 1992, en qualité de réparateur en chauffage, dans le cadre d'un contrat de travail à durée déterminée ; que l'employeur a rompu le contrat le 28 mai 1993, en invoquant des fautes lourdes du salarié ;

Attendu que l'employeur fait grief à l'arrêt attaqué (Rennes, 17 nov. 1994) d'avoir dit que le contrat à durée déterminée du salarié a été rompu par anticipation et de façon abusive, alors, selon le moyen, que les dispositions d'ordre public sont respectées lorsque la lettre de rupture énonce : « NOUS VENONS PAR LA PRÉSENTE VOUS SIGNIFIER VOTRE LICENCIEMENT POUR FAUTES GRAVES DONT LA LISTE VOUS A ÉTÉ REMISE LORS DE NOTRE ENTRETIEN », et se réfère ainsi à la liste des griefs que l'employeur a énoncés dans un écrit sur lequel, le jour de l'entretien préalable, le salarié a apposé sa signature au-dessus de la mention : « REÇU DE VOUS UN EXEMPLAIRE », avec son nom.

Mais attendu qu'en application de l'article L. 122-41 du Code du travail, la sanction disciplinaire doit être motivée ; et attendu qu'ayant relevé que la lettre de rupture ne contenait aucun motif, la cour d'appel a décidé à bon droit que la rupture prononcée pour faute lourde n'était pas justifiée, peu important que l'employeur ait, comme il le devait, indiqué au salarié, au cours de l'entretien préalable, les griefs formulés contre lui ; que le moyen n'est pas fondé ;

Par ces motifs,

Rejette le pourvoi... »

(Cette solution rigoureuse, qui ne permet pas à l'employeur de rapporter la preuve, à la charge du salarié, d'une faute grave justifiant la rupture du contrat de travail à durée déterminée, par référence aux faits énoncés par écrit lors de l'entretien préalable, est critiquée par une partie de la doctrine, qui estime qu'est attribuée une importance excessive à la « formalité de la motivation » ; *cf.* dans le même sens, Cass. soc., 27 mai 1992 : *Bull. cass.* V, n° 340 ; *Gaz. Pal.,* 1993.1, pan. jurispr. p. 53 ; *D.* 1992, p. 411, note J.-P. Karaquillo).

La preuve du contrat à durée déterminée oral

Cass. soc., 10 juill. 2002 (*Bull. civ.* V, n° 235 ; *CSBP* 2002, n° 145, A. 60, obs. C. Charbonneau)

« Sur le moyen unique, pris en sa première branche :

Vu l'article L. 122-3-1 du Code du travail ;

Attendu que M. X... a été embauché verbalement par l'Association olympique Grenoble Isère, à compter du 1er juillet 1996, en qualité d'entraîneur ; que l'association a été placée en redressement judiciaire le 17 janvier 1997, avant d'être cédée le 30 mai 1997 au Sporting club de Grenoble, devenu association Grenoble foot 38 ; que, dans l'intervalle, l'Association olympique Grenoble Isère et M. X... ont signé, le 20 janvier 1997, un contrat de travail à durée déterminée devant venir à échéance le 30 juin 1998 ; que, le 16 juillet 1997, M. Y..., ès qualités de commissaire à l'exécution du plan de redressement judiciaire, a prononcé la rupture de la relation de travail pour motif économique ; que M. X... a saisi la juridiction prud'homale afin, notamment, de voir juger qu'il était lié à l'employeur par un contrat de travail à durée déterminée dont la rupture est intervenue sans motif légitime ;

Attendu que, pour débouter M. X... de ses demandes, l'arrêt attaqué énonce qu'il ressort des documents produits et des débats qu'il a été embauché par l'Association olympique Grenoble Isère au mois de juillet 1996 ; que le salarié admet explicitement, en affirmant n'avoir plus perçu ses salaires à compter du mois de septembre 1996, l'existence d'une relation contractuelle à compter de cette première date ; que, dès lors, en l'absence de contrat écrit au moment de l'embauche initiale, il s'est établi entre les parties un contrat de travail à durée indéterminée, à compter du mois de juillet 1996 ; que le contrat à durée déterminée conclu postérieurement mais illégalement – un contrat à durée indéterminée ne pouvant pas être transformé en cours d'exécution en contrat à durée déterminée – est dénué d'effet ; qu'il résulte de ceci que c'est à tort que M. X... sollicite l'application des textes relatifs à la rupture anticipée d'un contrat à durée déterminée ;

Attendu, cependant, que les dispositions prévues par les articles L. 122-1 et suivants du Code du travail ont été édictées dans un souci de protection du salarié qui seul peut se prévaloir de leur inobservation ; que si, en l'absence de contrat écrit, l'employeur ne peut écarter la présomption légale instituée par l'article L. 122-3-1 du Code du travail selon laquelle le contrat doit être réputé conclu pour une durée indéterminée, le salarié peut rapporter la preuve que le contrat conclu verbalement est à durée déterminée ; qu'en statuant comme elle l'a fait, la cour d'appel a violé le texte susvisé ;

PAR CES MOTIFS, et sans qu'il y ait lieu de statuer sur la seconde branche du moyen unique :

CASSE ET ANNULE, dans toutes ses dispositions, l'arrêt rendu le 22 mai 2000, entre les parties, par la cour d'appel de Grenoble »

La notion de contrat de travail pour les travailleurs handicapés

Les travailleurs handicapés ne sont pas liés au centre d'aide par le travail par un contrat de travail ; le Conseil des prud'hommes n'est donc pas compétent pour connaître des litiges opposant les intéressés au centre.

Cass. soc., 18 mars 1997 (*Bull. civ.* V, n° 112 ; *CSBP* 1997, n° 90, B. 84 ; *Gaz. Pal.* 1997, 1, pan. jurispr. p. 121 ; *D.* 1997, inf. rap. p. 93)

« La Cour,

Sur le moyen unique,

Attendu que M. Simon, reconnu comme handicapé par la COTOREP, a été admis, le 1er septembre 1989, au Centre d'aide par le travail des aveugles civils de la Côte d'Or et région, en qualité de pailleur ; que le directeur du Centre l'a exclu de l'établissement du 4 au 14 janvier 1993 ; que l'intéressé estimant avoir été mis à pied a saisi le conseil de prud'hommes pour faire annuler cette mesure et obtenir le paiement de la rémunération afférente à la période d'exclusion ;

Attendu que M. Simon fait grief à l'arrêt attaqué statuant sur contredit (Dijon, 25 janv. 1994) d'avoir déclaré la juridiction prud'homale incompétente, alors, selon le moyen, d'une part, que la cour d'appel n'a pas motivé sa décision d'incompétence de la juridiction prud'homale ; alors, d'autre part, que l'arrêt en laissant le soin à la juridiction de droit commun d'apprécier si la législation du travail s'appliquant notamment à l'intéressé, pouvait faire l'objet d'une sanction disciplinaire, a violé l'article 86 du nouveau Code de procédure pénale en ce qu'il oblige la juridiction d'appel à se faire juge de sa propre compétence ;

Mais attendu que les travailleurs handicapés ne sont pas liés aux centres d'aide par le travail par un contrat de travail ; que, dès lors, la cour d'appel a décidé, à bon droit, que la juridiction prud'homale n'était pas compétente pour trancher les litiges opposant les intéressés aux centres ; que le moyen n'est pas fondé ;

Par ces motifs, rejette... »

Cet arrêt attire l'attention sur les incertitudes qui pèsent encore sur le statut de certains travailleurs handicapés.

Troisième partie

VIE DE LA RELATION DE TRAVAIL

Chapitre 1

LES OBLIGATIONS DU SALARIÉ

Section 1

QUALIFICATION ET APTITUDE

§ 1. – La qualification

235. – Méthode de qualification. La qualification du salarié est généralement déterminée par le contrat de travail, qui se réfère à la *convention collective* applicable à l'entreprise. Négociées entre les organisations patronales et les syndicats, les conventions collectives définissent, de manière précise et détaillée, à quel *grade hiérarchique* correspond la qualification retenue, en indiquent la place dans la *grille des salaires* et définissent la *tâche* qui incombe au salarié. À défaut de contrat écrit, ou dans le silence du contrat, il convient de se reporter aux mentions portées sur le bulletin de salaire.

236. – Sur-classement et sous-classement. La qualification fixée par le contrat est *définitive quand elle bénéficie au salarié* ; même si le statut de cadre a été accordé à un salarié qui n'exerce pas effectivement la fonction de cadre, par un employeur bienveillant (hypothèse du « sur-classement »), ce dernier est tenu de faire bénéficier le salarié des avantages et salaires découlant de ce statut et de respecter le sur-classement qu'il a accordé. En revanche, le salarié ayant reçu une qualification dans la convention collective inférieure à l'emploi réellement exercé (hypothèse dite du « sous-classement ») peut demander (au besoin en justice) la mise en conformité de sa qualification.

§ 2. – La période d'essai

237. – Possibilité d'une période d'essai. Lors de l'embauche, le chef d'entreprise, pour déterminer la qualification justifiée, dispose des renseignements fournis par le candidat (diplômes, stages, certificats de travail, *curriculum* *vitæ*). L'existence d'une période d'essai lui permet de vérifier l'aptitude du salarié au poste proposé, épreuve dont la durée est définie par le Code du travail et les conventions collectives.

En matière de *contrat à durée déterminée* (C. trav., art. L. 122-3-2), la durée de la période d'essai est limitée à un jour par semaine, sans pouvoir excéder deux semaines (contrat de six mois) ou un mois (dans les autres cas).

Pour ce qui est du contrat à durée indéterminée, *la durée établie par le contrat de travail* peut être réduite si elle est excessive (Cass. soc., 7 janv. 1992 : *Bull. civ.* V, n° 6 ; *Gaz. Pal.* 1992, 1, pan. jurispr. p. 39). La durée fixée par la convention collective est également une limite à la durée de la période prévue par le contrat de travail (Cass. soc., 30 juin 1999 : *Bull. civ.* V, n° 317 ; *CSBP* 1999, n° 113, S. 402, obs. F.-J. Pansier). Le renouvellement de la période d'essai n'est permis que s'il est prévu par la convention collective (possibilité du renouvellement de l'essai et durée maximale de celui-ci) et doit se manifester par un accord exprès au cours de la première période.

Lorsque la convention collective applicable prévoit une période d'essai de plein droit (c'est-à-dire sans la nécessité de la repréciser dans les dispositions contractuelles), le juge doit rechercher si la convention collective a été portée à la connaissance du salarié, spécialement lors de l'embauche (Cass. soc., 23 avr. 1997 : *Bull. civ.* V, n° 143 ; *Gaz. Pal.* 1997, 1, pan. jurispr. p. 142 ; *CSBP* 1997, n° 92, B. 136), en dehors de l'affichage régulier de ladite convention (Cass. soc., 25 mars 1998 : *Bull. civ.* V, n° 173 ; *CSBP* 1998, n° 101, B. 119).

238. – Liberté de rupture. Sauf abus de sa part, l'employeur est libre au cours de la période d'essai de rompre le contrat de travail sans recourir à la procédure de licenciement ni verser une indemnité.

Si l'employeur peut discrétionnairement mettre fin aux relations contractuelles avant l'expiration de la période d'essai, ce n'est que sous la réserve de ne pas faire dégénérer ce droit en abus. Il doit, lorsqu'il invoque un motif disciplinaire, respecter la procédure disciplinaire, et en particulier convoquer le salarié à un entretien préalable (Cass. soc., 10 mars 2004 : *Bull. civ.* V, n° 80 ; *CSBP* 2004, n° 161, A. 38, obs. F.-J. Pansier).

De nombreuses conventions collectives prévoient un « stage » avant tout recrutement définitif : il s'agit en réalité d'une période d'essai (Cass. soc., 8 janv. 1997 : *Bull. civ.* V, n° 9 ; *Gaz. Pal.* 1997, 2, pan. jurispr. p. 254).

La résiliation du contrat de travail pendant la période de suspension provoquée par un accident du travail est nulle, même si elle intervient pendant la période d'essai, et l'impossibilité de maintenir le contrat de travail pendant cette période ne peut résulter que de circonstances indépendantes du comportement du salarié (Cass. soc., 12 mai 2004 : *Bull. civ.* V, n° 132).

§ 3. – LES LITIGES RELATIFS À LA QUALIFICATION

239. – Requalification correspondant aux fonctions réellement exercées. Il est admis que le salarié dispose de la faculté de demander au juge de lui accorder la *qualification correspondant aux fonctions qu'il exerce effectivement et habituellement*, s'il a été sous-classé lors de son embauche. À cet égard, c'est son activité principale qui est prise en considération et elle est évaluée en se référant aux définitions énoncées par la convention collective ; si celle-ci ne comporte pas l'emploi occupé par le salarié, il convient de rechercher à quel emploi prévu par la convention il peut être assimilé. Il a été jugé qu'en cas de révision d'un accord collectif, la *modification de la qualification s'impose de plein droit au salarié.*

Section 2

LE LIEU DE TRAVAIL

§ 1. – La détermination du lieu de travail

240. – Lieu de travail. Le contrat de travail fixe le lieu du travail, *élément substantiel de la convention.* Son éloignement du domicile du salarié, les difficultés de circulation ou les insuffisances des moyens de transport jouent en effet un rôle important dans l'établissement de l'horaire de travail, ainsi que pour l'octroi de *primes de transport, de panier et de frais de déplacement.*

Le salarié doit être *spécifiquement averti de l'existence d'une clause de mobilité,* que celle-ci résulte du règlement intérieur ou de la convention collective, au moment de la signature du contrat de travail.

§ 2. – La clause de mobilité

241. – Définition. La clause de mobilité, soit impose au salarié *des déplacements dans un secteur déterminé,* pour démarcher et visiter la clientèle, soit autorise le chef d'entreprise à *changer le lieu de travail,* à muter le salarié d'un chantier ou d'un établissement à un autre (ce qui est souvent le cas en matière de bâtiment et ce qui entraîne une nécessaire adaptation des conditions de travail). Elle peut être insérée à l'origine, dans le contrat de travail initial (Cass. soc., 28 févr. 2001 : *Bull. civ.* V, n° 64 ; *CSBP* 2001, n° 130, S. 278, obs. F.-J. Pansier). Elle peut être introduite en cours de contrat, à condition que le salarié l'accepte : « la cour d'appel, qui a constaté que la mutation du salarié s'accompagnait de l'insertion d'une clause de mobilité, a exactement décidé, par ce seul motif, que le contrat de travail avait été modifié et, dès lors, elle a jugé à bon droit que le licenciement motivé uniquement par le refus du salarié d'accepter cette modification ne procédait pas d'une cause réelle et sérieuse » (Cass. soc., 24 nov. 1999 : *Bull. civ.* V, n° 456, *CSBP* 2000, n° 116, S. 24, note F.-J. Pansier ; *CSBP* 2002, n° 138, S. 115, obs. C. Charbonneau).

L'employeur, qui exerce normalement son pouvoir de direction en procédant à la mutation du salarié (Cass. soc., 30 sept. 1997 : *CSBP* 1997, n° 95, A. 55), ne doit pas faire un usage abusif de la clause, laquelle doit être justifiée par les exigences d'un bon fonctionnement de l'entreprise et ne pas déguiser une sanction (Cass. soc., 14 avr. 1999 : *CSBP* 1999, n° 112, S. 366, obs. S. Dugué. – Cass. soc., 18 mai 1999 : *Bull. civ.* V, n° 219 ; *CSBP* 1999, n° 113, S. 414, obs. M. Hue ; *Gaz. Pal.* 1999, 2, somm. p. 637, note B. Boubli ; *D.* 2001, somm. p. 2797, obs. B. Bossu ; *JCP* E 2000, 40, note C. Puigelier). Il est également tenu de respecter un délai de prévenance (Cass. soc., 28 févr. 2001 : *CSBP* 2001, n° 130, S. 278, obs. F.-J. Pansier).

242. – Liberté d'usage. La clause de mobilité ne faisant l'objet d'aucune réglementation particulière, les parties ont entière liberté pour en définir le contenu et les modalités d'application, qui relèvent, en cas de litige, de l'appréciation souveraine du juge du fond (Cass. soc., 27 mai 1998 : *Bull. civ.* V, n° 17 ; *CSBP* 1998, n° 102, S. 132, et les obs.). Elle peut cependant être prévue et aménagée par une convention collective : par exemple, la convention collective des banques subordonne la mutation à l'accord du salarié lorsqu'elle rend obligatoire, pour ce dernier, un changement de domicile.

§ 3. – L'essor du télétravail

243. – Naissance du télétravail. Le travail à domicile a fait tôt l'objet d'une législation spécifique mais il s'agissait alors d'encadrer le travail des femmes, réalisant des travaux de couture à domicile. Trois conditions sont alors prévues : exécution du travail pour un ou plusieurs établissements industriels, commerciaux ou agricoles ; existence d'une rémunération forfaitaire ; absence de vérification de l'existence d'un lien de subordination. Ces conditions remplies donnent accès au statut de travailleur à domicile et lui fait bénéficier des dispositions spécifiques du Code du travail. En dehors de cette hypothèse rare, le travail hors des locaux de l'entreprise s'exerce sous d'autres formes : travail indépendant mais aussi et surtout télétravail en tant que salarié de droit commun. Cette forme de travail a pris un essor considérable grâce aux NTIC. Il est défini par l'Accord européen du 16 juillet 2002 comme le « travail effectué hors des locaux de l'entreprise de l'employeur de façon régulière ».

244. – Réglementation du télétravail. La mise en place du télétravail oblige, comme tout projet d'introduction des NTIC, l'employeur à consulter préalablement le CE (C. trav., art. L. 432-2) et comme toute modification fondamentale des conditions de travail à consulter le CHSCT (C. trav., art. L. 236-2). Par ailleurs, le salarié « n'est tenu ni d'accepter de travailler à son domicile, ni d'y installer ses dossiers et ses instruments de travail » (Cass. soc., 2 oct. 2001, *Zurich Assurance : Bull. civ.* V, n° 292 ; *CSBP* 2001, n° 135, S. 565, obs. C. Charbonneau ; *Gaz. Pal.* 2002, 2, 31, note C. Puigelier). Cette jurisprudence a été confirmée par l'Accord européen sur le télétravail. Il s'agit donc d'une modification du contrat de travail au sens de la jurisprudence de 1996. Cependant, le télétravail n'est pas non plus un droit pour les salariés, ni un droit acquis ; d'une part l'employeur peut refuser son adoption, d'autre part, il peut changer d'avis en cas de bilan négatif.

245. – Télétravail et libertés individuelles Si le télétravail peut constituer une liberté formidable pour le salarié qui peut organiser son temps de travail sous contrainte des résultats exigés par son employeur, il peut cependant exposer le salarié à un certain nombre de risques. En premier lieu, un risque renforcé de maladies professionnelles, dues à une fréquence plus importante devant l'écran de l'ordinateur. C'est pourquoi, certaines règles relatives à la présence devant un ordinateur ont été prévues (D. 14 mai 1994). En second lieu, un risque d'atteinte à la vie privée ; le télétravail tend à estomper la frontière traditionnelle entre vie professionnelle et vie privée. D'une part, l'employeur ne peut mettre en place des méthodes de contrôle disproportionnées aux objectifs. D'autre part, en raison du droit au respect de l'intimité de sa vie privée (impliquant en particulier le secret des correspondances) « l'employeur ne peut sans violation de cette liberté fondamentale prendre connaissance des messages personnels émis par le salarié et reçus par lui grâce à un outil informatique mis à sa disposition pour son travail et ceci même au cas où l'employeur aurait interdit une utilisation non professionnelle de l'ordinateur » (Cass. soc., 2 oct. 2001, *Nikon*, V. n° 332). Enfin, il existe des sanctions pénales pour les chefs d'entreprise qui porteraient de manière abusive atteinte à la vie privée de leurs salariés (C. pén., art. L. 226-1).

Section 3

LE LIEN DE SUBORDINATION

246. – Origine et modalités du lien de subordination. La qualité et le rythme du travail doivent correspondre aux *normes de l'entreprise*, définies par l'employeur, dont les *pouvoirs de direction et de contrôle* se trouvent délégués, le plus souvent, aux cadres et à la maîtrise et qui est le seul juge des nécessités et impératifs requis par le fonctionnement de l'établissement et l'obtention de produits en état d'être écoulés correctement sur le marché.

Les litiges les plus fréquents se situent, soit quant à la productivité (faible rendement inférieur aux directives patronales), soit quant à la qualité (fabrication non valable, proportion importante de rebuts). On reprochera au démarcheur l'insuffisance de ses visites à la clientèle, au vendeur le non-respect des quotas imposés. Il sera fait grief au salarié de son comportement : abandons de poste, insubordination, refus d'obéissance, rixes, sévices, violences, comme de son défaut de loyauté, de la divulgation de secrets de fabrication, d'habitudes de gaspillage et de désordre.

247. – Obligation de loyauté. Pendant toute la durée du contrat de travail, le salarié est tenu d'une obligation de loyauté envers l'employeur.

Le rédacteur au service contentieux d'une caisse d'allocations familiales qui, en sa qualité d'allocataire, commet auprès de sa caisse d'affiliation des faits de la nature de ceux qu'il était chargé de poursuivre, manque à son obligation de loyauté et de probité et commet une faute grave (Cass. soc., 25 févr. 2003 : *Bull. civ.* V, n° 66 ; *CSBP* 2003, n° 150, A. 34, obs. F.-J. Pansier).

La suspension du contrat de travail du fait de la maladie laisse subsister à la charge du salarié une obligation de loyauté à l'égard de son employeur.

En se livrant, pendant l'arrêt de maladie à des déplacements ou des activités qui démontrent sans ambiguïté qu'il n'était nullement dans l'incapacité de travailler, le salarié commet une violation de son obligation de loyauté constitutive d'une faute grave. De même, le salarié, mécanicien de son état, qui, au cours d'un arrêt de travail pour maladie, fait appel à un autre mécanicien de la société qui l'emploie, pour entreprendre la réparation d'un véhicule pour son compte, manque à son obligation de loyauté et commet une faute grave (Cass. soc., 21 oct. 2003 : *Bull. civ.* V, n° 258 ; *CSBP* 2004, n° 156, S. 22, obs. C. Charbonneau).

Section 4

LE TEMPS DU TRAVAIL

§ 1. – La durée du travail

A. – Notion de travail effectif. Astreintes

248. – Notion de travail effectif. La notion de travail effectif a été définie, lors du vote de la loi Aubry I réduisant la durée hebdomadaire du travail

(L. n° 98-461, 13 juin 1998) comme... « le temps pendant lequel le salarié est à la disposition de l'employeur et doit se conformer à ses directives sans pouvoir vaquer librement à ses occupations ». Cette définition est reprise dans l'article 212-4, alinéa 2 du Code du travail.

La loi dite Aubry II du 19 janvier 2000 (C. trav., art. L. 212-4, modifié en 2005) a institué une nouvelle réglementation dans différents domaines :

– le temps nécessaire à la *restauration* (repas pris par le salarié) ainsi que les temps consacrés aux **pauses** sont considérés comme du temps de travail effectif lorsque les salariés demeurent à la disposition de l'employeur. Et, même s'ils ne sont pas reconnus comme du temps de travail, ils peuvent faire l'objet d'une rémunération par voie conventionnelle ou contractuelle ;

– lorsque le **port d'une tenue de travail** est obligatoire, et lorsque l'*habillage* ou le *déshabillage* se font sur les lieux de travail, les salariés doivent bénéficier de contreparties (repos ou rétribution), à moins que des conventions ou accords collectifs les assimilent à du temps de travail effectif ;

– le *temps de déplacement professionnel* pour se rendre sur le lieu d'exécution du contrat de travail n'est pas un temps de travail effectif. La loi n° 2005-32 du 18 janvier 2005 a ajouté que s'il dépasse le temps normal de trajet entre le domicile et le lieu habituel de travail, il doit faire l'objet d'une contrepartie, soit sous forme de repos, soit financière, déterminée par convention ou accord collectif ou, à défaut, par décision unilatérale de l'employeur prise après consultation du comité d'entreprise ou des délégués du personnel. Le principe est que la part de ce temps de déplacement professionnel coïncidant avec l'horaire de travail ne doit pas entraîner de perte de salaire ;

– un autre alinéa de l'article L. 212-4 précité pose le principe de la solution à adopter lorsque le travail est interrompu par des *périodes d'inaction*. Tel est le cas des horaires d'équivalence (augmentation de la durée du travail pour tenir compte du temps d'inaction, comme en matière de restauration par exemple) ou des jours d'intempérie dans le bâtiment.

249. – Astreinte et convention de forfait. L'astreinte a été définie par la loi du 19 janvier 2000 : « une période d'astreinte s'entend comme une période pendant laquelle le salarié, sans être à la disposition permanente et immédiate de l'employeur, a l'obligation de demeurer à son domicile ou à proximité afin d'être en mesure d'intervenir pour effectuer un travail au service de l'entreprise, la durée de cette intervention étant considérée comme un temps de travail effectif » (C. trav., art. L. 212-4 *bis*).

La programmation individuelle des périodes d'astreinte doit être portée à la connaissance de chaque salarié concerné quinze jours à l'avance, sauf circonstances exceptionnelles et sous réserve que le salarié en soit averti au moins un jour franc à l'avance. Les heures accomplies en astreinte doivent donner lieu à la remise, pour chaque salarié concerné, d'un document récapitulant le nombre d'heures effectuées au cours du mois écoulé et la compensation correspondante. Ce document doit être conservé pendant un an et tenu à la disposition de l'inspection du travail.

L'astreinte doit être indemnisée sous forme de compensation financière ou sous forme de repos. Elle était parfois rémunérée par forfait. Si tel n'est pas le cas, l'astreinte doit être payée comme travail effectif dans le cas où la disponibilité du travailleur a un caractère permanent, ne lui permet pas de sortir à l'extérieur du lieu de travail ; le temps de présence dans l'établissement du veilleur de nuit, qui est appelé à intervenir en cas de nécessité, constitue, non une astreinte, mais un *travail effectif* (Cass. soc., 15 févr. 1995 : *Bull. civ.* V, n° 57 ; *CSBP* 1997, n° 69, A. 19 ; *Gaz. Pal.* 1995, 1, pan. jurispr. p. 95 ; *D.* 1995, somm. p. 375, note de Launay-Gallot) ; il en a été décidé de même pour des infirmières occupant des chambres à proximité des malades, qui pouvaient les déranger à tout moment, ainsi que pour des concierges, ou surveillants, tenus à une présence constante.

250. – Cas particulier des cadres. Des controverses s'étaient élevées quant à l'horaire du travail des cadres, qui, de fait, se trouve souvent supérieur aux normes légales ; la durée de présence au lieu de travail est fonction des circonstances, qui exigent occasionnellement une prompte solution à des difficultés de fonctionnement. Certaines décisions considéraient ce dépassement de la durée légale du travail comme licite, dans la mesure où le cadre jouit dans l'organisation de ses tâches d'une autonomie lui donnant la possibilité d'adapter le temps de présence dans l'entreprise, aux impératifs découlant de ses pouvoirs de direction et de contrôle.

La loi du 17 janvier 2000 a posé pour la première fois un statut juridique du cadre. Elle définit trois catégories de cadres :

– les « cadres dirigeants » constituent la première catégorie. La nouvelle réglementation ne leur est pas applicable. Il s'agit des « cadres auxquels sont confiées des responsabilités dont l'importance implique une grande indépendance dans l'organisation de leur emploi du temps, qui sont habilités à prendre des décisions de façon largement autonome et qui perçoivent une rémunération se situant dans les niveaux les plus élevés des systèmes de rémunération pratiqués dans l'entreprise ou leur établissement » ;

– la seconde est composée des *cadres occupés selon l'horaire collectif applicable et intégrés au sein de l'atelier, du service ou de l'équipe* et pour lesquels la durée de leur temps de travail peut être prédéterminée. Ceux-ci se voient traités comme les autres salariés ;

– les « autres » cadres. Ces derniers se verront appliquer la réduction du temps de travail selon des modalités spécifiques. Ainsi, leur durée de travail pourra être fixée par des conventions individuelles de forfait. La conclusion de ces conventions devra être précédée, préalablement à leur conclusion avec le salarié, par un accord collectif de branche, ou un accord d'entreprise ou d'établissement. Dans le cas contraire, ces conventions de forfait ne pourront être conclues que sur une base mensuelle ou hebdomadaire.

L'accord collectif peut prévoir des *conventions individuelles de forfait sur l'année en heures ou en jours* (C. trav., art. L. 212-15-3, II).

251. – Cas particuliers. Citons encore les conflits opposant à cet égard les « chauffeurs routiers », qui stationnent au lieu de chargement ou de livraison, en attendant leur tour. Les textes en vigueur (Cf. en dernier lieu, la mise en application en France, par décret du 29 janvier 1998, de règlements de la CEE du 20 décembre 1985) instituent notamment la notion d'« horaire de service » et créent un... « livret individuel de conduite ».

Il existe des réglementations spécifiques concernant un nombre important d'activités, notamment les transporteurs routiers, l'hôtellerie, les spectacles, la manutention dans les ports.

B. – Notion d'équivalence

252. – Système des équivalences et sa pratique. L'article L. 212-4 du Code du travail exclut du travail effectif le... « temps nécessaire à l'habillage et au casse-croûte, ainsi que des périodes d'inaction dans des industries et commerces déterminés par décret », règle qui fait référence au système des équivalences selon lequel, par voie réglementaire, sont fixés des temps de présence hebdomadaire, réputés être équivalents à la durée légale du travail ; ce qui revient à n'appliquer la majoration de salaire due pour les heures supplémentaires qu'au-delà du temps de présence ainsi calculé. Toutefois, le temps nécessaire aux opérations d'habillage et de déshabillage fait l'objet de contreparties soit sous forme de repos, soit financières, devant être déterminées par convention ou accord collectif ou à défaut par le contrat de travail

Une *durée équivalente* à la durée légale peut être instituée dans les professions et pour des emplois déterminés comportant des périodes d'inaction soit par décret, pris après conclusion d'une convention ou d'un accord de branche, soit par décret en Conseil d'État. Ces périodes sont rémunérées conformément aux usages ou aux conventions ou accords collectifs.

Des accords collectifs étaient intervenus à cet égard, par exemple, pour la batellerie fluviale (4 mai 1982 ; durée de présence de 52 heures par semaine) ou l'hôtellerie (3 mai 1983 ; 43 heures pour les cuisiniers, 45 heures pour le restant du personnel, mais 52 heures pour les veilleurs de nuit).

Le système des heures d'équivalence a été l'occasion, pour la Cour de cassation, de préciser le droit à une jurisprudence : « si le législateur peut adopter, en matière civile, des dispositions rétroactives, le principe de prééminence du droit et la notion de procès équitable consacrés par l'article 6 de la Convention européenne de sauvegarde des droits de l'homme et des libertés fondamentales s'opposent, sauf pour d'impérieux motifs d'intérêt général, à l'ingérence du pouvoir législatif dans l'administration de la justice afin d'influer sur le dénouement judiciaire des litiges ». Pour la Haute Juridiction « ... obéit à d'impérieux motifs d'intérêt général l'intervention du législateur destinée à aménager les effets d'une jurisprudence nouvelle de nature à compromettre la pérennité du service public de la santé et de la protection sociale auquel participent les établissements pour personnes inadaptées et handicapées ».

De ce fait, donc légalement justifié sa décision la cour d'appel qui, pour rejeter les demandes des salariés se prévalant d'une jurisprudence nouvelle de la Cour de cassation ayant décidé que les heures de surveillance nocturne constituaient un temps de travail effectif, a fait application au litige de l'article 29 de la loi n° 2000-37 du 19 janvier 2000 validant rétroactivement les rémunérations versées au titre des permanences nocturnes effectuées par les personnels des établissements à caractère social et sanitaire conformément à la convention collective agréée applicable (Cass. ass. plén., 24 janv. 2003 : *Bull. civ.* V, n° 3 ; *CSBP* 2003, n° 149, A. 19, obs. J. Icard et F.-J. Pansier).

C. – Durée légale du travail

253. – Histoire. La fixation d'une *durée légale hebdomadaire* du travail a une longue histoire ; elle a été inspirée par un souci de protection de la santé des salariés, et maintenant relève de la volonté de réduire le chômage en partageant l'emploi. La mensualisation du salaire fait que la plupart des contrats de travail mentionnent des *durées mensuelles de travail* (par exemple 169 heures pour 39 heures hebdomadaires).

La « semaine de quarante heures », instituée par une loi du 21 juin 1936, avait été ramenée à 39 heures par une ordonnance du 16 janvier 1982 (C. trav., art. L. 212-1) ; la loi n° 98-46 du 13 juin 1998 ramenait cette durée à 35 heures, mais son effet n'était pas immédiat puisque le nouvel article L. 212-1 *bis* du Code du travail fixait le passage aux 35 heures au 1er janvier 2000 ou 2002, cet article 212-1 *bis* a été abrogé par la loi n° 2000-37 du 19 janvier 2000. Certaines entreprises ont d'ailleurs déjà mis en œuvre la semaine de 35 heures, même parfois celle de 32 heures ou 30 heures. La principale difficulté réside dans la négociation d'accords collectifs, destinés à régler le problème de la *réduction des salaires* ; les syndicats demandent le maintien des salaires, le surcoût de la main-d'œuvre devant faire l'objet d'une « *compensation salariale* » grâce à une meilleure utilisation des machines, une productivité accrue, une plus grande efficacité des méthodes de production. Il est trop tôt pour porter une appréciation sur l'application des « 35 heures ».

254. – Statut actuel. La durée légale du travail est fixée à 35 heures par semaine par la loi du 17 janvier 2000, qui est entrée en vigueur au 1er janvier 2000 pour les entreprises et unités économiques et sociales de plus de vingt salariés et au 1er janvier 2002 pour celles de moins de vingt salariés (C. trav., art. L. 212-1).

La durée maximale du travail hebdomadaire est plafonnée à 44 heures (au lieu de 46 heures par la loi Aubry I) sur une période de douze semaines consécutives. Toutefois, un décret pris après conclusion d'une convention ou d'un accord collectif de branche peut prévoir que cette durée hebdomadaire calculée sur une période de douze semaines consécutives soit portée à quarante-six heures.

En matière de modulation du temps de travail, la loi Aubry II fixe un plafond annuel du travail. Désormais, la durée hebdomadaire du travail peut varier sur tout ou partie de l'année à condition que, sur un an, cette durée n'excède pas en moyenne trente-cinq heures par semaine travaillée et, en tout état de cause, le plafond de 1 600 heures au cours de l'année. La nouvelle loi simplifie d'ailleurs les dispositifs existants. Elle ne retient plus qu'un seul mode de modulation du temps de travail : l'annualisation.

À la suite des élections présidentielles et législatives de 2002, la nouvelle majorité a pris l'initiative de lois qui ont eu pour finalité de remédier aux défauts ou inconvénients des lois Aubry : lois n° 2003-47 du 17 janvier 2003 « relative au temps de travail et au développement de l'emploi », n° 2003-6 du 3 janvier 2003 « portant relance de la négociation collective en matière de licenciement économique » et n° 2003-7 du même jour, modifiant le livre VIII du Code de commerce. Ces deux derniers textes instituent, à titre expérimental, une suspension, pour une période maximale de 18 mois, de dispositions mises en place par la loi de modernisation sociale du 17 janvier 2002. Cette suspension doit permettre d'établir, au vu des résultats des négociations interprofessionnelles, un projet de loi concernant les licenciements économiques et les plans de sauvegarde de l'emploi.

255. – Heures supplémentaires. La durée légale ne constitue pas un maximum infranchissable, qui est plus élevé. Son intérêt principal est de fixer un *seuil* au-delà duquel le salaire se trouve majoré de plein droit et d'office, les heures travaillées étant « *supplémentaires* ». Le recours aux heures supplémentaires a pour conséquence que la *durée réelle du travail* est généralement supérieure à la durée légale ; elle a même atteint une moyenne dépassant 46 heures en 1957 et en 1966. Certains salariés à « horaires longs » atteignent et même dépassent 42 heures par semaine.

En matière d'heures supplémentaires, **la logique retenue par les lois Aubry** consistait en une double approche : contraindre les entreprises à payer des majorations progressives pour chacune des heures supplémentaires (le mécanisme est progressif : bonification de 25 % pour les 4 premières heures ; 25 % de majoration de 5 à 8 heures supplémentaires ; 50 % au-delà. – C. trav., art. L. 212-5) ou à offrir un repos compensateur équivalent ; limiter le recours aux heures supplémentaires en instituant des règles limitant le nombre d'heures supplémentaires réalisables. Dans cet esprit, il a été institué à l'article L. 212-6 un contingent d'heures supplémentaires. Il s'agit d'une limite annuelle d'heures pouvant être effectuées au-delà de la durée hebdomadaire légale de 35 heures. Le législateur a défini la procédure applicable pour recourir à ce contingent. L'inspection du travail doit être informée et les institutions représentatives du personnel, consultées (art. L. 212-6, al. 1er). La définition de ce contingent avait cependant été renvoyée à un décret. L'utilisation des heures mêmes comprises dans le contingent n'est pas totalement libre (art. L. 212-7). Ainsi, un salarié ne saurait, sur une période de 12 semaines, réaliser plus de 44 heures (46 en cas d'accord collectif en ce sens) ; un salarié ne saurait non plus réaliser plus de 48 heures sur une semaine pour ces deux limites supérieures.

L'article L. 212-6 du Code du travail renvoie au pouvoir réglementaire le soin de définir le contingent d'heures supplémentaires. L'histoire des décrets d'application de l'article L. 212-6 est déjà riche : le premier de ces décrets, publié en janvier 2000, a fait l'objet d'une annulation par le Conseil d'État, saisi d'un recours pour excès de pouvoir, par un arrêt en date du 28 mars 2001 (*RJS* 2001, 515, nº 749 ; *Dr. soc.* 2001, p. 370, obs. Pélissier). Cette annulation était due au fait que le pouvoir réglementaire n'avait pas soumis à ce contingent les cadres dits intermédiaires alors qu'il ressortait de la volonté du législateur que ces derniers auraient dû y être soumis. Le gouvernement prenant acte de cette annulation a donc publié un nouveau décret nº 2001-941 le 15 octobre 2001, qui posait un principe, une atténuation et une exception à ce principe :

– *un principe :* il est fixé **pour** les ouvriers, employés, agents de maîtrise et les cadres intégrés (ayant au sens conventionnel du terme la qualité de cadre mais occupés selon l'horaire collectif au sein de l'atelier, du service ou de l'équipe auquel ils sont intégrés) et intermédiaires (ceux qui ne sont ni intégrés ni cadres dirigeants) un contingent **annuel** de 130 heures ;

– *une atténuation au principe :* pour les entreprises employant au plus 20 salariés, le contingent était fixé à 180 heures pour 2002, 170 pour 2003 et 2004, et 220 pour 2005 (D. 21 déc. 2004 : *JO* 22 déc. 2004. – C. trav., art. D. 212-25) ;

– *une exception au principe :* le contingent annuel est réduit à 90 heures par salarié dans le cadre d'un accord d'annualisation du temps de travail.

Le décret nº 2002-1257 du 16 octobre 2002 est venu modifier les règles fixées par le décret du 15 octobre 2001. Sa présentation peut être faite en quatre observations :

– *la première concerne le contingent annuel.* Le principe posé par le décret du 15 octobre 2001 (et qui figure à l'article D. 212-25 du Code du travail) est modifié en deux points. La première modification est accessoire et a trait aux personnes concernées par le contingent. Ce sont toujours les ouvriers, employés, agents de maîtrise et les cadres intégrés et intermédiaires, mais le nouveau texte ajoute à cette liste les « salariés itinérants ». Cette catégorie spécifique est issue directement de la loi relative à la réduction du temps de travail précisément à l'article L. 212-15-3, II, alinéa 2 qui vise les « salariés itinérants non cadres dont la durée du temps de travail ne peut être prédéterminée et qui disposent d'une réelle autonomie dans l'organisation de leur emploi du temps pour l'exercice des responsabilités qui leur sont confiées ». La seconde modification est plus importante et constitue d'ailleurs la mesure essentielle du décret : le contingent annuel par salarié passe de 130 à

180 heures. La différence est notable (ramenée sur une moyenne hebdomadaire sur la base de 47 semaines, le nouveau contingent permet 3,83 heures par semaine contre 2,75 antérieurement) ;

– *la deuxième observation est la conséquence de cette augmentation du contingent.* L'atténuation du principe qui fixait une règle dérogatoire pour les entreprises de 20 salariés au plus est définitivement abrogée. Il n'existe donc plus qu'un contingent unique : 220 heures pour toute entreprise (D. 21 déc. 2004 : *JO* 22 déc. 2004. – C. trav., art. D. 212-25) ;

– *la troisième observation concerne l'exception au principe qui figurait au décret du 15 octobre 2001 réduisant le contingent à 90 heures en cas d'accord sur l'annualisation du temps de travail.* Cette exception est maintenue en l'état. L'écart entre le principe (220 heures) et l'exception (90) est donc plus grand ;

– enfin, il est prévu (article 3 du décret) que « le ministre chargé du Travail présente à la Commission nationale de la négociation collective, au plus tard le 1er juillet 2004, un bilan de la négociation collective relative à la fixation des contingents d'heures supplémentaires et du recours aux heures supplémentaires » et que c'est « au vu de ce bilan et après avis du Conseil économique et social » qu'il sera procédé au réexamen des dispositions réglementaires relatives aux contingents d'heures supplémentaires.

D. – Durée quotidienne du travail

256. – Notion. Inspirée par le désir de protéger la santé des travailleurs, la loi fixe un *maximum indépassable* de 10 heures à la journée de travail (C. trav., art. L. 212-1), avec possibilité de *dérogations* accordées par l'Inspection du travail (travaux urgents, saisonniers, surcharge temporaire d'activité) ; cette limitation peut être portée à *12 heures*, par des conventions ou accords collectifs (C. trav., art. L. 212-2 et s.). La loi du 13 juin 1998 a institué un repos quotidien minimal de 11 heures consécutives (entre 0 à 24 heures) (C. trav., art. L. 220-1) avec possibilité de dérogations, notamment par convention ou accord collectif, urgence, surcroît exceptionnel d'activité.

E. – Durée maximale hebdomadaire

257. – Principe. La durée légale hebdomadaire, fixée à 35 heures (art. 212-1), ne vaut donc pas interdiction d'un dépassement et marque seulement le seuil à partir duquel le temps travaillé constitue des heures supplémentaires, bénéficiant d'une *majoration de salaire de 25 % pour les huit premières heures et de 50 % au-delà (C. trav.,* art. L. 212-5, modif. L. 17 janv. 2003).

258. – Limitation des heures supplémentaires. La législation et les organisations syndicales sont défavorables à la pratique des heures supplémentaires, qui évitent de nouvelles embauches. Mais certains salariés les recherchent, afin d'augmenter leurs gains ; les employeurs, en dépit du surcoût de cette main-d'œuvre, y trouvent l'avantage d'éviter le recours au travail temporaire ou à la sous-traitance. D'où la fixation d'une *triple limitation*, dite « absolue » :

– *maximum de 48 heures par semaine ;*

– *fixation d'une moyenne hebdomadaire de 44 heures (39 heures pour les apprentis et les salariés mineurs de 18 ans)*, calculée sur un ensemble de 12 semaines consécutives ; de plus, un décret pris après conclusion d'une convention ou d'un accord collectif de branche peut prévoir que cette durée hebdomadaire calculée sur une période de douze semaines consécutives ne peut dépasser quarante-six heures (C. trav., art. L. 212-7) ;

– contingent annuel de 220 heures supplémentaires (D. 21 déc. 2004 : *JO* 22 déc. 2004. – C. trav., art. D. 212-25).

En cas de *circonstances exceptionnelles*, certaines entreprises peuvent être autorisées à dépasser pendant une période limitée le plafond de quarante-huit heures, sans toutefois que ce dépassement puisse avoir pour effet de porter la durée du travail à plus de soixante heures par semaine ; le comité d'entreprise ou, à défaut, les délégués du personnel donnent leur avis sur ces dérogations et cet avis est transmis à l'inspecteur du travail. De même, la durée hebdomadaire sur douze semaines consécutives peut dépasser 46 heures à condition d'obtenir une dérogation nationale, locale (départementale ou interdépartementale) ou particulière (au cas par cas).

Cette réglementation est en réalité complexe, d'une part, du fait qu'elle est assortie de *dérogations*, édictées soit par des conventions ou accords collectifs, soit par la réglementation elle-même, d'autre part, parce qu'elle est soumise tant aux interventions du comité d'entreprise et des délégués du personnel qu'au contrôle de l'Inspection du travail, lequel dispose même du pouvoir de constater les infractions par des procès-verbaux et de provoquer des poursuites pénales, enfin, en raison de l'existence, au profit du salarié, d'un repos compensateur d'une durée égale à une fraction des heures supplémentaires travaillées (savoir : 50 % dans les cas ordinaires ; pour les travaux urgents : 20 % ; pour le dépassement des 130 heures : 100 %) ; il est pris par journée entière, représentant chacune huit heures de repos.

Noter d'abord que ne sont considérées comme supplémentaires que les heures travaillées au-delà de la durée légale ; si la durée en vigueur dans l'usine est de 32 heures, les 33e, 34e et 35e heures ne bénéficient d'aucune majoration de salaire, celle-ci ne commençant à être appliquée qu'à la 36e heure (Cass. soc., 15 févr. 1995 : *Gaz. Pal.* 1995, 1, pan. jurispr. p. 90).

259. – Convention de forfait. Est valable la convention de forfait, stipulant une rémunération forfaitaire incluant à la fois le salaire habituel et les heures supplémentaires ; elle peut résulter d'un accord implicite (Cass. soc., 4 juill. 1996 : *Gaz. Pal. 1996*, 2, pan. jurispr. p. 222), lequel peut même être verbal (Cass. soc., 11 janv. 1995 : *Gaz. Pal.* 1995, 1, pan. jurispr. p. 63). Toutefois, le paiement des heures supplémentaires selon un forfait ne peut résulter que d'un accord entre les parties et un usage d'entreprise en ce sens est inopposable au salarié (Cass. soc., 31 mars 1998 : *Bull. civ.* V, n° 184 ; *CSBP* 1998, n° 101, B. 129).

Seules les heures supplémentaires effectuées au-delà du forfait sont payées au taux majoré. La rémunération forfaitaire ne saurait être inférieure au salaire conventionnel augmenté des majorations pour heures supplémentaires dûment prouvées.

La convention de forfait ne peut s'appliquer aux activités exceptionnelles imposées au salarié par son employeur. Des dérogations exceptionnelles permettent le dépassement de la durée hebdomadaire légale du travail. Il en fut ainsi pour le bogue de l'an 2000 (période du 1er septembre 1999 au 31 mars 2000. – Décret des 27 et 29 août 1999).

Notamment en ce qui concerne les cadres, les règles du forfait ont été aménagées par les articles L. 212-15-1 à L. 212-15-4 du Code du travail (textes modifiés en dernier lieu par les lois n° 2000-37 du 19 janvier 2000 et n° 2004-391 du 4 mai 2004).

La convention de forfait ne se présumant pas, la charge de la preuve incombe à celui qui l'invoque.

§ 2. – La modulation du temps de travail

A. – Réduction de la durée du travail

260. – Réduction imputable au salarié. La réduction du temps de travail – sauf si elle découle d'un accord amiable – peut être *imputable au salarié*, qui s'absente sans autorisation, abandonne son poste, arrive en retard ; elle donne lieu à retenue sur le salaire. Si le salarié n'a ni permission, ni motif légitime, des sanctions disciplinaires sont encourues ; étant rappelé que certaines entreprises se plaignent d'un absentéisme chronique et que, dans un système de travail posté, à la chaîne ou par équipes, une absence unique peut interrompre la fabrication.

261. – Réduction indépendante de la volonté du salarié. Dans d'autres circonstances, la *suspension* du contrat de travail a pour origine des circonstances qui ne sont pas imputables au salarié (grève des transports, pannes techniques, coupures de courant, insuffisance des commandes, etc.). Dans ce cas, dans la mesure où le salarié se présente au lieu de travail et se met à la disposition de l'employeur, *le salaire normal lui est dû*. Les conventions collectives règlent généralement ces situations.

B. – Aménagement du temps de travail (horaires choisis)

262. – Détermination et aménagement du temps de travail. L'horaire de travail est en principe fixé par l'employeur, mais il se trouve aussi déterminé, soit par le contrat de travail, soit par des accords collectifs. Il est tenu compte des contraintes résultant, par exemple, du travail par équipes successives, de l'interdiction du travail de nuit, des servitudes imposées par la nature particulière du travail (Cf. ainsi hôtels, cafés et restaurants : *D.* 15 avr. 1988 ; navigation intérieure et batellerie fluviale : *D.* 19 déc. 1983), ainsi que des pauses de repos (indiquées dans une loi du 30 décembre 1993, anticipant une directive européenne du 29 novembre 1993) et de l'obligation de respecter (éventuellement) la moyenne maximale annuelle d'heures travaillées.

263. – Horaires individualisés. À la mise en œuvre de la loi Aubry du 13 juin 1998, des variations régulières d'activité des entreprises sont possibles en répartissant les heures hebdomadaires travaillées de manière inégale, pendant la durée d'un cycle déterminé ; ou même en faisant varier annuellement les horaires en fonction des périodes hautes et basses de travail, de manière à *éviter* le recours aux heures supplémentaires (la durée moyenne annuelle du travail hebdomadaire restant égale à la durée légale). La pratique des horaires individualisés, dérogeant à la règle de l'horaire collectif de travail, est autorisée par l'article L. 212-4-1 du Code du travail.

Le report d'heures d'une semaine à une autre ne peut excéder trois heures et le cumul des reports ne peut avoir pour effet de porter le total des heures reportées à plus de 10 (C. trav., art. D. 212-4-1). Les accords collectifs d'entreprise ou d'établissement doivent, pour entrer en vigueur, ne pas avoir fait l'objet d'une opposition d'une ou des organisations syndicales non signataires qui totalisent un nombre de voix supérieur à 50 % du nombre des électeurs inscrits aux dernières élections du comité d'entreprise ou, s'il n'existe pas, des délégués du personnel (même texte).

§ 3. – Les horaires. Le temps partiel

A. – Horaire

264. – Fixation de l'horaire de travail. L'employeur, dans le cadre de son pouvoir de direction et de contrôle, en fonction des besoins de l'entreprise, fixe, modifie et révise, après consultation préalable du comité d'entreprise et des délégués du personnel, *l'horaire collectif* et dispose d'un vaste choix, puisqu'il a même la possibilité d'adopter *la semaine de 4 jours ou 4 jours et demi* (horaire dit « comprimé »), ou des *horaires cycliques*, répartis sur plusieurs semaines, en vue d'adapter la durée du travail aux variations prévisibles de l'activité ; il lui est même permis de faire bénéficier certains salariés d'horaires individualisés, à la carte, si les circonstances le permettent, et ce même avec des reports d'heures. La jurisprudence considère que l'horaire de travail est déterminé par l'emploi occupé, et non par la qualification de l'intéressé (Cass. soc., 7 juill. 1986 : *Bull. civ.* V, n° 357).

265. – Affichage de l'horaire de travail. L'horaire doit être *affiché dans tous les lieux de travail* où il reçoit application ; un *duplicata* est adressé à l'Inspection du travail, chargée de vérifier si les dispositions légales ont été respectées (Cass. crim., 17 janv. 1995 : *Bull. crim.*, n° 22).

266. – Respect de l'horaire de travail. L'horaire de travail doit être appliqué par les salariés. Le chef d'entreprise, après consultation du comité de l'établissement, use normalement de son pouvoir de direction en installant un *système de pointage*, dont la mise en place sera portée à la connaissance du personnel. Le refus de pointer constitue une faute grave, à la charge du salarié.

B. – Travail de nuit

267. – Interdiction. Le travail de nuit est interdit aux *salariés apprentis âgés de moins de 18 ans* (C. trav., art. L. 117 *bis*-4). Le droit français l'interdisait pour les *femmes* ayant plus de 18 ans, mais la Cour de justice des Communautés européennes a condamné la France pour manquement à une directive européenne (Déc. 25 juill. 1991, *Stoeckel* : *D.* 1991, p. 443, note J.-G. Huglo. – *Adde* : 13 mars 1997 : *Gaz. Pal.* 1997, 1, somm. p. 295, note M. Nicolella ; *JCP* 1997, II, 22939, note J.-L. Clergerie). Finalement, la France, qui avait manifesté au début quelque résistance à l'endroit des injonctions de l'Union européenne s'est rangée aux dispositions de la directive ; toute discrimination à l'endroit des femmes a donc disparu grâce à la loi n° 2001-397 du 9 mai 2001 (*Le travail de nuit des femmes : de la directive au manquement et du manquement à la loi* : *CSBP* 2001, n° 127, D. 2).

268. – Notion. Le travail de nuit est celui effectué entre *21 heures et 6 heures (avant la loi du 9 mai 2001, entre 22 heures et 8 heures)*. Le recours au travail de nuit doit être exceptionnel, doit prendre en compte les impératifs de protection de la sécurité et de la santé des travailleurs et doit être justifié par la nécessité d'assurer la continuité de l'activité économique ou des services d'utilité sociale (C. trav., art. L. 213-1 et s.). Pour les activités de production rédactionnelle et industrielle de presse, de radio, de télévision, de production et d'exploitation cinématographiques, de spectacles vivants et de discothèque, la période de nuit est fixée entre 24 heures et 7 heures. Une autre période de travail de nuit peut être fixée par une convention ou un accord collectif de branche étendu, un accord d'entreprise ou d'établissement. Cette période de substitution devra comprendre en tout cas l'intervalle compris entre 24 heures et 5 heures (C. trav., art. L. 213-1-1).

269. – Dérogations. Dans certains cas, l'inspecteur du travail a compétence pour accorder des dérogations. Ainsi, l'interdiction du travail de nuit des femmes avait perdu sa raison d'être en raison des dérogations légales (C. trav., art. R. 213-1 à R. 213-3) et des décisions spéciales de l'inspecteur du travail.

270. – Compensations. En contrepartie des fatigues et contraintes découlant du travail de nuit, celui-ci comporte certaines compensations, généralement précisées dans les conventions et accords collectifs, notamment l'octroi de temps de repos supplémentaires, ainsi que des *majorations de salaire.*

Il n'existe que peu de contentieux en cette matière.

C. – Cumul d'emplois

271. – Unicité ou pluralité d'emplois. Le contrat de travail *à plein temps* stipule normalement que le salarié s'engage à consacrer à l'entreprise l'exclusivité de son travail. Cependant, si certains cumuls d'emplois sont interdits (fonction publique et secteur privé), aucune règle générale ne s'oppose à ce que le salarié, dans la limite de la *durée maximale du travail*, soit au service de *plusieurs employeurs, à temps partiel* ; c'est souvent le cas des aides ménagères et familiales qui vont travailler à domicile, des secrétaires ou comptables qui partagent leur activité entre plusieurs petites entreprises (chaque relation de travail étant indépendante).

D. – Travail intermittent. Flexibilité

272. – Notion de travail intermittent. Le travail *intermittent* est effectué en *alternance*, les périodes d'activité et d'inaction se succédant, les premières se situant en pleine saison et les secondes aux époques de relâche et de fermeture. Les contrats furent, il y a quelques années, dénommés « Club Méditerranée », du fait que cette entreprise les appliquait à son personnel, dont elle n'avait pas besoin hors des périodes de vacances. Plus récemment, le travail intermittent a été placé sous les projecteurs de l'actualité avec les « intermittents du spectacle », dont les revendications ont été parfois violentes.

Le travail intermittent est possible dans la *quasi-totalité des activités* : dans les entreprises industrielles, commerciales et agricoles, dans les offices publics et ministériels, dans les professions libérales, dans les sociétés civiles, dans les syndicats professionnels et associations de quelque nature que ce soit, et pour répondre aux demandes de certains travailleurs (C. trav., art. L. 212-4-1).

Le travail intermittent n'est ni *provisoire*, ni *temporaire* : il s'agit d'un contrat à durée indéterminée et est admis pour pourvoir les emplois permanents.

Il conserve un certain *caractère contractuel* : les conditions de travail, les salaires... peuvent être prévus par des conventions ou accords collectifs.

273. – Travail intermittent et travail à temps partiel. Le travail intermittent avait été doté d'un statut spécifique, qui a été abrogé par la loi quinquennale du 23 novembre 1993 ; il entre maintenant *dans le cadre du temps partiel.* Rien n'empêche cependant d'en fixer les règles principales, soit dans des conventions ou accords collectifs, soit par des clauses spécifiques du contrat de travail. Pour certaines activités, le travail intermittent peut aboutir à créer une sorte de flexibilité. Ainsi, en ce qui concerne les hôtels, bars, restaurants, un décret du 31 mars 1999 (*JO* 3 avr. 1999) a fixé les heures de présence, pour les cuisiniers, à 43 heures, pour les veilleurs de nuit, à 48 heures ; pour les autres salariés, à 43 ou 44 heures (suivant que l'établissement emploie plus de 40 ou plus de 10 salariés).

E. – Temps partiel ordinaire

274. – Demande et acceptation du temps partiel. La mise en application du nouveau régime dit des 35 heures a nécessité l'élaboration d'un certain nombre de dispositions législatives et réglementaires, notamment la loi n° 2005-296 du 31 mars 2005. C'est dire que la notion de temps partiel est sujette à des variations inévitables.

Le principe est de se référer à la convention ou l'accord collectif, conclu dans la branche, l'établissement ou l'entreprise.

La *demande de « temps partiel »* est présentée par le salarié, lequel doit la motiver, en indiquant notamment les raisons familiales qui la justifient. L'employeur, dans le cadre de son pouvoir de direction, n'est pas tenu d'accéder à cette requête s'il estime qu'elle est incompatible avec un bon fonctionnement de l'entreprise. Certaines modalités du travail (travail à la chaîne ou en équipe) peuvent en effet nécessiter des aménagements d'horaires, qui relèvent du pouvoir de direction de l'employeur et qui sont susceptibles de mettre en question les conditions de travail d'un nombre important de salariés.

Est considéré comme travail à temps partiel la fixation de durées inférieures à la durée légale ou aux durées applicables dans l'établissement (durée mensuelle ou durée hebdomadaire ou durée annuelle, fixée à 1 600 heures par la loi n° 2003-47 du 17 janvier 2003). La fixation des horaires est faite d'un commun accord. Elle permet de mettre au point une certaine flexibilité.

275. – Exigence de l'écrit. Il y aura alors lieu d'établir un *contrat écrit*, à défaut duquel le contrat sera réputé conclu à temps plein (Cass. soc., 28 janv. 1998 : *Bull. cass.* V, n° 41 ; *CSBP* 1998, n° 99, S. 57). Cette présomption peut être renversée par la production d'une preuve contraire par l'employeur (Cass. soc., 2 févr. 2000), étant précisé que le bulletin de salaire ne suffit pas à lui seul à faire cette preuve contraire.

Faute d'écrit, l'employeur doit rapporter la preuve de la durée exacte du travail, d'une part, et, d'autre part, de sa répartition sur la semaine ou le mois (Cass. soc., 28 janv. 1998, préc.). Les bulletins de paye complétés par la demande écrite du salarié peuvent constituer cette double preuve.

276. – Interdiction des heures supplémentaires. Il va de soi que le salarié à temps partiel ne saurait effectuer d'heures supplémentaires ; seules sont possibles (loi du 11 décembre 1993) des heures complémentaires, dans la limite d'1/10e de l'horaire contractuel.

277. – Droits du salarié à temps partiel. Le salarié à temps partiel jouit des mêmes droits et avantages que le salarié à temps plein (*principe d'égalité*), avec bien entendu application de la *proportionnalité au temps travaillé.*

Il peut solliciter sa **réintégration** dans un emploi à plein temps, correspondant à sa catégorie professionnelle, ou équivalent ; il lui est accordé à cet égard un *droit de priorité d'embauchage* (Cass. soc., 2 juill. 1987 : *Bull. civ.* V, n° 449).

F. – Temps partiel annualisé

278. – Notion et validité. Le temps partiel est en ce cas envisagé non dans le cadre de la semaine ou du mois, mais dans celui d'une *année, courant de la* *date du contrat* (ou de celle de l'avenant) ; ce qui signifie que l'on rejoint la notion de travail intermittent.

Pour le surplus, *le régime du temps partiel ordinaire doit être retenu.*

G. – Autres temps partiels

279. – Présentation des autres formes. Nous ne citerons que le temps partiel accordé aux *jeunes parents* (le père ou la mère) dans la période de *trois années suivant la naissance* d'un enfant (réduction d'horaire calculée mensuellement, comprise entre 16 et 32 heures par semaine).

La *réduction du temps de travail,* qui s'applique également à l'adoption, doit être sollicitée par lettre recommandée avec accusé de réception, dans le délai d'un mois suivant l'expiration du congé parental ou l'adoption (si le temps partiel n'a pas été demandé à l'issue du congé, deux mois au moins avant le début du temps partiel).

Le temps partiel est réservé aux salariés ayant *plus d'un an d'ancienneté lors de la naissance ou de l'adoption.*

§ 4. – Le temps libre

A. – Jours fériés et chômés

280. – Inventaire. L'article L. 222-1 du Code du travail donne la liste suivante :

- 1er janvier ;
- lundi de Pâques ;
- 1er mai ;
- 8 mai ;
- l'Ascension ;
- lundi de Pentecôte ;
- 14 juillet ;
- l'Assomption ;
- la Toussaint ;
- 11 novembre ;
- le jour de Noël.

Seul le 1er mai est obligatoirement chômé (Cass. soc., 3 oct. 1991 : *Bull. civ.* V, nº 391) ; le travail est possible un jour férié (Cass. soc., 4 déc. 1996 : *Bull. civ.* V, nº 421 ; *Gaz. Pal.* 1997, 1, pan. jurispr. p. 29. – Sauf disposition contraire de la convention collective : Cass. soc., 10 oct. 1995 : *Gaz. Pal.* 1996, 2, pan. jurispr. p. 222) et il ne donne alors lieu à majoration de salaire que s'il en est ainsi décidé par la convention collective.

Le lundi de Pentecôte fut supprimé en tant que jour férié, pour devenir un jour de travail en solidarité avec les personnes âgées en 2005. La mesure a été fort contestée par les travailleurs en raison de son caractère inégalitaire, aussi cette idée devrait être abandonnée.

281. – Autres fêtes. L'État français étant laïc, les fêtes religieuses (autres que celles énumérées ci-dessus) ne constituent pas des jours fériés. Il faut néanmoins ajouter à cette liste la commémoration de l'abolition de l'esclavage, mais cela concerne uniquement les départements d'outre-mer et Mayotte (L. 30 juin 1983 et D. 23 nov. 1983).

De même, les fêtes nationales étrangères et les festivités confessionnelles célébrées par les immigrés ou étrangers ne peuvent être considérées comme des jours fériés.

282. – Particularisme du 1er mai. Il faut donc mettre à part le 1er mai, *qui est toujours chômé*, le salarié étant indemnisé par le versement d'une somme égale au salaire perdu, qui n'est toutefois pas due si le 1er mai tombe un jour non travaillé (dimanche, grève). Néanmoins, le 1er mai est nécessairement travaillé dans certaines entreprises, dont le fonctionnement est ininterrompu ; le salarié cumule alors le salaire et l'indemnité.

283. – Récupération. Le chômage des jours fériés n'ouvre pas droit à récupération ; il emporte la perte du salaire si celui-ci est horaire, mais non s'il est mensuel ; de toute manière, le juge appliquera les clauses des conventions collectives qui prévoient le règlement de salaire ou même des majorations de salaire.

284. – Pont. On distingue, par le terme « pont », la journée qui est chômée parce qu'elle se situe entre un jour férié et le dimanche, ou un autre jour férié. Sauf convention collective contraire, l'employeur dispose de la possibilité de la récupérer (C. trav., art. D. 212-1), mais il n'est pas admis à imputer le pont sur les congés payés (Cass. soc., 17 avr. 1986 : *Gaz. Pal.* 1986, 2, pan. jurispr. p. 151).

B. – Le repos hebdomadaire

285. – Règles applicables. Le repos hebdomadaire (C. trav., art. L. 221-1 et s.), obligatoirement pris le *dimanche*, doit avoir une *durée minimum de 24 heures consécutives* ; le salarié ne saurait être contraint à travailler *plus de 6 jours consécutifs*. Il s'agit d'une règle impérative à laquelle l'accord des salariés ne permet pas de déroger ; la Cour de cassation la considère comme ne contrevenant pas aux directives de la CEE (CJCE, 28 févr. 1991, aff. *Sidef Conforama* : *D.* 1991, inf. rap. p. 925. – Cass. crim., 20 nov. 1990 : *Bull. crim.* 1990, nº 392).

Le repos dominical a pour conséquence la fermeture obligatoire des entreprises le dimanche. Mais le préfet, au vu d'un accord conclu entre employeurs et salariés d'une catégorie d'établissements, a pouvoir, pour un secteur déterminé, de fixer le repos dominical au jour choisi par eux ; l'arrêté de fermeture peut autoriser le repos hebdomadaire par roulement. Cette réglementation a parfois motivé des incidents, certains commerçants refusant, à l'époque des fêtes ou dans les stations de montagne et du bord de mer, de fermer le dimanche. L'ouverture d'un magasin non autorisée donne droit à indemnisation supplémentaire du salarié.

Des dérogations sont évidemment prévues, le fonctionnement de certaines entreprises devant être maintenues sans interruption (Cf. pour le repos hebdomadaire par roulement : C. trav., art. L. 221-9. – Également, Cass. soc., 2 nov. 2002 : *CSBP nº* 147, A. 9, obs. F.-J. Pansier). La loi du 18 janvier 2005 a permis aux apprentis majeurs de travailler le dimanche.

C. – Congés payés

286. – Émergence et durée. Les « congés payés », dits *congés annuels* par le Code du travail (art. L. 223-1 et s.), ont été la grande nouveauté sociale de l'avant-guerre ; ils permettaient, ou plutôt, facilitaient le départ en vacances des salariés.

La durée a été successivement portée (de deux semaines en 1936) à 3 semaines en 1957, 4 en 1969 et *5 en 1981*, étant précisé qu'il s'agit là d'un *minimum* et qu'elle peut être augmentée par le contrat de travail ou les accords collectifs. Le système des congés payés s'applique à *toutes les entreprises,* aux professions libérales, aux associations et syndicats, quelle que soit la nature de l'activité exercée. La seule condition est que l'intéressé compte un *mois de travail effectif* (ou équivalent), dans la même entreprise, pendant l'année de référence (C. trav., art. L. 223-2). Il est tenu compte du préavis, même s'il n'a pas été travaillé (Cass. soc., 24 nov. 1992 : *Bull. civ.* V, n° 572 ; *Gaz. Pal.* 1993, 1, pan. jurispr. p. 7). Il en va de même pour le travail pendant la période d'essai (Cass. soc., 11 mars 1998, *Bavoix*), mais non pour le repos des femmes en couche (les périodes de repos des femmes en couches ne sont assimilées à un temps de travail effectif que pour la détermination de la durée du congé payé et n'entrent pas en compte pour l'ouverture du droit à congé. – Cass. soc., 24 juin 1992 : *Bull. civ.* V, n° 411), pas plus que le temps où le salarié était en grève (Cass. soc., 16 déc. 1981 : *Bull. civ.* V, n° 980 ; *D.* 1982, inf. rap. p. 322, note G. Vachet). Mais, d'une manière générale, la jurisprudence est très *bienveillante* (elle assimile au travail effectif le temps passé au conseil des prud'hommes ou au comité d'entreprise pour les salariés qui en sont membres. – Cf. pour l'incidence, sur le calcul, de la notion de jour ouvrable, Cass. ass. plén., 21 mars 1997 : *Bull. civ.*, n° 4 ; *Gaz. Pal.* 1997, 1, pan. jurispr. p. 124).

287. – Méthode de calcul. Le calcul se fait à raison de *deux jours et demi par mois de travail effectif* ; si le résultat n'aboutit pas à un nombre entier, il est porté au chiffre immédiatement supérieur ; mais les congés payés ne peuvent excéder *trente jours ouvrables.* Dans tous les cas, les jeunes travailleurs et apprentis âgés de moins de 21 ans au 30 avril de l'année précédente peuvent demander à bénéficier d'une durée de trente jours. Le congé concerne des jours « ouvrables » et sa durée est donc augmentée éventuellement des jours fériés.

288. – Date de départ et période de prise des congés payés. La *date de départ* est déterminée selon les modalités édictées par les accords collectifs, en tenant compte des nécessités spécifiques de l'entreprise (transports aérien et ferroviaire, navigation maritime, services de santé, etc.). Les congés sont susceptibles d'être pris par *roulement ou collectivement*, si l'employeur, pour des raisons économiques, préfère une *fermeture totale temporaire* (Cass. ch. mixte, 10 déc. 1993 : *Bull. civ.* V, n° 2 ; *CSBP* 1994, n° 57, A. 9, note Philbert ; *Gaz. Pal.* 1994, 1, pan. jurispr. p. 7 ; *D.* 1994, inf. rap. p. 24 ; *JCP* 1994, II, 22233, note Corrignan-Carsin).

Les congés payés doivent être pris entre le *1er mai et le 31 octobre* ; mais la durée des congés pris en une seule fois ne peut excéder *24 jours ouvrables,* ce qui signifie que la 5e semaine ne peut suivre cette période maximum de 24 jours. Le fractionnement, qui permet l'étalement des vacances, est permis, à condition qu'une *période de 12 jours ouvrables se situe entre le 1er mai et le 31 octobre* (Cf. pour le cas de conjoints désirant partir ensemble, Cass. soc., 18 avr. 1980 : *Gaz. Pal.* 1980, 2, pan. jurispr. p. 437). Afin de faciliter pour les salariés l'organisation de leurs vacances, la période de congés retenue doit être communiquée aux intéressés *deux mois* avant leur départ (Cass. soc., 3 juin 1998 : *Bull. civ.* V, n° 294 ; *CSBP* 1998, n° 102, S. 136, et les obs. ; *Gaz. Pal.* 1998, 2, pan. jurispr. p. 251) et ne peut plus être modifiée au-delà d'un *délai d'un mois* précédant le congé, sauf survenance de circonstances exceptionnelles

(Cass. soc., 13 mars 1991, *Corbefin*. – Cass. crim., 21 nov. 1995 : *Bull. crim.* n° 355 ; *CSBP* 1996, n° 79, S. 40, et les obs.).

289. – Indemnité compensatrice de congés payés. Lorsque le salarié a été, pour une raison quelconque, privé de ses congés payés, il perçoit une *indemnité compensatrice* qui constitue un « *substitut du salaire* » qu'il aurait dû percevoir pendant la durée des congés. Généralement, pour éviter un contentieux complexe, employeurs et salariés se réfèrent au calcul plus simple de l'indemnité, savoir *1/10e de la rémunération totale versée pendant la période de référence.*

D. – Autres congés

290. – Variété des autres congés. Dans les limites fixées au présent ouvrage, il n'est pas possible de les examiner ; nous en énumérerons cependant les plus fréquemment utilisés.

Certains sont motivés par des *raisons personnelles* (congé pour convenances personnelles, congés sabbatiques non rémunérés), d'autres sont justifiés par des motifs familiaux (naissance ou adoption d'un enfant, maladie d'un enfant, décès d'un parent, congé parental, congé de maternité, congé parental d'éducation). Il existe différents congés de *formation*, de conversion, pour *création d'entreprise*, pour *examen*, ou justifiés par l'animation d'associations sportives, l'exercice de fonctions touchant à la profession (conseillers prud'homaux), pour les candidats aux *élections*, la participation à la mutuelle d'entreprise.

Il convient à cet égard de se reporter à la *convention ou aux accords collectifs*, auxquels le contrat de travail porte référence.

La loi du 9 juin 1999 a institué un congé d'accompagnement d'une personne en fin de vie faisant l'objet de soins palliatifs (C. trav., art. L. 225-15 à L. 225-19. – Cf. D. Boulmier : *D.* 2000, chron. 84).

Enfin, le compte épargne temps permet au salarié d'accumuler des droits à congé rémunérés, en l'état de la réglementation édictée par une convention ou un accord collectif étendu, ou à défaut, d'une convention ou accord d'entreprise (C. trav., art. L. 227-1, modif. L. n° 2000-87, 19 janv. 2000).

§ 5. – La clause de non-concurrence

A. – Notion de non-concurrence

291. – Caractère général de la notion. Cette notion n'est pas cantonnée au contrat de travail ; ainsi, elle se retrouve en matière de vente de fonds de commerce, le vendeur s'engageant à ne pas exploiter une activité commerciale similaire dans un secteur géographique réservé à l'acquéreur. Le caractère particulier de la clause de non-concurrence est qu'elle n'a vocation à s'appliquer que postérieurement à la rupture du contrat. Elle prend effet au moment même où le contrat s'achève.

292. – Légitimité de la notion. Il est légitime d'interdire au salarié qui quitte l'entreprise d'aller travailler chez le concurrent de son ex-patron, en apportant à son nouvel employeur, non seulement des secrets de fabrication et tours de main, mais aussi des renseignements sur le fonctionnement, la trésorerie, le personnel de l'établissement et surtout des listes de clients avec lesquels son ex-employeur entretenait des relations professionnelles et qu'il sera tenté de continuer à démarcher, ce qui constituerait un détournement de clientèle.

293. – Non-concurrence et liberté du travail. Néanmoins une telle interdiction se heurte au *principe de la liberté du travail* ; l'intéressé est dans la nécessité de trouver un emploi, et pas n'importe lequel ; s'il a une formation spécialisée, il y aura sans doute des difficultés. Ces effets de la clause de non-concurrence seront donc limités, ou atténués, par la jurisprudence, lorsqu'ils aboutiraient à priver le salarié de *toute possibilité de travailler* dans sa branche d'activité.

B. – Conditions de validité

294. – Connaissance de la clause. La clause de non-concurrence peut être l'un des articles du contrat de travail ou résulter de l'une des dispositions impératives de la convention collective à condition que le salarié soit avisé de l'existence de ladite convention et mis en demeure d'en prendre connaissance (Cass. soc., 8 janv. 1997 : *Bull. civ.* V, n° 8 ; *Gaz. Pal.* 1997, 1, *pan. jurispr.* p. 47 ; *D.* 1997, p. 332, note M. Crionnet ; *D.* 1997, somm. p. 240, note Y. Serra). Dès la signature du contrat, le salarié doit être conscient de son engagement et l'employeur doit pouvoir démontrer la réalité du consentement à cette clause particulière.

295. – Domaine de l'interdiction. La Cour de cassation (Cass. soc., 18 déc. 1997 : *Bull. civ.* V, n° 458 ; *D.* 1998, somm. p. 214, note Y. Serra) décide que si les limitations ou interdictions d'activité peuvent être stipulées dans trois directions à la fois : *durée, territorialité, activités professionnelles,* rien n'empêche qu'elles soient limitées à une ou deux de ces directions ; elles ne sont *pas obligatoirement cumulatives.*

En *premier lieu,* la clause n'est valable que si elle est cantonnée à une durée raisonnable, d'une part, et, d'autre part, que si elle s'applique à un *espace déterminé.* Elle ne saurait ni être « éternelle », ni couvrir tout le territoire national ; elle serait nulle, comme interdisant toute possibilité de travail. Il appartient au salarié de faire la preuve que la clause incriminée le met hors d'état de retrouver le même emploi, en France ou à l'étranger, dans une branche d'activité voisine de celle qui lui est interdite (Cass. soc., 18 déc. 1997, *préc.*). Il s'agit là d'une question de fait : si la durée est longue, le secteur d'activité sera peu étendu, et *vice versa.*

En *second lieu,* l'interdiction doit être cantonnée à *l'activité exercée* par le salarié partant et ne saurait être étendue au-delà. Cependant elle vise bien entendu toutes les formes de concurrence, que celle-ci soit directe, indirecte, réalisée par des moyens publicitaires ou grâce à l'intervention de tiers, ou par l'utilisation de moyens itinérants ou par la vente sur des marchés forains. Elle doit toutefois « tenir compte des spécificités de l'emploi du salarié » et par conséquent être adaptée, au cas par cas, en fonction du poste occupé.

En troisième lieu, la clause doit être « *indispensable à la protection des intérêts légitimes de l'entreprise* ». Par cette formulation, la Cour de cassation entend interdire les clauses de non-concurrence qui n'ont pour seul objectif que de perturber la recherche d'emploi par le salarie. Elles ne sont pas des clauses pénales mais l'outil indispensable pour la survie de l'entreprise délaissée.

Ces conditions cumulatives démontrent que la clause de non-concurrence doit être confectionnée « sur mesure » et l'employeur ne peut se contenter de recopier un modèle général.

C. – Contrepartie financière

296. – Nécessité d'une contrepartie. Pendant longtemps, la clause de non-concurrence pouvait être rémunérée ou ne pas l'être. Par un arrêt du 2 février

1999 (*CSBP* 1999, n° 109, S. 175, obs. F.-J. Pansier), la Chambre sociale avait imposé la nécessité de rémunérer une clause de non-concurrence, même en dehors de toute prévision du contrat ou de la convention collective ; cette solution a été reprise le 10 juillet 2002 (*CSBP* 2002, n° 144 ; D. 17, et la note. – V. également Cass. soc., 18 sept. 2002, *ibid.*).

L'employeur a le choix entre le paiement de cette contrepartie et l'exécution de la clause de non-concurrence ou la *renonciation* au bénéfice de la clause. Le *non-paiement de la contrepartie libère le salarié* de son obligation de non-concurrence. La renonciation doit intervenir au plus tard au moment de la rupture du contrat de travail.

297. – Obligation au paiement de la contrepartie. S'agissant de la rémunération d'une obligation de ne pas faire, la contrepartie financière est due dès lors que l'employeur n'a pas libéré le salarié de son obligation sans qu'il y ait lieu de rechercher l'existence d'un préjudice (Cass. soc., 31 mars 1998, n° 1811 P : *CSBP* 1998, n° 101, B. 108. – Cass. soc., 15 juill. 1998, n° 3969 P, préc.). L'indemnité est due même si le salarié se trouve dans l'impossibilité de reprendre une activité (parce qu'il part à la retraite, Cass. soc., 8 oct. 1996 : *Bull. civ.* V, n° 312 ; *CSBP* 1996, n° 85, S. 137 ; *Gaz. Pal.* 1996, 2, pan. jurispr. p. 272 ; *D.* 1997, somm. p. 239, note Y. Serra). La contrepartie pécuniaire de la clause de non-concurrence est une créance due mois par mois pendant la durée de l'interdiction de concurrence à compter du jour du licenciement (Paris, 18e ch. A, 30 nov. 1994 : *D.* 1995, somm. p. 260, note Y. Serra. – Cass. soc., 6 mai 1997 : *Bull. civ.* V, n° 161).

La renonciation de l'employeur doit intervenir au moment de la rupture lorsque celle-ci intervient sans exécution du préavis ou à la date à laquelle le préavis cesse de s'exécuter (Cass. soc., 11 juin 1998 : *CSBP* 1998, n° 103, S. 221, obs. P. Thien-Ah-Koon). Le refus de l'employeur de payer la contrepartie financière de la clause de non-concurrence, alors qu'il ne pouvait reprocher au salarié aucun acte de concurrence postérieur au licenciement, constitue une inexécution flagrante de la clause contractuelle et caractérise un trouble manifestement illicite. Le juge des référés peut en conséquence mettre fin au trouble ainsi constaté (Cass. soc., 22 févr. 2000 : *CSBP* 2000, n° 120, S. 203, note F.-J. Pansier ; *LPA*, 26 mars 2001, p. 15, note M.-R. Garcia).

D. – Réduction des clauses excessives

298. – Nullité et réduction de la clause. La Cour de cassation considère que, lorsque la clause de non-concurrence est d'une rigueur excessive, mais est justifiée en son principe, le juge n'est pas obligé d'en prononcer la nullité et dispose de la faculté de seulement la réduire (notamment d'en diminuer la durée). Ainsi donc, la clause de non-concurrence est susceptible des solutions suivantes :

- annulation ;
- réduction de l'obligation ;
- renonciation de l'employeur ;
- décharge du salarié pour non-paiement de l'indemnité compensatrice ;
- condamnation du salarié.

L'employeur ne saurait invoquer l'illicéité de la clause du fait qu'elle n'est pas indispensable à son activité.

E. – Violation de la clause. Sanction

299. – Sanction pécuniaire. La violation de la clause sera sanctionnée par l'octroi d'une *indemnité* réparant le préjudice occasionné à l'employeur, c'est-à-dire en général les conséquences dommageables du détournement de clientèle, d'une part, et, d'autre part, par la privation de l'indemnité compensatrice prévue à titre de contrepartie financière.

300. – Moment des actes concurrentiels. Seuls peuvent être retenus les *faits postérieurs à la rupture du contrat de travail* (Cass. soc., 6 déc. 1994 : *Gaz. Pal.* 1995, 1, pan. jurispr. p. 58 ; *CSBP* 1995, n° 66, A. 1), autrement dit, à compter de la date de sortie de l'entreprise ; la période de préavis est encore dans l'exécution du contrat (et donc la clause intervenant après la vie du contrat ne peut jouer). C'est l'employeur qui supporte le fardeau de la preuve des actes concurrentiels et la tâche est ardue.

301. – Clause pénale. Il arrive que la clause de non-concurrence soit assortie d'une *clause pénale*, évaluant forfaitairement l'indemnisation de l'employeur en cas de violation par le salarié. La jurisprudence admet que le juge possède le pouvoir de limiter le montant ainsi fixé, s'il estime que ce montant est manifestement excessif, compte tenu du dommage effectivement subi par l'employeur (Cass. soc., 5 juin 1996 : *Bull. civ.* V, n° 226 ; *Gaz. Pal.* 1996, 2, pan. jurispr. p. 206 ; *CSBP* 1996, n° 84, A. 57).

Deux observations :

– le juge, pour réduire le montant de la clause, ne doit pas se fonder sur le seul comportement du salarié, mais doit prendre en compte la disproportion entre l'importance du préjudice *effectivement subi* (et démontré) par l'entreprise et le montant fixé par le jeu de la clause ;

– *la réduction de la clause pénale excessive* peut aller jusqu'à un chiffre symbolique (1 E), faute de démonstration de ce préjudice.

Inversement, le conseil de prud'hommes a la faculté d'ajouter à l'indemnisation du préjudice le remboursement de l'indemnité compensatrice indûment perçue.

F. – Mise en cause du nouvel employeur

302. – Responsabilité fondée sur le droit des obligations. Elle est légitime, dès lors qu'il est établi qu'au moment où il a embauché le salarié, il savait que ce dernier était lié par une clause de non-concurrence ; il est en conséquence responsable délictuellement du dommage subi par la victime de l'infraction. La Cour de cassation admet que salarié et nouvel employeur peuvent être condamnés *in solidum* à la réparation du préjudice, bien que le premier soit tenu contractuellement et le second délictuellement.

G. – Statut des VRP

303. – Dispositions particulières. La clause de non-concurrence est limitée par un accord national interprofessionnel du 3 octobre 1975 (Cf. également, C. trav., art. L. 751-3), qui peut être résumé comme suit :

1° durée : *deux ans* au maximum ;

2° secteur : celui que *visitait* le VRP lors de la notification de la rupture du contrat ;

3° paiement d'une *indemnité de non-concurrence forfaitaire*, qui n'est pas subordonnée à la preuve d'un préjudice et dont le juge ne peut modifier le montant.

JURISPRUDENCE

Clause de non-concurrence et contrepartie financière

Cass. soc., 10 juill. 2002, *Barbier c/ Société Maine Agri* (*CSBP* 2002, n° 92, B.)

« Attendu que M. Salembier est entré au service de la société d'assurance La Mondiale le 1er décembre 1993 ; qu'il occupait un emploi d'agent producteur ; que, le 7 mars 1995, l'employeur lui a ordonné de remettre le matériel professionnel dont il disposait et de cesser d'exécuter le contrat de travail en lui reprochant de s'être introduit irrégulièrement, en août 1994, dans le bureau de son supérieur hiérarchique ; que, le 5 avril 1995, le salarié a saisi le conseil de prud'hommes d'une demande tendant au paiement d'une indemnité pour licenciement sans cause réelle et sérieuse, de dommages-intérêts pour clause de non-concurrence, ainsi que d'un rappel de commissions ;

(...)

Mais sur le premier moyen, relatif à l'indemnité pour clause de non-concurrence :

Vu le principe fondamental de libre exercice d'une activité professionnelle, ensemble l'article L. 120-2 du Code du travail ;

Attendu qu'une clause de non-concurrence n'est licite que si elle est indispensable à la protection des intérêts légitimes de l'entreprise, limitée dans le temps et dans l'espace, qu'elle tient compte des spécificités de l'emploi du salarié et comporte l'obligation pour l'employeur de verser au salarié une contrepartie financière, ces conditions étant cumulatives ;

Attendu que pour rejeter la demande de dommages-intérêts pour clause de non-concurrence, la cour d'appel a énoncé que la clause litigieuse était licite et régulière ; qu'elle ne comportait aucune contrepartie financière, ce qui était conforme à la convention collective applicable ;

Qu'en statuant comme elle l'a fait, en déclarant licite une clause de non-concurrence qui ne comportait pas de contrepartie financière, la cour d'appel a violé le principe ci-dessus énoncé et le texte susvisé ;

Par ces motifs :

Casse et annule, mais seulement en sa disposition rejetant la demande de dommages-intérêts pour clause de non-concurrence, l'arrêt rendu le 28 juin 2000, entre les parties, par la cour d'appel de Reims ; remet, en conséquence, quant à ce, la cause et les parties dans l'état où elles se trouvaient avant ledit arrêt et, pour être fait droit, les renvoie devant la cour d'appel de Metz (...) »

La durée de la période d'essai

La période d'essai ne se présume pas et doit être fixée dans son principe et sa durée dès l'engagement du salarié. Une salariée ayant sollicité un emploi à l'essai sans en préciser la durée, pourtant fixée par la convention collective à six mois au moins et un an au plus, la cour d'appel a constaté que la lettre de l'employeur précisant les conditions de son embauche et prévoyant dans l'une de ses annexes une période probatoire d'une durée d'un an, n'avait pas été approuvée par la salariée, a pu décider que la rupture du contrat plus de six mois après son embauche, constituait un licenciement.

Cass. soc., 19 févr. 1997, *Société Gan Vie c/ Mme Goryszewski* (*Bull. civ.* V, n° 69 ; *Gaz. Pal.* 1997, 2, pan. jurispr. p. 253 ; *ibid.*, 2, p. 646 ; *D.* 1997, inf. rap. p. 70)

« La Cour,

Sur le premier moyen :

Attendu que l'employeur fait grief à l'arrêt attaqué (Paris, 28 mai 1993), d'avoir décidé qu'il avait licencié la salariée et de l'avoir condamné à une indemnité pour licenciement sans cause réelle et sérieuse, alors, selon le moyen, que la concordance d'une offre et de son acceptation suffit à former le contrat ; qu'en se bornant à énoncer qu'aucun document n'établissait la réalité d'un contrat d'engagement synallagmatique, sans rechercher, comme elle y était invitée, si l'acceptation des conditions essentielles du contrat par l'employée dans sa lettre du 27 avril 1990 et notamment d'une période d'essai d'un an, ne suffisait pas à former un contrat de travail à durée indéterminée assortie d'une période d'essai, la cour d'appel a privé sa décision de base légale au regard des articles 1109 du Code civil et L. 121-1 et s. du Code du travail ; alors, en outre, que la durée de la période d'essai peut se déduire de la durée pendant laquelle il est fait mention de l'essai sur les bulletins de paie ; qu'en se bornant à énoncer que, la convention collective prévoyant une période d'essai de 6 mois au moins et de 12 mois au plus, la mention « attaché d'inspection à l'essai » portée sur les bulletins de paie ne permettait pas de déterminer si la salariée n'y était pas soumise pendant un délai minimum de 6 mois, sans rechercher si ladite mention figurait sur les bulletins de paie émis pendant un an, la cour d'appel n'a pas mis la Cour de cassation en mesure d'exercer son contrôle au regard de l'article L. 122-4 du Code de travail ;

Mais attendu qu'une période d'essai ne se présume pas et doit être fixée dans son principe et dans sa durée, dès l'engagement du salarié ;

Et attendu que, si la salariée a sollicité dans sa lettre du 27 avril 1990 un poste d'attaché d'inspection à l'essai, sans précision sur la durée de cet essai qui, selon les dispositions de l'article 20 de la convention collective de travail des échelons intermédiaires des services extérieurs de production des sociétés d'assurances devait être de 6 mois au moins et d'un an au plus, la cour d'appel, qui a constaté que l'intéressée avait été engagée le 15 mai 1990 et que la lettre de l'employeur du 30 mai 1990, précisant les conditions de son embauche et prévoyant dans l'une de ses annexes une période probatoire d'une durée d'un an, n'avait pas été approuvée par la salariée, a pu décider, sans avoir à procéder à la recherche prétendument omise, que la rupture du contrat, le 3 mai 1991, plus de 6 mois après son embauche, constituait un licenciement ; que le moyen n'est pas fondé :

Par ces motifs, rejette... »

La période d'essai permet à l'employeur de mettre fin au contrat de travail, sans formalité ni indemnité, lorsqu'il constate que le salarié, qu'il vient d'embaucher, est inapte à occuper l'emploi proposé. La Cour de cassation, dans le silence du contrat de travail, avait décidé que la période d'essai, prévue par la convention collective, était alors présumée et appliquée (Cass. soc., 5 nov. 1986 : *Bull. civ.* V, nº 661). L'arrêt ci-dessus consacre un revirement de jurisprudence. L'essai ne se présume pas ; le salarié, qui n'a pas approuvé la clause le concernant, ou celle en fixant la durée, ne peut se les voir opposer. C'était le cas en l'espèce, l'annexe de la lettre d'embauche, prévoyant une période probatoire d'un an, n'ayant pas été approuvée par la salariée. Le consentement de celui-ci doit être exprès ; il ne saurait être implicite (Cass. soc., 13 nov. 1996 : *Bull. civ.* V, nº 381), ni découler des stipulations de la convention collective, si le salarié n'en a pas été informé lors de l'embauche (Cass. soc., 29 mars 1995 : *Bull. civ.* V, nº 112) et si n'est pas affiché sur les lieux du travail un avis indiquant l'existence de la convention collective, dont un exemplaire est tenu à la disposition du personnel (Cass. soc., 6 juill. 1994 : *Bull. civ. V*, nº 225).

Chapitre 2

LES OBLIGATIONS DE L'EMPLOYEUR

Section 1

L'OBLIGATION PRINCIPALE : LA RÉMUNÉRATION DU SALARIÉ

§ 1. – Le contenu de la rémunération

A. – Généralités

304. – Rémunération, bénévolat et travail communautaire. La *rémunération du travail* constitue un élément essentiel de la relation contractuelle liant l'employeur et le travailleur, couramment dénommé salarié, parce que le salaire est l'élément principal de cette rémunération. En l'absence de rémunération, contrepartie du travail fourni, la situation juridique des parties ne relève pas du droit du travail, mais entre dans le cadre du bénévolat, de l'aide familiale, du coup de main donné à un voisin ou d'une assistance amicale.

La *frontière entre le bénévolat et le travail salarié* n'est pas facile à tracer, lorsqu'une personne travaille au profit d'une communauté religieuse (par exemple, un monastère), d'une association caritative (par exemple, la Croix rouge) ou d'une organisation non gouvernementale (par exemple, Médecins sans frontières). Ces situations sont regroupées sous la qualification de travail communautaire et un colloque a été consacré à cette situation (*CSBP* n° spécial 2002). Deux règles doivent être prises en compte : la seule signature d'un contrat de bénévolat entre une association et une personne n'ayant pas la qualité de sociétaire, n'exclut pas l'existence d'un contrat de travail dès l'instant que les conditions en sont remplies ; lorsque des personnes non sociétaires d'une association effectuant un travail d'accompagnement des voyageurs sous les ordres et selon les directives de cette association qui a le pouvoir d'en contrôler l'exécution et de sanctionner les manquements éventuels, perçoivent une somme forfaitaire qui dépasse le montant des frais exposés, il s'agit d'un véritable contrat de travail excluant le bénévolat (Cass. soc., 29 janv. 2002 : *CSBP* 2002, nº 139, S. 154, obs. F.-J. Pansier).

305. – Modalités de calcul et de paiement. Le salaire de base, généralement calculé en appliquant au nombre d'heures travaillées le taux horaire fixé par la réglementation, la convention collective ou les parties, est versé très rarement à l'heure, parfois à la journée, occasionnellement il est payé en fin de semaine ou de quinzaine ; le plus souvent, il est mensualisé.

Le *salaire de base brut* est très différent du *salaire net* et de la somme réellement payée, parce qu'il lui est appliqué un nombre important de prélèvements et retenues, notamment au profit des organismes sociaux (caisses d'assurance-maladie, d'allocations familiales, de retraites, etc.), dont le total est relativement élevé. Après déduction de toutes ces sommes, la mensualisation ayant été généralisée par un accord national interprofessionnel, rendu applicable à l'agriculture par une loi du 30 décembre 1988, le salaire net est donc réglé, en fin de mois, en fait, par chèque (le paiement en espèces est devenu l'exception ; l'usage du chèque facilite la preuve du paiement et dispense d'établir un reçu).

Sur le plan de la terminologie, noter l'existence des notions de :

1° *salaire de référence*, utilisé dans certains cas, par exemple pour le calcul des allocations de chômage ou des indemnités journalières pendant les arrêts maladie ;

2° *convention de forfait* ; celle-ci stipule un salaire forfaitaire incluant les heures supplémentaires et ou d'autres éléments de rémunération (primes) ; elle est valable à condition de respecter certaines exigences définies par la jurisprudence ;

3° salaire au *rendement*, la rémunération étant fonction de la quantité produite, de denrées ou objets d'une qualité fixée, pendant un temps déterminé (rétribution à la tâche, aux pièces, etc.).

La réduction de la durée hebdomadaire du travail devant se faire sans diminution de salaire, la loi du 19 janvier 2000 a institué un *salaire mensuel minimum* calculé en multipliant le « salaire minimum de croissance en vigueur à la date de la réduction » par le « nombre d'heures correspondant à la durée collective qui leur était applicable, dans la limite de 169 heures » ; si le salaire convenu est inférieur, il est versé un « complément différentiel de croissance ». Une certaine indexation peut être effectuée par arrêté en fonction de l'évolution des prix à la consommation et de la moitié de l'augmentation du pouvoir d'achat du salarié de base ouvrier enregistré par l'enquête trimestrielle du ministère du travail.

B. – Caractères particuliers de la créance salariale

306. – Caractère alimentaire. Les créances salariales bénéficient d'un statut particulier, qui concerne principalement leur recouvrement. Leur caractère alimentaire leur confère un super-privilège et un privilège, quant à l'ordre des préférences, lors des distributions de deniers, comme en cas de liquidation judiciaire, et limite leur saisissabilité. La fixation du salaire se relie à d'autres problèmes, tels que la durée du travail (paiement des heures supplémentaires), la qualification (dont dépend le taux horaire) et naturellement celui des coûts de production (sans oublier les majorations dues pour les heures supplémentaires).

307. – Diversité des modes de rémunération. Il est important de noter que le salaire mensuel fixe est loin d'être le seul mode de rémunération effectivement pratiqué.

En premier lieu, le salaire est dans certains cas (surtout en matière de vente) « *variable* », à savoir qu'au *fixe mensuel* s'ajoute une partie variable, dépendant du chiffre d'affaires réalisé, de l'importance des marges bénéficiaires, des objectifs ou quotas obtenus, ou même de l'intéressement aux résultats (versement notamment de « *commissions* » en pourcentage).

Il arrive aussi que le salaire soit stipulé, partie en argent, partie en nature. Il est par exemple procuré, par l'employeur, un *logement de fonction*, une *voiture de service*, la *nourriture*, le transport gratuit ou des vêtements de travail.

Dans d'autres cas, il s'agira simplement du *remboursement forfaitaire ou non de frais*, tels que les indemnités kilométriques, les débours (déplacement et séjour), les primes de salissure ou de repas, les frais de route, les frais de bureau, téléphone et autres, les péages des autoroutes, etc. Sont considérés comme des substituts aux salaires les indemnités payées en remplacement du salaire perdu, c'est-à-dire les indemnités versées pour cause de réduction d'horaire, les allocations de chômage, l'indemnité compensatrice de congés payés, la préretraite, les indemnités journalières en cas de maladie, les allocations familiales, la prime d'ancienneté (Cf. pour les uniformes du personnel navigant des compagnie aériennes, *CSBP* 2002, n° 138, A. 19).

C. – Primes et gratifications

308. – Notion de primes et gratifications. Les entreprises, à la demande des salariés, leur accordent des primes de diverses sortes, telles que les primes de bilan, de départ en vacances, de fin d'année (13e mois), d'anniversaire, de rendement, d'assiduité ; certains employeurs accordent parfois des prêts, des libéralités (gratifications), des secours aux salariés en difficulté. D'autres octroient des bourses d'études à leurs enfants, sponsorisent des clubs culturels, sportifs ou de loisirs, subventionnent des coopératives et des mutuelles.

309. – Pourboires. Reste aussi le problème – limité à certaines activités (dans l'hôtellerie, la restauration, les débits de boissons) – de la répartition des pourboires. L'article L. 147-1 du Code du travail prévoit que dans les établissements commerciaux où existe la pratique des pourboires, toutes les sommes remises volontairement par le client entre les mains de l'employeur ou centralisées par lui, doivent être intégralement reversées au personnel en contact avec la clientèle et à qui le client a coutume de les remettre directement. Il en résulte que, dans un casino, la répartition des pourboires collectés aux tables de jeux doit s'effectuer entre d'une part, le personnel du service des jeux, d'autre part, les employés des services périphériques indépendamment des pourboires qui peuvent leur être remis personnellement en raison de leurs propres fonctions (Cass. soc., 29 sept. 2004 : *Bull. civ.* V, n° 235 ; *CSBP* 2004, n° 165, S. 435, obs. N. Daoust). Un accord d'entreprise concernant la répartition des pourboires dans un casino ayant prévu que 70 % des sommes versées par les clients seraient attribuées aux salariés du service jeux et 30 % à l'ensemble des employés des services de la société contribuant au confort de la clientèle des jeux, a violé le texte susvisé la cour d'appel qui a débouté un salarié contestant cet accord au motif que, salarié des jeux, il n'avait pas intérêt à agir car l'irrégularité de la répartition ainsi constatée n'affectait que la portion des pourboires reçus aux tables de jeux qui échappe aux employés des jeux, alors qu'elle avait elle-même constaté que l'employeur avait inclus dans la répartition des pourboires des personnels qui n'étaient pas en contact avec la clientèle (Cass. soc., 18 juill. 2001 : *CSBP* 2001, n° 134, S. 512, obs. C. Charbonneau. – Cf. Cass. soc., 19 juin 2001 : *CSBP* 2001, n° 133, S. 434, obs. F.-J. Pansier).

310. – Caractère obligatoire de la prime. La question est souvent posée de savoir si les primes ou gratifications, intégrées à la rémunération, ont un caractère *permanent et définitif, constituent un usage obligatoire* ou si, au contraire, leur octroi est laissé à la discrétion de l'employeur. La prime est en effet exigible, fixe, lorsqu'elle s'analyse en un *avantage calculé sur des critères identiques,* lors de chaque versement, si elle est *démunie de caractère subjectif,* si son montant, au cours des années, fait l'objet d'un même calcul *purement arithmétique,* à moins qu'elle ne résulte d'un *engagement unilatéral* de l'employeur (Cass. soc., 5 juin 1996 : *Bull. civ.* V, n° 225). Faute de cet engagement, la prime constitue une simple libéralité (Cass. soc., 20 oct. 1994, arrêt *Fustu,* inédit) ou qu'elle soit *stipulée au contrat de travail* (Cass. soc., 19 juill. 1995 : *Gaz. Pal.* 1995, 2, pan. jurispr. p. 207). Le caractère contractuel de la prime oblige le nouvel employeur au service duquel les salariés sont passés par l'effet de l'article L. 122-12 du Code du travail et elle ne peut être remise en cause par un accord collectif moins favorable (Cass. soc., 5 oct. 1999 : *Bull. civ.* V, n° 361 ; *CSBP* 2000, n° 116, S. 23, obs. F.-J. Pansier ; *JCP* 2000, II, 10283, note F. Duquesne). Elle ne peut être dénoncée par l'employeur que par voie de négociation (Cass. soc., 13 févr. 1996 : *Bull. civ.* V, n° 53 ; *CSBP* 1996, n° 79, A. 27, obs. A. Philbert). Un régime particulier existe pour les pourboires et les sommes perçues au titre du service et intégralement versés au personnel (C. trav., art. L. 147-1 et R. 147-1 et R. 147-2).

D. – Travail à domicile

311. – Notion. Le travail à domicile, qui se heurte à l'hostilité des syndicats, comme donnant peu de garanties au salarié, est effectué chez lui par l'ouvrier, travaillant seul ou avec l'aide de son conjoint ou d'un auxiliaire (art. L. 721-1) ; il peut être *matériel ou intellectuel, épisodique ou régulier* (sur la qualification, V. Cass. soc., 29 nov. 1978 : *Bull. civ.* V, n° 797). Il est rétribué, soit aux pièces, soit par une rémunération forfaitaire, qui en principe doit se référer à un tarif horaire, mais qui parfois est calculée à la tâche ou aux pièces. L'employeur peut s'engager à assurer une durée hebdomadaire minimale de travail (Cass. soc., 11 janv. 1996 : *CSBP* 1996, n° 111, A. 26).

§ 2. – Les règles d'ordre public

A. – SMIC

312. – Notion. Une loi du 11 février 1980 (C. trav., art. L. 141-1 et s.) a substitué au SMIG (institué par une loi du 2 janvier 1970 : *salaire minimum national interprofessionnel garanti*) le SMIC (*salaire minimum interprofessionnel de croissance*), lequel... « assure aux salariés dont les rémunérations sont les plus faibles, la garantie de leur pouvoir d'achat et une participation au développement économique de la Nation ». Aucun salaire ne peut être inférieur au SMIC.

313. – Détermination du SMIC. Celui-ci est majoré *périodiquement* (la révision annuelle est effectuée le 1er juillet de chaque année) ; d'une part, *de plein* *droit*, le nouveau taux en est déterminé par son indexation sur l'*indice national des prix à la consommation*, dès que la variation constatée atteint 2 % ; d'autre part, le gouvernement peut procéder à une *majoration supplémentaire* laissée à sa discrétion (le fameux « coup de pouce »).

Noter que, dans le calcul du SMIC, ne sont pas inclus les éléments de rémunération n'ayant pas le caractère de salaire ou dont le fondement est subjectif (comme pour la prime d'ancienneté ou d'assiduité, qui est fondée sur un fait personnel, ou les majorations relatives au travail effectué les jours fériés). La mise en vigueur de la loi Aubry sur la réduction du temps de travail a entraîné l'institution de mesures transitoires (L. 19 janv. 2000, modif. L. n° 2003-47, 17 janv. 2003).

B. – Non-discrimination

314. – Principe d'égalité. Il s'agit de la règle : « à travail égal, salaire égal ». Le principe d'égalité professionnelle entre hommes et femmes est encouragé par les pouvoirs publics : les entreprises occupant moins de 300 salariés peuvent conclure avec l'État des conventions leur permettant de recevoir une aide financière pour faire procéder à une étude de leur situation en matière d'égalité professionnelle et des mesures susceptibles d'être prises pour rétablir l'égalité des chances entre les femmes et les hommes (C. trav., art. L. 123-4-1).

315. – Parité entre hommes et femmes. Une première application de ce principe est réalisée par l'article L. 140-2, dernier alinéa, du Code du travail, qui prescrit l'égalité des rémunérations entre hommes et femmes. Ce principe de discrimination est largement entendu ; la jurisprudence l'étend aux salaires, « aux pièces », aux indemnités de congés payés (Cf. Cass. soc., 26 févr. 1997 : *CSBP* 1997, n° 91, S. 105) et, en vertu de l'article 119 du Traité de Rome, aux régimes professionnels de retraite.

La charge de la preuve de l'absence de discrimination incombe au chef d'entreprise (Cass. soc., 23 nov. 1999 : *Bull. civ.* V, n° 447 ; *CSBP* 2000, n° 116, S. 21, obs. F.-J. Pansier. – 19 déc. 2000 : *Dr. soc.* 2001, p. 314) ; celui-ci doit à cet égard se placer sur un plan objectif, tel que l'existence d'une différenciation des tâches. À titre d'exemple, citons un arrêt de la Chambre sociale qui condamne l'employeur à verser aux pères de famille l'indemnité de crèche attribuée aux mères (Cass. soc., 24 févr. 1991 : *Bull. civ.* V, n° 101) ; une autre décision (19 févr. 1992 : *Bull. civ.* V, n° 98) accorde à l'épouse d'un gardien d'immeuble, recrutée en même temps que son mari et remplissant des tâches identiques, un salaire égal.

En application de l'article 1315 du Code civil, s'il appartient au salarié qui invoque une atteinte au principe « à travail égal salaire égal », de soumettre au juge les éléments de fait susceptibles de caractériser une inégalité de rémunération, il incombe à l'employeur de rapporter la preuve d'éléments objectifs justifiant cette différence, à défaut de quoi la discrimination est caractérisée (Cass. soc., 28 sept. 2004 : *Dr. soc.* 2004, p. 1144, obs. C. Rade).

316. – Parité entre salariés effectuant un travail équivalent. L'article L. 140-2, alinéa 3, du Code du travail généralise ce principe égalitaire, au profit des salariés effectuant des travaux... « *de valeur égale* », du fait qu'ils nécessitent... « un ensemble comparable [constitué] par un titre, un diplôme ou une pratique professionnelle, de capacités découlant de l'expérience acquise, de responsabilités, et de charge physique ou nerveuse ». L'*égalité salariale*, qui doit en découler, est d'une mise en œuvre difficile, compte tenu du fait que la gestion du personnel constitue une prérogative entrant dans le pouvoir de direction du chef d'entreprise, d'une part, et, d'autre part, de la difficulté de procéder à une appréciation pertinente de la « valeur » des travaux.

C. – Protection de la santé du salarié

317. – Liberté de ne pas subir le tabagisme passif. Par une décision de la Cour de cassation du 29 juin 2005 (pourvoi n° 03-44412), l'employeur doit veiller à la bonne santé du salarié. C'est une obligation de résultat. Selon l'article 1er du décret n° 92-478 du 29 mai 1992, devenu l'article R. 3511-1 du Code de la santé publique, l'interdiction de fumer dans les lieux affectés à un usage collectif s'applique dans tous les lieux fermés et couverts qui constituent les lieux de travail ; en application de l'article 4 dudit décret, devenu les articles R. 3511-4 et R. 3511-5 du Code de la santé publique, dans les établissements mentionnés aux articles L. 231-1 et L. 231-1-1 du Code du travail, il appartient à l'employeur qui entendrait déroger à cette interdiction dans les locaux de travail autres que ceux affectés à l'ensemble des salariés, tels les bureaux à usage collectif, d'établir, après consultation du médecin du travail, du comité d'hygiène et de sécurité et des conditions de travail ou, à défaut, des délégués du personnel, un plan d'organisation ou d'aménagement destiné à assurer la protection des non-fumeurs.

De ce fait, l'employeur, tenu d'une obligation de sécurité de résultat vis-à-vis de ses salariés en ce qui concerne leur protection contre le tabagisme dans l'entreprise, n'a pas satisfait aux exigences imposées par les textes précités et a, en conséquence, décidé que les griefs invoqués par la salariée à l'appui de sa prise d'acte justifiaient la rupture du contrat de travail, de sorte qu'elle produisait les effets d'un licenciement sans cause réelle et sérieuse.

JURISPRUDENCE

Soc., 29 juin 2005

« Sur le moyen unique :

Attendu que Mme X... a été engagée le 7 avril 1999 par la société ACME Protection ; que, par courrier du 20 septembre 2000, elle a pris acte de la rupture du contrat de travail aux torts de son employeur, en lui reprochant de n'avoir pas prescrit d'interdiction générale et absolue de fumer dans le bureau à usage collectif qu'elle occupait ; qu'elle a saisi la juridiction prud'homale pour obtenir le paiement de dommages-intérêts pour licenciement sans cause réelle et sérieuse ; que l'arrêt attaqué (Versailles, 24 avril 2003) a accueilli sa demande et a notamment condamné l'employeur à lui payer la somme de 3 430,11 euros à titre d'indemnité pour licenciement abusif ;

Attendu que l'employeur fait grief à la cour d'appel d'avoir ainsi statué, alors, selon le moyen :

1 / que lorsqu'un salarié prend acte de la rupture de son contrat de travail en raison de faits qu'il reproche à son employeur, cette rupture produit les effets soit d'un licenciement sans cause réelle et sérieuse si les faits invoqués le justifiaient, soit dans le cas contraire d'une démission ; qu'en énonçant que la rupture du contrat de travail résultait d'un licenciement sans établir l'existence d'un manquement de l'employeur à ses obligations légales ou contractuelles, la cour d'appel n'a pas légalement justifié sa décision au regard de l'article L. 122-4 du Code du travail ;

2 / qu'en application du décret du 29 mai 1992, il appartient à l'employeur de prendre des mesures pour assurer la protection des salariés non fumeurs dans les locaux collectifs non affectés à l'ensemble des salariés ; qu'en énonçant que l'interdiction de

fumer en présence de Mme X... ainsi que la présence dans le bureau de panneaux d'interdiction de fumer étaient insuffisants au regard du respect de la législation anti-tabac, la cour d'appel a méconnu les dispositions du décret n° 92-478 du 29 mai 1992 ;

Mais attendu que, selon l'article 1er du décret n° 92-478 du 29 mai 1992, devenu l'article R. 3511-1 du Code de la santé publique, l'interdiction de fumer dans les lieux affectés à un usage collectif s'applique dans tous les lieux fermés et couverts qui constituent les lieux de travail ; qu'en application de l'article 4 dudit décret, devenu les articles R. 3511-4 et R. 3511-5 du Code de la santé publique, dans les établissements mentionnés aux articles L. 231-1 et L. 231-1-1 du Code du travail, il appartient à l'employeur qui entendrait déroger à cette interdiction dans les locaux de travail autres que ceux affectés à l'ensemble des salariés, tels les bureaux à usage collectif, d'établir, après consultation du médecin du travail, du comité d'hygiène et de sécurité et des conditions de travail ou, à défaut, des délégués du personnel, un plan d'organisation ou d'aménagement destiné à assurer la protection des non-fumeurs ;

Et attendu que la cour d'appel a relevé que l'employeur, malgré les réclamations de la salariée, s'était borné à interdire aux autres salariés de fumer en sa présence et à apposer des panneaux d'interdiction de fumer dans le bureau à usage collectif qu'elle occupait ;

qu'elle en a exactement déduit que l'employeur, tenu d'une obligation de sécurité de résultat vis-à-vis de ses salariés en ce qui concerne leur protection contre le tabagisme dans l'entreprise, n'avait pas satisfait aux exigences imposées par les textes précités et a, en conséquence, décidé que les griefs invoqués par la salariée à l'appui de sa prise d'acte justifiaient la rupture du contrat de travail, de sorte qu'elle produisait les effets d'un licenciement sans cause réelle et sérieuse ; que le moyen n'est pas fondé ;

PAR CES MOTIFS :

REJETTE le pourvoi ;

Condamne la société ACME Protection aux dépens (...) »

§ 3. – Le paiement du salaire

A. – Le calcul du salaire

318. – Pratique du calcul. Le calcul du salaire est effectué par le service comptable de l'entreprise, en tenant compte des règles légales d'ordre public, du contrat de travail et des conventions et accords collectifs. Ceux-ci en effet prévoient les gratifications, primes, tarifs horaires et même parfois des salaires minima garantis supérieurs au SMIC légal. Le calcul est opéré au moyen des feuilles de pointage et de présence, des documents remis par le salarié (factures, péages d'autoroutes, disques des poids lourds, relevés des kilomètres parcourus).

319. – Notion et mentions du bulletin de paie. Le *bulletin de paie*, que l'employeur doit obligatoirement délivrer au salarié, est pratiquement établi sur un modèle uniforme simplifié, en vigueur depuis le 1er janvier 1997, et comporte un certain nombre de mentions obligatoires, concernant notamment l'identification de l'employeur, celle du salarié (ancienneté, qualification), le calcul du salaire, les accessoires, compléments, primes, gratifications, les prélèvements et retenues (CSG et autres), le montant payé, la date du paiement.

Au contraire, certaines mentions sont *interdites*, notamment celles relatives à l'exercice du *droit de grève*, le nombre d'heures de *délégation* (utilisées par les représentants du personnel) ; les *heures supplémentaires* doivent être détaillées et non apparaître sous forme de prime globale.

320. – Valeur juridique du bulletin de paie. Le bulletin de paie (C. trav., art. L. 143-3 et R. 143-2) est la reproduction du *livre de paie*, qui doit être conservé pendant 5 ans. Il fait *preuve du paiement du salaire*. En effet, le salarié qui accepte le bulletin de paie est présumé, sauf preuve du contraire, avoir reçu les sommes y figurant (Cass. soc., 14 mai 1996 : *Gaz. Pal.* 1996, 2, pan. jurispr. p. 173). Cependant, à l'inverse, si le chef d'entreprise ne remet pas de bulletin de paie, c'est à lui qu'il appartient de prouver qu'il a réglé les salaires. L'article R. 143-2 du Code du travail n'interdit pas à l'employeur de rapporter la preuve du paiement d'une prime dont la mention ne figure pas au bulletin de paie. (Cass. soc., 5 juin 1991 : *Bull. civ.* V, n° 281 ; *Gaz. Pal.* 1991, 2, pan. jurispr. p. 294). Lorsque la nature de l'emploi effectivement exercé par le salarié est différent de celui mentionné sur le bulletin de paie, la cour d'appel peut déduire de cette mention la volonté de l'employeur d'attribuer au salarié la qualification supérieure (Cass. soc., 7 févr. 2001 : *Gaz. Pal.* 2001, somm. p. 629, note F.-J. Pansier).

B. – Les modalités de paiement

321. – Périodicité. La périodicité est librement déterminée, mais il ne peut s'écouler un délai de *plus d'un mois* entre deux paies successives (Cass. soc., 16 déc. 1992 : *Bull. civ.* V, n° 601). En pratique, le paiement est mensuel, contrairement à la Grande-Bretagne ou aux États-Unis où le paiement est hebdomadaire.

322. – Nature quérable du salaire. Le salaire étant *quérable*, l'employeur n'est tenu qu'à mettre les fonds à la disposition du salarié. Par conséquent, dès lors que le salaire et l'indemnité de congés payés sollicités par le salarié ont été mis à sa disposition quelques jours après son départ, ils ne portent pas intérêts à compter de cette date (Cass. soc., 11 avr. 1991 : *Gaz. Pal.* 1991, 2, pan. jurispr. p. 252).

323. – Mode de paiement. Le paiement a lieu en espèces si le créancier le demande, mais au-delà de 1 500 €, l'utilisation du chèque est obligatoire ; sauf à la SNCF, le salarié ne peut se voir imposer le système dit « *truck system* » (économats), qui l'oblige à effectuer certains achats dans le magasin de l'entreprise, ni le paiement en marchandises ou par la remise de bons d'achats. Mais il est permis de délivrer des *titres-restaurants*, qui permettent au chef d'entreprise de prendre à sa charge partie du prix du repas ; il existe également des *chèques-service* ; le comité d'entreprise peut apporter une aide financière à leur utilisation (L. 29 janv. 1996).

324. – Retard. Le *retard dans le paiement* du salaire oblige l'employeur à verser au salarié des intérêts de retard au taux légal ; il n'est pas du pouvoir du juge de lui accorder des délais. Il s'agit là d'une obligation essentielle du chef d'entreprise ; le non-paiement du salaire justifie la rupture du contrat de travail à la charge de l'employeur.

Noter enfin que les retenues ou prélèvements sur salaire font l'objet d'une réglementation rigoureuse, qui s'applique même aux compensations (Cf. C. trav., art. L. 144-1 à L. 144-3).

C. – La prescription du salaire

325. – Durée. Les salaires, aux termes des articles 2277 du Code civil et L. 143-14 du Code du travail, se prescrivent par *cinq ans*.

La prescription s'applique dès que la créance revêt un *caractère salarial*, comme étant payable par année ou par *termes périodiques* plus courts (Cass. soc., 6 déc. 1995 : *Gaz. Pal.* 1996, 1, pan. jurispr. p. 47). Elle a été aussi retenue pour des *commissions* dues à des VRP, une *allocation de déplacement*, des *avantages en nature*.

Sont exclues les créances en remboursement de frais kilométriques, la prime de participation, une allocation de fin de carrière, i.e. les *créances non périodiques*, même nées d'un contrat de travail.

Il s'agit d'une *prescription extinctive*, ayant un effet libératoire mettant fin à toute contestation (Cass. soc., 25 oct. 1990 : *Bull. civ.* V, n° 499). Le délai de cinq ans court de la date à laquelle la créance est devenue exigible.

326. – Interruption. Les causes d'interruption sont quelque peu différentes de celles du droit commun, en raison de la spécificité de la créance. Si l'*aveu écrit* de l'employeur interrompt la prescription à compter de sa date (Cass. soc., 22 oct. 1996 : *Bull. civ.* V, n° 340), l'effet interruptif ne résulte ni d'une demande en paiement formulée par lettre recommandée avec accusé de réception (Cass. soc., 16 janv. 1985 : *Gaz. Pal.* 1985, 2, pan. jurispr. p. 185), ni d'une décision d'incompétence rendue par la formation de référé du conseil de prud'hommes (Cass. soc., 27 mai 1992, *Bull. civ.* V, n° 353), ni d'une instance dont la caducité a été constatée (Cass. soc., 21 mai 1996 : *Bull. civ.* V, n° 193). La demande formulée par le salarié devant les conseillers rapporteurs en présence de l'employeur interrompt la prescription (Cass. soc., 22 mars 2000 : *Bull. civ. V*, n° 120 ; *CSBP* 2000, n° 121, S. 252, obs. F.-J. Pansier).

D. – Les garanties de paiement

327. – Superprivilège et privilèges. Les créances salariales bénéficient tant des privilèges généraux de droit commun que des *privilèges spéciaux* (frais de conservation d'une chose) – qui s'appliquent aussi bien sur les meubles (C. civ., art. 2101-4) que sur les immeubles (C. civ., art. 2104-2) de leur employeur –, et d'un *superprivilège* défini par les articles L. 143-7 et suivants du Code du travail, lequel garantit le paiement, avant toute autre créance, des rémunérations de toute nature, à concurrence :

1° d'un montant égal aux salaires et accessoires dus pour les *60 derniers jours* de travail (90 jours pour les VRP et les marins) ;

2° d'un *plafond* mensuel... « au moins égal au double du plafond retenu pour les cotisations de sécurité sociale ».

Cette garantie couvre également les *accessoires du salaire* et les indemnités de congés payés.

328. – Salaire et procédure collective. En fait, ces garanties sont très bénéfiques, du fait que, le salarié étant réglé mensuellement, les arriérés sont en principe peu importants et intéressent principalement le cas où l'employeur est en état de *cessation de paiements* et où il est placé en liquidation judiciaire, situation prévue par les articles L. 621-130 à L. 621-132 du Code de commerce et L. 143-3 et suivants du Code du travail.

329. – Les AGS. Les entrepreneurs de droit privé (commerçants, artisans, agriculteurs, personnes physiques ou morales) *sont tenus d'assurer leurs salariés aux AGS* (assurance garantie des créances de salariés), en garantie contre le non-paiement des sommes dues en vertu du *contrat de travail*, à la *date du jugement d'ouverture* du redressement ou de la liquidation judiciaires. Cette garantie couvre également, dans certaines limites, les créances salariales *posté-*

rieures à ce jugement, nées pendant la période d'observation ou pendant le maintien provisoire de l'activité autorisée par le tribunal de commerce.

Les AGS sont des associations patronales, alimentées par les cotisations des employeurs, et doivent donc être mises en cause dans tous les cas d'insolvabilité de l'entreprise. Leur garantie bénéficie aux ressortissants de la CEE travaillant en France (Cass. soc., 21 nov. 1990 : *Bull. civ.* V, n° 569) et même aux salariés de nationalité étrangère, travaillant à l'étranger pour le compte d'une entreprise étrangère, si le contrat de travail a été établi en France. Cependant, d'une part, les AGS ne sont pas tenues à garantie si la créance n'a pas un caractère salarial ou l'a perdu (exclusion d'une aide individuelle assimilée à une *libéralité*, Cass. soc., 24 févr. 1993 : *Bull. civ.* V, n° 66, ou des avantages accordés en vertu d'un *plan social*), et, d'autre part, bénéficient d'une limitation du montant de la garantie.

Il existe deux plafonds : le « *plafond 13* » est appliqué lorsque la créance a pour origine un contrat de travail conclu plus de 6 mois avant la date du jugement d'ouverture rendu par le tribunal de commerce (montant de la garantie égal à 13 fois le plancher) ; si cette condition n'est pas remplie, la garantie est cantonnée au « *plafond 4* ». Quant aux créances nées après l'ouverture de la procédure collective, le plafond est égal à un mois et demi de salaire.

Pendant de nombreuses années, la Cour de cassation posait en principe que, s'agissant de rémunérations dont le montant avait été librement débattu entre les parties et non du salaire minimum impérativement fixé par la convention collective, le montant maximum de la garantie de l'AGS était limité à quatre fois le plafond (Cass. soc., 24 janv. 1990 : *Bull. civ.* V, n° 29. – Cass. soc., 17 déc. 1991 : *Bull. civ.* V, n° 587 ; *Gaz. Pal.* 1992, 1, pan. jurispr. p. 47 ; *CSBP* 1992, n° 37, A. 11. – Cass. soc., 20 janv. 1993 : *Bull. civ.* V, n° 15 ; *Gaz. Pal.* 1993, 1, pan. jurispr. p. 78 ; *D.* 1993, somm. p. 344, obs. J. Mouly. – Cass. soc., 22 juin 1993 et 17 mai 1994 : *Gaz. Pal.* 1994, 2, pan. jurispr. p. 206. – Cass. soc., 11 juill. 1994 et 21 févr. 1996, cités in *Cahiers prud'h.* 1998, n° 3. – Cass. soc., 8 janv. 1997 : *Bull. civ.* V, n° 2). Par *un revirement en assemblée plénière du 15 décembre 1998* très remarqué, la cour a pris le contre-pied de cette solution : la rémunération du salarié, contrepartie de son travail, entre dans les prévisions de l'article D. 143-2, alinéa 1er, du Code du travail, même lorsque son montant est fixé par l'accord des parties (Cf. la chronique parue au *CSBP* n° 107, intitulé *La Cour de cassation crève le plafond de l'AGS*, par F.-J. Pansier).

Section 2

LES AUTRES OBLIGATIONS

330. – Diversité des autres obligations. L'employeur est astreint à de nombreuses obligations, relatives à l'hygiène, à la sécurité, au bon état de l'outillage, qui revêtent un caractère général et qui entrent dès lors dans l'étude des *relations collectives du travail*.

Il existe cependant à la charge du chef d'entreprise des règles de conduite revêtant un caractère individuel, que nous nous bornerons à citer, et qui relèvent notamment :

1° des *conditions de travail* (pose de protections sur les machines dangereuses, fourniture de masques, casques, harnais, etc.) ;

2° du *respect de la vie privée* du salarié (investigations sur les opinions politiques ou religieuses, discriminations, harcèlement sexuel, départs en congé) ;

3° de l'atteinte à la *dignité du salarié* (attitude méprisante, refus de le recevoir, etc.) et du refus injustifié d'avantages reconnus par le contrat de travail et les accords collectifs.

Le contentieux éventuel relève du conseil des prud'hommes.

JURISPRUDENCE

La garantie des créances salariales par les AGS en cas de cumul d'un contrat de travail et d'un mandat social

Cass. soc., plén., 4 juin 1993, *Assedic et a. c/ Salomonovitch et a.* (*Bull. civ.* V, n° 12 ; *Gaz. Pal.* 1993, 1, p. 43, concl. Jéol, *ibid.* ; 2, pan. jurispr. p. 208 ;*ibid.*, n° 194, p. 23 et n° 20, p. 9, note Jéol ; *D.* 1993, p. 501, note Chartier ; *JCP* 1993, 22112, note Saint-Jours)

« Attendu, selon l'arrêt attaqué (Grenoble, 24 avril 1990), rendu sur renvoi après cassation, que M. Salomonovitch a été, courant 1986, embauché en qualité de voyageur représentant placier (VRP) multicarte par la société Bonneterie vendéenne (société BV) ; que, lors de la liquidation des biens de celle-ci, en 1976, certains de ses salariés ont constitué la société industrielle et commerciale d'articles Sportwear (société INCAS), société anonyme à directoire, qui a racheté l'actif de la société BV et a repris les contrats de travail en cours ; que M. Salomonovitch a été nommé membre du conseil de surveillance, tout en continuant son travail de VRP ; que la société INCAS ayant été mise en règlement judiciaire le 10 octobre 1977 et le syndic ayant licencié les salariés le 20 octobre suivant, M. Salomonovitch a produit au passif pour diverses créances salariales puis a assigné le syndic en paiement ; que, par jugement du 3 juillet 1981, le tribunal a donné acte au syndic de son offre d'enregistrer au passif du règlement judiciaire deux sommes, l'une à titre privilégié, l'autre à titre superprivilégié, ainsi que de régler une partie de cette dernière, et a ordonné une expertise pour évaluer le montant de l'indemnité de clientèle ; que l'Association pour la gestion du régime d'assurance des créances des salariés (AGS) et l'Association pour l'emploi dans l'industrie et le commerce (ASSEDIC) Atlantique-Anjou, prétendant que M. Salomonovitch, membre du conseil de surveillance de la société INCAS, ne pouvait se prévaloir de la qualité de salarié de cette même société, ont formé tierce opposition au jugement ; que le tribunal a constaté que le contrat de travail préexistait à la désignation au conseil de surveillance et a rejeté ce recours, par jugement du 21 septembre 1983 ;

Attendu que l'AGS et l'ASSEDIC Atlantique-Anjou font grief à l'arrêt d'avoir, en confirmant ce jugement, déclaré que M. Salomonovitch, membre du conseil de surveillance de la société INCAS, était demeuré salarié de cette société et était en droit de prétendre à ces indemnités de rupture de son contrat de travail, à la suite de la liquidation des biens de cette société, la nomination en tant que membre du conseil de surveillance étant nulle, alors, selon le moyen, que, d'après l'article 142 de la loi du 24 juillet 1966, les membres du conseil de surveillance ne peuvent recevoir de la société aucune rémunération, permanente ou non, autre que celles visées aux articles 140 et 141 de la loi ; qu'ainsi, aucune exception n'ayant été instituée en faveur des salariés devenant membres du conseil de surveillance, une désignation à cette fonction implique nécessairement pour son titulaire l'abandon du bénéfice d'un contrat de travail antérieur ; qu'ainsi, l'arrêt, qui a assimilé la situation d'un membre du conseil de surveillance à celle d'un administrateur prévue par l'article 93 de la loi de 1966 et a admis la poursuite d'un contrat de travail impliquant la perception d'un salaire avec ses accessoires, a méconnu les dispositions de l'article 142 de la loi du 24 juillet 1966 ;

Mais attendu qu'après avoir relevé que l'exécution du contrat de travail s'était poursuivie jusqu'au licenciement de M. Salomonovitch, et énoncé à bon droit que l'interdiction prévue à l'article 142 de la loi du 24 juillet 1966, dans sa rédaction applicable en la cause, ne supportait aucune exception, l'arrêt a exactement retenu que M. Salomonovitch ne pouvant à la fois percevoir une rémunération de salarié et être membre du conseil de surveillance, sa nomination était frappée de nullité ; que, par ces seuls motifs, la cour d'appel a justifié sa décision ; que le moyen ne peut être accueilli ;

Par ces motifs, rejette le pourvoi. »

Cass. soc., 5 juill. 1995, *Assedic Languedoc-Roussillon-Cévennes et a. c/ Py* (*Gaz. Pal.* 1996, 1, pan. jurispr. p. 91 ; *Bull. civ.* V, n° 233)

« La Cour,

Attendu que M. Py, engagé à compter du 1er avril 1975, en qualité de conseil en formation, par la société coopérative ouvrière de productions Interdis, a été ultérieurement élu administrateur puis président du conseil d'administration ; qu'à la suite de son licenciement pour motif économique, le 31 décembre 1988, il a sollicité des allocations de chômage qui lui ont été refusées par l'ASSEDIC ;

Attendu que l'ASSEDIC fait grief à l'arrêt attaqué (Montpellier, 9 septembre 1993), de l'avoir condamnée à verser à M. Py des allocations de chômage, alors, selon le moyen, qu'en vertu de l'article 54, alinéa 2 de la loi du 19 juillet 1978, aucune société ne peut prétendre à l'égard des tiers au bénéfice des dispositions prévues par les textes législatifs ou réglementaires relatifs aux sociétés coopératives ouvrières de production, si elle n'est pas inscrite sur la liste dressée par le ministère du Travail ; qu'en l'espèce, la cour d'appel qui constate que la société Interdis créée en 1975 ne s'est pas fait inscrire sur la liste dressée par le ministère du Travail pour bénéficier des dispositions prévues par la loi du 19 juillet 1978, a, en estimant que les dirigeants de sociétés coopératives ouvrières de production ne pouvaient voir opposer par des tiers le défaut d'inscription sur la liste précitée, violé, par fausse application, l'article 54 de la loi du 19 juillet 1978 ;

Mais attendu que la cour d'appel a décidé, à bon droit, d'une part, qu'en application des articles 15 et 17 de la loi n° 78-763 du 19 juillet 1978, l'intéressé avait pu être nommé à un poste d'administrateur sans perdre le bénéfice de son contrat de travail et, d'autre part, que le défaut d'inscription de la société sur une liste dressée par le ministère du Travail, prévue par l'article 54, alinéa 2 de cette loi, s'il interdit à la société de prétendre aux avantages réservés aux sociétés coopératives ouvrières de production, ne prive pas les mandataires sociaux de cette société du droit de cumuler leur mandat avec un contrat de travail ; que le moyen n'est pas fondé ;

Par ces motifs, rejette... »

Chapitre 3

LE STATUT DU SALARIÉ DANS L'ENTREPRISE

Section 1

LES LIBERTÉS FONDAMENTALES

§ 1. – Le droit d'expression

331. – Droits de l'Homme. En dehors de l'entreprise, le salarié bénéficie, comme tout autre citoyen, des droits fondamentaux de la personne humaine ; l'employeur ne saurait intervenir pour connaître ou prendre quelque décision que ce soit, quant aux opinions politiques du salarié, sa confession, sa situation familiale, son appartenance à un parti, une association, un syndicat, sa race, sa nationalité, à condition que l'éventuel militantisme du salarié s'exerce hors du lieu de travail et ne comporte *aucun abus* de nature à contrevenir à l'obligation de loyauté pesant sur tout membre du personnel à l'égard de l'entreprise qui l'emploie. Ce qui revient à dire que la limite de la liberté du salarié se trouve dans des obligations, dont certaines sont pénalement sanctionnées, qui pèsent sur lui, quant à la non-divulgation de renseignements confidentiels sur la clientèle, l'organisation de l'entreprise, les tours de main et secrets de fabrication, quant au non-dénigrement de l'employeur, quant à la diffamation et l'injure publiques (selon le droit commun), etc.

332. – Droit au respect de la vie privée. Le salarié a droit, même au temps et au lieu de travail, au respect de l'intimité de sa vie privée, et en particulier le secret des correspondances.

Un arrêt de principe, dit *arrêt Nikon*, a posé un principe fondamental : l'employeur ne peut, sans violation de cette liberté fondamentale, prendre connaissance des messages personnels émis par le salarié et reçus par lui grâce à un outil informatique mis à sa disposition pour son travail et ceci même au cas où l'employeur aurait interdit une utilisation non professionnelle de l'ordinateur (Cass. soc., 2 oct. 2001 : *CSBP* 2001, n° 135, A. 40, obs. E. Jez). L'employeur ne peut donc consulter les courriels de son salarié. Un autre arrêt du 17 mai 2005 a fait application de cette solution aux fichiers personnels du salarié, interdisant à l'employeur de prendre connaissance de documents enregistrés sur le disque dur.

333. – Droit d'expression et réunions. Le droit d'expression du salarié, notamment défini par l'article L. 461-1 du Code du travail et précisé par la jurisprudence (Cf. arrêt *Clavaud*, 28 avr 1988 : *Bull. civ.* V, n° 257 ; *D.* 1988, p. 437, note E. Wagner), s'exerce *dans le cadre des réunions tenues dans les lieux et au temps du travail* (la durée de la réunion compte comme temps de travail : C. trav., art. L. 461-2), mais aussi, sauf abus, « dans toute sa plénitude », hors de l'entreprise. Il ne comporte aucune sanction et ne peut même pas entraîner une diminution de la note du salarié, sauf abus caractérisé, tel que le fait de proférer des *accusations mensongères* ou des *critiques excessives ou malveillantes*.

La loi n° 2004-391 du 4 mai 2004 prévoit qu'un accord d'entreprise peut autoriser la mise à disposition des publications et tracts de nature syndicale, soit sur un site syndical mis en place sur l'intranet (réseau interne) de l'entreprise, soit par diffusion sur la messagerie électronique de l'entreprise (chaque salarié reçoit l'information dans sa boîte personnelle). Dans ce dernier cas, cette diffusion doit être compatible avec les exigences de bon fonctionnement du réseau informatique de l'entreprise et ne pas entraver l'accomplissement du travail. L'accord d'entreprise définit les modalités de cette mise à disposition ou de ce mode de diffusion, en précisant notamment les conditions d'accès des organisations syndicales et les règles techniques visant à préserver la liberté de choix des salariés d'accepter ou de refuser un message.

334. – Caractères du droit d'expression. Les caractères principaux du droit d'expression sont d'être *direct* (ouvert sans intermédiaire), *collectif* (exercé à l'intérieur de l'entreprise au cours de réunions de membres de la collectivité constituée par le personnel), *permanent* (à condition qu'il s'agisse de réunions régulièrement tenues et organisées) et *cantonné* (à tout ce qui concerne l'organisation du travail dans l'entreprise, la production, etc., à l'exception des problèmes de rémunération, du fonctionnement et de la politique commerciale de l'entreprise, etc. ; il ne saurait s'agir de rechercher une sorte de cogestion).

JURISPRUDENCE

Deux arrêts récents ont reconnu et affirmé le respect de la vie privée.

Tout d'abord, l'arrêt *Nikon* du 2 octobre 2001 (*Bull. civ.* V, n° 291 ; *CSBP* 2001, n° 135, A. 40, obs. E. Jez ; *Gaz. Pal.* Rec. 2002, jur. p. 377, J. n° 108, 18 avr. 2002, p. 33, note E. Bridenne ; *D.* 2001, jurispr. p. 3148, note P.-Y. Gautier ; *D.* 2002, somm. p. 2296, obs. C. Caron ; *JCP* E 2001, p. 1918, note C. Puigelier ; *Comm. com. électr.*, 2001, comm. n° 120, note A. Lepage).

« Attendu que la société Nikon France a engagé M. Onof le 22 avril 1991 en qualité d'ingénieur, chef du département topographie ; que le 7 septembre 1992, le salarié a conclu avec les sociétés Nikon Corporation et Nikon Europe BV un accord de confidentialité lui interdisant de divulguer certaines informations confidentielles communiquées par ces deux sociétés ; que le 29 juin 1995, il a été licencié pour faute grave, motif pris, notamment, d'un usage à des fins personnelles du matériel mis à sa disposition par la société à des fins professionnelles ; qu'il a saisi la juridiction prud'homale d'une demande tendant au paiement d'indemnités fondées sur un licenciement sans cause réelle et sérieuse ainsi que d'une somme à titre de contrepartie de la clause de non-concurrence conventionnelle ;

Sur le moyen unique du pourvoi de la société Nikon France :

Vu l'article 1134 du Code civil ;

Attendu que pour condamner la société Nikon France à payer l'indemnité prévue par la clause de non-concurrence conventionnelle, la cour d'appel a énoncé que l'interdiction de divulguer des informations confidentielles revenait à interdire au salarié de s'engager en sa qualité d'ingénieur-géomètre chez un concurrent et que l'accord de confidentialité devait donc produire les effets de cette clause de non-concurrence ;

Attendu, cependant, que l'accord de confidentialité conclu le 7 septembre 1992 entre le salarié et les sociétés Nikon Corporation et Nikon BV interdisait seulement au salarié de divulguer des informations, portées à sa connaissance par ces deux sociétés, expressément identifiées comme confidentielles et de nature à permettre le développement d'un programme spécifique ; que, contrairement à la clause de non-concurrence prévue par l'article 28 de la Convention collective nationale des ingénieurs et cadres de la métallurgie applicable en l'espèce, l'accord n'interdisait pas au salarié de s'engager au service d'une entreprise concurrente après avoir quitté la société ;

Qu'en statuant comme elle l'a fait, la cour d'appel, qui a donné à l'accord de confidentialité, dont les termes étaient clairs et précis, une portée qu'il n'avait pas, a dénaturé cet accord et ainsi violé le texte susvisé ;

Sur le pourvoi incident de M. Onof :

Vu l'article 8 de la Convention européenne de sauvegarde des droits de l'homme et des libertés fondamentales, l'article 9 du Code civil, l'article 9 du Nouveau Code de procédure civile et l'article L. 120-2 du Code du travail ;

Attendu que le salarié a droit, même au temps et au lieu de travail, au respect de l'intimité de sa vie privée ; que celle-ci implique en particulier le secret des correspondances ; que l'employeur ne peut dès lors sans violation de cette liberté fondamentale prendre connaissance des messages personnels émis par le salarié et reçus par lui grâce à un outil informatique mis à sa disposition pour son travail et ceci même au cas où l'employeur aurait interdit une utilisation non professionnelle de l'ordinateur ;

Attendu que pour décider que le licenciement de M. Onof était justifié par une faute grave, la cour d'appel a notamment retenu que le salarié avait entretenu pendant ses heures de travail une activité parallèle ; qu'elle s'est fondée pour établir ce comportement sur le contenu de messages émis et reçus par le salarié, que l'employeur avait découverts en consultant l'ordinateur mis à la disposition de M. Onof par la société et comportant un fichier intitulé " personnel " ;

Qu'en statuant ainsi, la cour d'appel a violé les textes susvisés ;

PAR CES MOTIFS :

CASSE ET ANNULE, dans toutes ses dispositions, l'arrêt rendu le 22 mars 1999, entre les parties, par la cour d'appel de Paris ; remet, en conséquence, la cause et les parties dans l'état où elles se trouvaient avant ledit arrêt et, pour être fait droit, les renvoie devant la cour d'appel de Paris, autrement composée »

Un autre arrêt du 17 mai 2005 (pourvoi n° 03-40.017) a fait application de cette solution aux fichiers personnels du salarié :

« Sur le moyen unique :

Vu les articles 8 de la Convention européenne de sauvegarde des droits de l'homme et des libertés fondamentales, 9 du Code civil, 9 du Nouveau Code de procédure civile et L. 120-2 du Code du travail ;

Attendu, selon l'arrêt attaqué, que M. Klajer, engagé comme dessinateur le 23 octobre 1995 par la société Nycomed Amersham Medical Systems dénommée désormais Cathnet-Science, a été licencié pour faute grave le 3 août 1999 au motif qu'à la suite de la découverte de photos érotiques dans un tiroir de son bureau, il avait été procédé à une recherche sur le disque dur de son ordinateur qui avait permis de trouver un ensemble de dossiers totalement étrangers à ses fonctions figurant notamment sous un fichier intitulé « perso » ;

Attendu que pour dire que le licenciement reposait sur une faute grave, la cour d'appel énonce qu'il apparaît en l'espèce que l'employeur lorsqu'il a ouvert les fichiers de l'ordinateur du salarié, ne l'a pas fait dans le cadre d'un contrôle systématique qui aurait été effectué en son absence et alors qu'un tel contrôle n'était permis ni par le contrat de travail, ni par le règlement intérieur, mais bien à l'occasion de la découverte des photos érotiques n'ayant aucun lien avec l'activité de M. Klajer, ce qui constituait des circonstances exceptionnelles l'autorisant à contrôler le contenu du disque dur de l'ordinateur, étant rappelé que l'accès à ce disque dur était libre, aucun code personnel n'ayant été attribué au salarié pour empêcher toute autre personne que son utilisateur d'ouvrir les fichiers ;

Attendu, cependant, que, sauf risque ou événement particulier, l'employeur ne peut ouvrir les fichiers identifiés par le salarié comme personnels contenus sur le disque dur de l'ordinateur mis à sa disposition qu'en présence de ce dernier ou celuici dûment appelé ;

Qu'en statuant comme elle l'a fait, alors que l'ouverture des fichiers personnels, effectuée hors la présence de l'intéressé, n'était justifiée par aucun risque ou événement particulier, la cour d'appel a violé les textes susvisés ;

PAR CES MOTIFS :

CASSE ET ANNULE, dans toutes ses dispositions, l'arrêt rendu le 6 novembre 2002, entre les parties, par la cour d'appel de Paris ; remet, en conséquence, la cause et les parties dans l'état où elles se trouvaient avant ledit arrêt et, pour être fait droit, les renvoie devant la cour d'appel de Versailles »

L'ouverture des fichiers doit suivre le régime de toutes les atteintes portées à la vie privée du salarié : sauf urgence, la présence du salarié est nécessaire, comme il est procédé en matière de fouille. L'employeur ne pouvant apporter de restrictions aux libertés individuelles et collectives des salariés que si elles sont justifiées par la nature de la tâche à accomplir et proportionnées au but recherché, il ne peut procéder à l'ouverture de l'armoire individuelle d'un salarié que dans les cas et aux conditions prévus par le règlement intérieur et en présence de l'intéressé ou celui-ci prévenu. Le juge du fond ne peut donc décider qu'est justifié le licenciement pour faute grave d'un salarié qui détenait des canettes de bière à l'intérieur de son armoire individuelle sans rechercher les dispositions du règlement intérieur et alors que la fouille, hors la présence de l'intéressé, n'était justifiée par aucun risque ou événement particulier (Cass. soc.,11 déc. 2001 : *Bull. civ.* V, n° 77 ; *CSBP* 2002, n° 137, A. 10, obs. F.-J. Pansier ; *D.* 2002, inf. rap. p. 136).

Toutefois, lorsque l'employeur a été concerné par des alertes à la bombe au cours d'une période d'attentats et qu'il a valablement exigé, après consultation du comité d'entreprise et du CHSCT, l'ouverture, à titre temporaire, des sacs devant des agents de sécurité, cette mesure, justifiée par des circonstances exceptionnelles et des exigences de sécurité, était proportionnée au but recherché puisqu'elle excluait la fouille des sacs et le salarié, délégué syndical, qui a refusé de s'y soumettre a été valablement sanctionné par une mise à pied proportionnée à la faute commise et indépendante de son activité syndicale (Cass. soc., 3 avr. 2001 : *Bull. civ.* V, n° 115 ; *CSBP* 2001, n° 131, A. 24, obs. F.-J. Pansier ; *D.* 2001, jurispr. p. 3228, note C. Puigelier).

§ 2. – La carrière

335. – Avancement et promotion. Le salarié, engagé à durée indéterminée, fait normalement carrière dans l'entreprise jusqu'à ce qu'il atteigne la limite d'âge et prenne sa retraite.

L'avancement, qu'il peut revendiquer et obtenir (ou non), consiste, non dans une prime d'ancienneté, simple majoration de salaire, mais dans une *promotion à une qualification hiérarchique supérieure* ; par exemple, le vendeur entre dans la catégorie des chefs de rayon, l'ouvrier devient ouvrier qualifié supérieur, contremaître, agent de maîtrise, conducteur de travaux. Il faut à cet égard se référer aux *conventions collectives et règlements intérieurs*, qui définissent qualifications et rangs hiérarchiques. La promotion sera constituée par un avenant, qui en précisera les conditions, notamment quant à l'intégration du salaire dans une nouvelle catégorie de personnel, à la date d'effet, à la nature du travail.

Les promotions des cadres aux fonctions de directeur ou de chef de service se trouvent de toute évidence entièrement discrétionnaires, le choix de l'employeur étant motivé par des considérations tenant à la bonne entente nécessaire entre les dirigeants de l'entreprise, à la communauté de vues quant à la politique à suivre et à l'origine d'une entière confiance.

Les problèmes de carrière se relient aux dispositions nouvelles concernant la formation continue (L. n° 2004-391, 4 mai 2004), à la validation des acquis de l'expérience professionnelle (L. n° 2002-73, 17 janv. 2002) et à l'établissement des bilans de compétence.

336. – Sanction du refus. Dès lors que la jurisprudence dominante admet que le refus d'une promotion au grade supérieur ne justifie pas une sanction disciplinaire (Cass. soc., 20 mars 1990 : *Bull. civ.* V, n° 122 ; *Gaz. Pal.* 1990, 2, pan. jurispr. p. 151. – Cass. soc., 29 mai 1990 : *Bull. civ.* V, n° 243 ; *Gaz. Pal.* 1991, 1, pan. jurispr. p. 20), le juge n'est pas compétent pour en examiner le bien ou le mal-fondé et se substituer au dirigeant de l'entreprise, qui a seul pouvoir de décision, à moins que la convention collective ne prescrive et n'organise un recours. Le salarié, promu et affecté à un nouvel emploi, s'il accepte l'avancement, est tenu de faire face aux obligations lui incombant désormais de ce chef ; mais il est libre de refuser la promotion – ce qui se produit parfois lorsque, par exemple, elle le contraindrait à changer de résidence – sans pour autant que des sanctions disciplinaires puissent être exercées contre lui.

§ 3. – Les libertés syndicales

A. – Les syndicats

337. – Notion et constitution de syndicat. Le mot « syndicat », tiré de « syndic », à la fin du XIVe siècle, se rattache au terme bas latin *sindiz*, désignant celui qui est l'avocat, le représentant en justice d'une collectivité, lequel vient lui-même du grec *sundikos*, assistant de justice (« dike » étant la norme juridique, le droit ; et « sun », ce qui va avec). L'activité « syndicale » est très normalement orientée vers la défense des droits acquis et intérêts, tant sur le plan individuel que dans un cadre collectif. Le syndicat défini par le Code du travail n'a aucun lien avec l'ancienne fonction de syndic et n'est d'ailleurs apparu qu'au XIXe siècle ; il est dit « professionnel » et l'article L. 411-1 du Code du travail énonce qu'en conséquence il a « exclusivement pour objet l'étude et la défense des droits, ainsi que des intérêts moraux et matériels, tant collectifs qu'individuels ».

L'article L. 410-1 du Code du travail pose le principe de la *liberté de la constitution des syndicats*, dans toutes les entreprises comptant des salariés, y compris les offices publics et ministériels, les professions libérales, les sociétés civiles, les syndicats professionnels et associations « de quelque nature que ce soit », dans la mesure où ils revêtent un caractère professionnel, ce qui exclut par exemple qu'ils aient un objet politique (ils deviennent alors des partis) ou religieux (sectes). L'État s'abstient de tout contrôle ; « les syndicats peuvent s'organiser librement dans toutes les entreprises » (C. trav., art. L. 412-1, al. 2), quel que soit le nombre de salariés qu'elles emploient habituellement.

338. – Rôle du syndicat. Le droit français attribue à tous les syndicats la *personnalité civile* (C. trav., art. L. 411-10). Elle confère le droit privatif d'user de la dénomination choisie et comporte non seulement la capacité d'ester en justice et de gérer le patrimoine du syndicat, mais aussi :

1° le droit d'acquérir, à titre gratuit ou onéreux, des biens meubles ou immeubles, étant ajouté que sont insaisissables ceux nécessaires aux réunions syndicales, aux bibliothèques et aux cours professionnels (C. trav., art. L. 411-12) ;

2° la possibilité d'intervenir dans un certain nombre de domaines intéressant les salariés de l'entreprise (directement ou indirectement. – C. trav., art. L. 411-14 et L. 411-15) ;

3° l'autorisation de « subventionner les sociétés coopératives de production ou de consommation » (C. trav., art. L. 411-16).

339. – Notion de syndicat représentatif. La preuve de sa représentativité incombe au syndicat, lorsqu'elle est contestée, sauf en ce qui concerne le critère d'indépendance : c'est à celui qui invoque le défaut d'indépendance à le démontrer.

Les critères de la représentativité sont limitativement énoncés par l'article L. 133-2 du Code du travail :

1° les effectifs : ils sont appréciés en fonction de comparaisons effectuées, s'il y a lieu, avec le nombre de non-syndiqués ou des adhérents des organisations rivales ;

2° l'indépendance du syndicat à l'égard de l'employeur ;

3° les cotisations : le syndicat qui ne perçoit pas de cotisations est démuni d'indépendance financière et n'est donc pas représentatif ; il en est de même si le montant des cotisations est minime ;

4° l'expérience et l'ancienneté : il s'agit de critères auxquels la jurisprudence donne une interprétation subjective, qui laisse au juge un grand pouvoir d'appréciation ; ils ne sont pas non plus, à eux seuls, déterminants ;

5° l'attitude patriotique pendant l'Occupation (1939-1945).

Les syndicats catégoriels, dès lors qu'ils adhèrent à l'une de ces organisations représentatives sur le plan national, bénéficient d'une présomption de représentativité, sauf preuve contraire. Les syndicats locaux ne bénéficient toutefois de cette présomption de représentativité que dans les limites, d'une part, du domaine d'activité délimité par leurs propres statuts et, d'autre part, du champ d'application professionnel de l'organisation ouvrière, représentative au plan national, à laquelle ils se sont affiliés, peu important que ces organisations n'aient pas d'adhérents directs dans l'entreprise concernée.

Par application combinée des articles 1131 du Code civil, L. 411-1 et L. 411-2 du Code du travail, un syndicat professionnel ne peut pas être fondé sur une cause ou en vue d'un objet illicite. Il ne peut poursuivre des objectifs essentiellement politiques ni agir contrairement aux dispositions de l'article L. 122-45 du Code du travail et aux principes de non-discrimination contenus dans la Constitution, les textes à valeur constitutionnelle et les engagements internationaux auxquels la France est partie. Ainsi le Front national de la police a été considéré comme l'instrument d'un parti politique, qui est à l'origine de sa création, et dont il sert exclusivement les intérêts et les objectifs en prônant des distinctions fondées sur la race, la couleur, l'ascendance, l'origine nationale ou ethnique (Cass. ch. mixte, 10 avr. 1998 : *Bull. civ.* V, n° 2 ; *CSBP* 1998, n° 101, A. 37, obs. A. Philbert).

340. – Exercice du droit syndical. L'article L. 412-1 du Code du travail énonce que « l'exercice du droit syndical est reconnu dans toutes les entreprises dans le respect des droits et libertés garanties par la Constitution de la République, en particulier de la liberté individuelle du travail ».

Du fait de l'adhésion de la France à l'Union européenne, l'exercice du droit syndical est réglementé, notamment par la Charte sociale européenne (ratifiée par L. n° 99-176, 10 mars 1999 et son protocole additionnel publié par L. n° 2001-11, 4 févr. 2001), ainsi que par les directives et recommandations de l'UE. Il existe des organisations syndicales européennes, dont la plus importante est la CES (Confédération européenne des syndicats), à laquelle appartiennent, en France, la CFDT, la CGT-FO, la CFTC, la CGT et l'UNSA. Elle regroupe des organisations d'une vingtaine de pays.

341. – Liberté d'adhésion, de non-adhésion et de retrait. Le salarié est en conséquence libre d'adhérer au syndicat de son choix, sans que soient possibles, à raison de ses activités syndicales, ni une *quelconque discrimination*, ni, à plus forte raison, une *mutation* ou une *sanction disciplinaire* ou même le refus d'attribuer une prime accordée aux autres salariés.

La liberté syndicale comporte d'abord le droit de s'en retirer, qui est d'ordre public, et toute clause contraire est réputée non écrite. L'article L. 411-8 du Code du travail énonce que « tout membre d'un syndicat professionnel peut s'en retirer à tout instant nonobstant toute clause contraire, sans préjudice du droit pour le syndicat de réclamer la cotisation afférente aux six mois qui suivent le retrait d'adhésion ».

342. – Non-discrimination. L'employeur ne peut tenir compte de l'activité syndicale du salarié pour prendre ses décisions en matière *d'avancement et de rémunération* (Cf. C. trav., art. L. 421-2). Ce principe a reçu de nombreuses illustrations pratiques relatives, par exemple, au déclassement de délégués syndicaux, à la concentration des syndiqués dans un atelier spécial, au refus de primes aux responsables syndicaux, aux pressions exercées en faveur d'un syndicat à l'encontre d'un autre. La liberté syndicale implique bien entendu le droit d'être délégué syndical et d'accepter des responsabilités dans le mouvement syndical.

B. – Les sections syndicales

343. – Création. La possibilité, donnée aux syndicats « représentatifs », de créer dans l'entreprise une « section syndicale » remonte aux événements de mai 1968 (L. 27 déc. 1968 : C. trav., art. L. 412-16). Cette création n'obéit à aucun formalisme et découle de l'adhésion au syndicat d'un certain nombre de salariés, peu important l'effectif de l'entreprise. La section se trouve en voie de formation dès qu'elle compte deux adhésions (Cass. crim., 5 déc. 1995 : *Bull. crim.*, n° 367 ; *CSBP* 1996, n° 79, S. 44), un seul ne pouvant suffire (Cass. soc., 4 févr. 1987 : *JCP* 1987, 16425, obs. Teyssié). La section syndicale, dont la constitution n'est pas publiée, n'a pas de personnalité juridique propre, distincte de celle du syndicat.

344. – Rôle. La section syndicale peut effectuer la collecte des cotisations dans l'enceinte de l'entreprise (C. trav., art. L. 412-7). Elle peut procéder à l'affichage des « communications » syndicales, sur des panneaux distincts, spécialement affectés au syndicat et à la diffusion de tracts et de publications, effectuées par la distribution dans l'enceinte de l'entreprise aux heures d'entrée et de sortie du travail (C. trav., art. L. 412-8). Les réunions des adhérents des sections syndicales sont réglementées par l'article L. 412-10 du Code du travail, savoir :

1° périodicité : une fois par mois ;

2° lieu : dans l'enceinte de l'entreprise, en dehors des lieux de travail ;

3° en dehors du temps de travail des participants « à l'exception des représentants du personnel qui peuvent se réunir sur leur temps de délégation ».

345. – Crédit d'heures. L'article L. 412-20 du Code du travail accorde, aux délégués syndicaux et salariés des sections syndicales, pour assurer le fonctionnement de leur section, un crédit d'heures (heures de délégation payées comme si elles étaient effectivement travaillées), savoir annuellement :

– 10 heures, pour les entreprises employant entre 500 et 1 000 salariés ;

– 15 heures, à partir de 1 000 salariés.

Le crédit d'heures est réparti, à l'intérieur de la section syndicale, entre délégués et adhérents, mais est destiné uniquement à la préparation des négociations avec le chef d'entreprise.

C. – Les délégués syndicaux

346. – Institution et nombre. Apparus à la suite des mouvements sociaux de mai 1968, en même temps que les sections syndicales, qui les désignent et dont ils sont l'émanation, les délégués syndicaux n'assument qu'une représentation indirecte des salariés, au contraire des délégués du personnel, élus et donc représentants directs des salariés.

Différents textes légaux ou réglementaires (C. trav., art. L. 412-11, R. 413-2 et R. 413-11, entre autres) fixent, en prenant en compte l'effectif des salariés, le nombre des délégués syndicaux (minimum éventuellement majoré par les accords collectifs). Au-dessous de 50 salariés, il n'y a pas de délégué syndical (néanmoins, sa mission peut être confiée à un délégué du personnel), au-delà, suivant le nombre de salariés, de un à cinq délégués. Il s'agit là d'un minimum d'ordre public, que majorent généralement les conventions ou accords collectifs.

L'article L. 412-14 du Code du travail exige que le délégué ait atteint 18 ans accomplis, qu'il n'ait pas encouru l'une des condamnations prévues par les articles L. 5 et L. 6 du Code électoral, qu'il travaille personnellement dans l'entreprise, en exécution d'un contrat de travail salarié en cours, et qu'il justifie d'une ancienneté d'au moins une année. Les désignations sont portées à la connaissance (C. trav., art. L. 412-16) du chef d'entreprise, par lettre recommandée avec demande d'avis de réception, ou par lettre remise contre récépissé (Cf. C. trav., art. D. 122-1), de l'Inspection du travail et du personnel, par l'affichage sur les panneaux réservés aux communications syndicales.

Une procédure particulière est instituée par l'article L. 412-15 du Code du travail pour trancher les contestations relatives à la désignation des délégués syndicaux légaux, ou conventionnels. Ces recours sont de la compétence exclusive du tribunal d'instance qui statue en dernier ressort ; ils doivent être formés, à peine de forclusion, dans les 15 jours de l'accomplissement des formalités prévues par l'article L. 412-16. Le tribunal doit statuer dans le délai de dix jours.

347. – Missions. Le délégué syndical doit être le conseiller du salarié et l'aider dans ses démarches, dans la rédaction de contrats et actes, ainsi qu'en cas de litige. En cas de conflit individuel du travail, le délégué syndical, à la requête du salarié, doit demander au syndicat de désigner, pour l'assister et le représenter en justice, un délégué, ainsi que prévu par l'article R. 516-5 du

Code du travail. Le délégué, bénévole, ne perçoit pas d'honoraires, les frais sont pris en charge par le syndicat, qui, en cas de faute lourde du délégué, ne peut être déclaré responsable du préjudice qui en a résulté. Il est choisi parmi les membres du syndicat (Cass. soc., 26 sept. 1990 : *CSBP* 1990, A. 55). Il ne s'agit pas d'un mandat *ad litem* analogue à celui que la loi confère à l'avocat, mais d'une représentation « dans un sens syndical » (Cf. *CSBP* 1999, D. 12, chron. *La représentation des parties en matière prud'homale*).

Le délégué syndical sera informé des souhaits, désirs et revendications par les salariés, lors des réunions qu'il organisera, ou au cours d'entretiens individuels ; il en informera la section syndicale et participera, avec celle-ci, à leur présentation au chef d'entreprise, aux négociations éventuelles et, occasionnellement, aux conflits collectifs du travail. Il surveillera, s'il y a lieu, la bonne exécution des décisions prises par l'employeur. L'activité des délégués syndicaux nécessite la possibilité pour eux de se déplacer dans l'entreprise et d'avoir accès à tous les lieux de travail, ce qui pose problème comme en matière de réunion et ce qui est généralement l'objet de clauses dans les conventions collectives ou de stipulations du règlement intérieur.

D. – Les actions collectives du syndicat

348. – Action de substitution du syndicat. Dans certaines matières limitativement déterminées par la loi, a été instituée une procédure dite de substitution, que peut mettre en œuvre le syndicat (sous réserve qu'il soit déclaré « représentatif ») dans l'intérêt du salarié, sans qu'il soit exigé que ce dernier ait donné au syndicat mandat exprès d'agir en justice. Ce mandat se trouve donc être présumé. Cependant, le salarié n'est pas lié définitivement par l'initiative du syndicat ; celui-ci est en effet tenu de notifier au salarié intéressé une lettre recommandée avec demande d'avis de réception l'informant de l'action que le syndicat se propose d'intenter et précisant que, pendant un délai de quinze jours courant de cette notification, il peut s'opposer à cette procédure et y mettre fin. À l'expiration du délai de 15 jours, à défaut d'opposition, le salarié est présumé accepter que le syndicat suive la procédure ; en cas d'opposition, l'instance est radiée.

Ce système de présomption trouve sa justification dans la constatation de la carence du salarié, explicable lorsque l'intérêt du litige est faible ; souvent, il s'abstient de prendre l'initiative de la demande en justice, craignant de ne pas avoir gain de cause et redoutant de provoquer le mécontentement de son employeur. Il a donc généralement intérêt à laisser le syndicat agir à sa place ; il n'est pas pourtant privé du droit de refuser de se joindre à l'action, puisque, par voie d'opposition, il peut mettre fin à la procédure dès son début.

Cette substitution concède aux syndicats une grande possibilité d'intervention, mais elle n'est recevable que dans certaines matières prévues par des textes particuliers, concernant notamment :

1° les travailleurs à domicile (C. trav., art. L. 721-19) ;

2° la discrimination à raison de la race, du sexe, de la religion, etc. ; cependant, en matière de harcèlement sexuel et moral, le syndicat ne peut agir en justice sans l'accord préalable du salarié (discrimination : C. trav., art. L. 122-49. – Harcèlement sexuel : art. L. 122-46 du même code. – Procédure : art. L. 122-53 du même code) ;

3° les litiges relatifs aux travailleurs étrangers (C. trav., art. L. 341-6-2 à 6) ;

4° le licenciement économique (niveau de discussion justifiant l'intervention du syndicat) ;

5° les actions nées en faveur de leurs membres, pour les actions en justice générées par une convention ou un accord collectif de travail, sans avoir à justifier d'un mandat écrit des intéressés (C. trav., art. L. 135-4, al. 1).

De la même façon et selon une procédure voisine, le Code du travail (art. L. 122-3-16) dispose que les organisations syndicales représentatives peuvent exercer, en faveur d'un salarié, « toutes actions en application de la présente section », qui est relative au contrat de travail à durée déterminée.

349. – Défense d'intérêts collectifs. L'article L. 411-11 du Code du travail autorise les syndicats à intervenir en justice dans le cas où est en cause « *l'intérêt collectif de la profession* », tant devant les juridictions civiles que devant les juridictions pénales, définition qui exclut par exemple une action pour atteinte à la vie privée (Cass. 1re civ., 19 déc. 1995 : *Bull. civ.* V, nº 479). Les syndicats professionnels représentatifs peuvent ainsi agir judiciairement devant les juridictions civiles pour atteinte au droit syndical ou au droit de grève, ou en contestation des élections professionnelles, et devant les juridictions pénales, lorsqu'il est question de repos dominical, de discrimination raciale, d'absence de moyens de sécurité ou de protection. L'article L. 135-4 du Code du travail permet également au syndicat d'intervenir pour la défense des intérêts de ses adhérents, si ceux-ci, dûment avertis, ne s'y opposent pas, lors des litiges nés de l'application de conventions (l'article L. 135-5 accorde même, dans certaines conditions, une action propre au syndicat).

Le syndicat est fondé à réclamer la réparation du préjudice collectif occasionné à l'ensemble de la profession, distinct de celui souffert par le ou les salariés à titre individuel ; il sera évalué en fonction de la nature de l'infraction, du nombre de faits et de leur répétition, ainsi que de la gravité de l'atteinte portée à la réglementation, dans le cadre de l'appréciation souveraine reconnue au juge du fond.

Section 2

LA PARTICIPATION À LA VIE ÉLECTIVE DE L'ENTREPRISE

§ 1. – Les délégués du personnel

350. – Institution. La mise en place des délégués du personnel revêt un caractère obligatoire et général pour tout le secteur privé (C. trav., art. L. 421-1), i.e. « les établissements industriels, commerciaux ou agricoles, les offices publics et ministériels, les professions libérales, les syndicats professionnels, les sociétés mutualistes, les organismes de sécurité sociale », c'est-à-dire encore à tout le secteur de droit privé, à l'exception des établissements occupant moins de onze salariés, ce qui exclut une partie de l'artisanat, du petit commerce et des exploitations agricoles.

L'élection des délégués est imposée « si l'effectif d'au moins onze salariés est atteint pendant deux mois, consécutifs, ou non, au cours des années précédentes ».

351. – Entreprise et établissement. La question se pose notamment lorsqu'une entreprise importante englobe plusieurs établissements distincts ou lorsque son personnel se trouve réparti sur différents chantiers ou sites de travail. Il doit être organisé un système de représentation propre à chaque établissement, dans la mesure où celui-ci répond à certains critères, dont la finalité est de ne pas laisser démunie de toute représentation une fonction quelconque du personnel, en palliant si nécessaire leur dispersion géographique (soit par rattachement à un autre établissement, soit par regroupement des succursales).

La première exigence est l'existence d'une communauté de travailleurs, i.e. d'un groupe de travailleurs ayant des intérêts communs ; ce critère n'est pas suffisant, à lui seul, pour légitimer la mise en place de délégués du personnel. Il faut en outre que le site de travail comporte un établissement autonome, c'est-à-dire que même si la gestion du personnel est centralisée « à un autre niveau », il doit y avoir sur place un représentant qualifié du chef d'entreprise, ayant pouvoir pour recevoir les réclamations et pour, dans les cas où il jugerait ne pas pouvoir les trancher, les transmettre à la direction.

352. – Élections. Sont électeurs tous les salariés de l'entreprise « des deux sexes, âgés de 16 ans accomplis, ayant trois mois au moins dans l'entreprise et n'ayant encouru aucune des condamnations prévues par les articles L. 4, L. 5 et L. 6 du Code électoral » (C. trav., art. L. 423-7 et L. 433-4). Cette règle d'ordre public ne connaît d'autre possibilité de dérogation que celle relative à la condition d'ancienneté, décidée sous certaines conditions par l'inspecteur du travail, après consultation des syndicats représentatifs (art. L. 423-12). Peuvent figurer sur les listes électorales les salariés licenciés, encore en cours de préavis ; les travailleurs mis à la disposition d'une autre entreprise sont électeurs dans l'entreprise qui les emploie et dans celle qui les accueille.

Le principe, fixé par la loi (C. trav., art. L. 423-2 et L. 433-2) est qu'il doit être institué deux collèges électoraux composés, l'un du personnel d'exécution (ouvriers et employés), l'autre des salariés possédant un niveau hiérarchique supérieur (« ingénieurs, chefs de service, agents de maîtrise et assimilés »). Le deuxième collège est obligatoire même s'il n'y a que deux cadres dans l'entreprise, dont un seul est éligible (Cass. soc., 17 nov. 1991 : *Bull. civ.* V, n° 202).

Il peut être dérogé aux règles légales par une convention ou un accord collectif, dans un sens favorable aux salariés, à condition qu'il soit signé par l'employeur et par toutes les organisations syndicales représentatives. À défaut d'accord entre le chef d'entreprise et les syndicats, l'inspecteur du travail procède à la répartition des salariés entre les collèges, en tenant compte des fonctions exercées et sa décision s'impose au tribunal d'instance, nonobstant tout recours judiciaire ; elle revêt en effet un caractère administratif. Dans les entreprises dont l'effectif ne dépasse pas 25 salariés, qui n'éliront qu'un délégué personnel titulaire et qu'un délégué suppléant, il n'existe qu'un collège électoral unique (C. trav., art. L. 423-6).

Les conditions d'éligibilité (qui doivent être remplies à la date du 1er tour de l'élection) sont : d'avoir 18 ans accomplis et avoir travaillé, comme salarié dans l'entreprise, pendant au moins trois mois (C. trav., art. L. 423-7). Ne peuvent être candidats ni le chef d'entreprise, ni son conjoint, ses ascendants et descendants, ni ses frères, sœurs et alliés au même degré, ni les cadres ayant reçu délégation de pouvoir du chef d'entreprise.

Le contentieux des élections est de la compétence du tribunal d'instance, à l'exception du recours intenté contre les décisions administratives prises par l'inspecteur du travail (recours hiérarchique ou recours pour excès de pouvoir).

353. – Protocole électoral. Les élections professionnelles, qui ont un caractère interne à l'entreprise et dont l'organisation incombe à l'employeur, se trouvent dans notre pays régies par une procédure définie par une convention, dite « protocole d'accord préélectoral », conclue entre le chef d'entreprise et les organisations ouvrières, en l'absence duquel il est pallié le cas échéant par l'inspecteur du travail.

L'employeur est tenu de mettre en place comité d'entreprise et délégués du personnel dès que l'entreprise atteint les seuils (effectifs) prévus par la loi et de procéder au renouvellement des représentants du personnel, soit globalement à l'expiration de leurs mandats, soit partiellement, lorsque par suite de démissions et de décès, un des collèges électoraux n'a plus de représentant, ou lorsque, dans les 18 mois de l'élection, le nombre de représentants est réduit au moins de moitié. L'organisation des élections est en principe effectuée d'office par l'employeur, mais en cas de carence, elle peut être demandée par une organisation syndicale représentative ou un salarié au chef d'entreprise avec, en cas de refus, recours exercé devant le tribunal d'instance.

L'employeur informe alors le personnel par l'affichage d'informations suffisamment explicites et adresse à toutes les organisations syndicales, par lettre simple, une invitation leur enjoignant de déposer les listes de candidatures et de négocier un protocole d'accord préélectoral, à peine de poursuites pénales du chef d'entrave au fonctionnement des institutions représentatives, sans préjudice de l'annulation des élections irrégulières. Le protocole préélectoral doit être revêtu des signatures de l'employeur et de la totalité des organisations syndicales ouvrières représentatives (accord unanime : C. trav., art. L. 423-3, al. 1 et L. 423-13, L. 433-2, L. 433-9, même code) et possède en conséquence une force obligatoire pour les parties ; il est transmis à l'inspecteur du travail. Il est opposable à l'ensemble des salariés et doit être signé de toutes les organisations syndicales. À défaut d'unanimité, les modalités de l'élection qui n'ont pas été alors fixées pourront être déterminées à la requête de l'une des parties « par une décision du juge d'instance statuant en dernier ressort en la forme des référés ».

354. – Premier tour de scrutin. L'article L. 423-14 du Code du travail indique que « le scrutin est de liste à deux tours, avec représentation proportionnelle à la plus forte moyenne », ce qui, toutefois, n'interdit pas forcément les candidatures individuelles, mais exclut le panachage entre listes, du fait qu'il permet la pratique de la décapitation des listes, qui aboutit à empêcher l'élection des syndicalistes les plus actifs, portés en tête de liste. Les listes, qui doivent être établies par collège électoral et être distinctes pour les délégués titulaires et suppléants, comprennent en principe un nombre de candidats égal à celui des sièges à pourvoir.

L'établissement des listes est réservé aux « organisations syndicales représentatives », qui en ont le monopole, ce qui exclut les candidatures présentées par des syndicats « non représentatifs » à leurs adhérents, étant en outre précisé que :

1) chaque syndicat représentatif n'est autorisé à déposer qu'une seule liste par collège électoral ;

2) il ne peut inscrire un candidat qu'après avoir obtenu son accord ;

3) les organisations non syndicales ne sont pas admises à présenter des candidats.

En principe, l'ordre des candidatures, choisi par le syndicat, détermine celui des élus. Cependant, dans certaines circonstances, où il s'avère que des catégories de salariés peu nombreux, inscrits dans un collège électoral, risquent de ne pas avoir d'élus, il est permis de leur réserver des sièges, soit par l'effet d'un accord collectif ou disposition légale, soit en exécution d'une décision prise par l'inspecteur du travail lorsqu'il effectue les répartitions entre les collèges.

Le quorum, lors du scrutin du premier tour, est fixé à la moitié des électeurs inscrits ; s'il n'est pas atteint (C. trav., art. L. 423-14), il est procédé à un second tour au cours duquel n'existe plus le monopole réservé aux organisations syndicales, d'autres listes pouvant être déposées.

Il s'agit d'un scrutin secret sous enveloppe (C. trav., art. L. 423-13). Les ratures ne sont pas prises en compte (interdiction du panachage) quand elles n'atteignent pas 10 % des suffrages exprimés et les candidats sont proclamés élus dans l'ordre de leur présentation, afin de faire échec à la pratique de la décapitation des listes.

La loi n° 2004-575 du 21 juin 2004 a permis le « vote électronique » dans des conditions et selon des modalités définies par décret en Conseil d'État. La mise en place d'un système de vote électronique est subordonnée à la signature d'un *accord d'entreprise*. Le scrutin doit se dérouler selon les principes du Code électoral (art. L. 65, L. 67 et R. 57) : au bulletin secret, avec possibilité de se retirer dans les isoloirs, le bulletin étant placé dans une enveloppe et le dépouillement étant effectué par des scrutateurs désignés parmi les électeurs, sous le contrôle des délégués de liste (Cf. Cass. soc., 20 oct. 1999 : *Bull. civ.* V, n° 390 ; *CSBP* 2000, n° 116, S. 49, obs. F.-J. Pansier).

Tout ceci exclut formellement le télévote ou vote électronique à distance, grâce à l'Internet.

355. – Second tour de scrutin. Il a lieu lorsqu'au premier tour, le nombre des votants est inférieur à la moitié des électeurs inscrits (C. trav., art. L. 423-14), résultat qui démontre que les candidats présentés par les différents syndicats, en vertu du monopole de présentation dont ils disposent, n'ont pas la confiance du personnel. Il est procédé au second tour dans un délai de quinze jours. Afin d'éviter un échec de cette réitération du vote, de nouvelles règles sont instituées :

1) plus de monopole syndical ; peuvent s'ajouter, aux candidatures initiales, des listes autres que celles présentées par les organisations syndicales ;

2) le quorum est calculé en prenant en compte seulement les suffrages exprimés, « à l'exclusion des bulletins blancs ou nuls » (Cass. ass. plén., 3 juin 1983 : *Bull. civ.*, n° 9).

Le second tour est organisé par le chef d'entreprise, qui est tenu d'informer les organisations syndicales des modalités de son déroulement.

356. – Proclamation des résultats. L'attribution des sièges se fait à la « représentation proportionnelle à la plus forte moyenne » (par collège électoral). Ce quotient électoral est obtenu en divisant le nombre total des suffrages exprimés, à l'exception des bulletins blancs ou nuls, par le nombre de sièges à pourvoir. Le nombre de voix recueillies est décompté par liste ; la division par le quotient électoral donne le nombre de sièges attribués à la liste, en suivant l'ordre figurant sur la liste. Les sièges non pourvus, par l'effet de ce calcul, sont alors attribués, à titre supplémentaire, à la liste qui a obtenu la « plus forte moyenne » (C. trav., art. R. 433-2 et R. 433-3) ; la moyenne est déterminée « en divisant le nombre de voix obtenues pour chaque liste par le nombre de sièges qui lui ont été attribués, augmenté d'une unité ». Des calculs successifs sont opérés jusqu'à distribution de la totalité des sièges restant à pourvoir. En cas d'égalité de moyenne, le siège en balance est attribué à la liste qui a obtenu le plus de suffrages.

Le bureau de vote – sous réserve des rectifications ultérieures qui pourront être établies par le tribunal d'instance saisi de contestations –, donne lecture des résultats et proclame les candidats élus nominativement ; c'est à compter de cette proclamation que court le délai de quinze jours imparti pour saisir d'une contestation le tribunal d'instance. Le procès-verbal est signé par les membres du bureau de vote ; il est établi en plusieurs exemplaires, remis à l'employeur et aux syndicats. Il est procédé à son affichage sur les panneaux de l'entreprise.

Au cas où le quorum n'a pas été atteint, ou si aucun candidat ne s'est présenté, il est dressé un procès-verbal de carence ; la situation résultant de l'absence d'élus, au premier et au second tour, sera éventuellement soumise au tribunal d'instance, qui prendra s'il y a lieu les mesures utiles en vue d'organiser de nouvelles élections.

§ 2. – Le comité d'entreprise

357. – Naissance et mise en place. Les comités d'entreprise sont nés en 1945, à une époque où beaucoup d'entreprises étaient nationalisées (la plupart ont été « privatisées » depuis lors ; certaines sont tombées en déconfiture) ; le pouvoir politique de l'époque envisageait une participation ouvrière à la gestion et aux résultats.

Le Code du travail, qui traite du comité d'entreprise aux articles L. 431-1 et suivants, ne donne aucune définition légale du comité d'entreprise, lequel, dès lors qu'il est composé essentiellement de délégués élus du personnel, ne peut être qu'un organe de représentation interne des salariés. L'employeur a l'obligation de mettre en place un comité d'entreprise « si l'effectif d'au moins cinquante salariés est atteint pendant douze mois, consécutifs ou non, au cours des trois années précédentes ». Il est cependant possible de constituer un comité d'entreprise dans une entreprise comportant moins de cinquante salariés, par convention ou accord collectif, signé par tous les syndicats ; le comité ainsi créé est soumis à l'entière réglementation du Code du travail.

358. – Délégation unique du personnel. Il est possible de ne pas instituer un comité d'entreprise lorsque l'effectif est supérieur ou égal à 50 salariés et inférieur à 200 ; l'article L. 431-1-1 du Code du travail permet à l'employeur, après avoir consulté les délégués du personnel, et s'il y a lieu, le comité d'entreprise, de décider que les délégués du personnel constitueront la délégation du personnel au comité d'entreprise.

Les délégués du personnel conservent le statut et les attributions qui leur sont propres et les cumulent avec ceux de membres du comité d'entreprise ; leur nombre est fixé comme suit (C. trav., art. R. 423-1-1) :

Effectif de l'entreprise	Délégués titulaires	Délégués suppléants
50 à 74 salariés	3	3
75 à 99 salariés	4	4
100 à 124 salariés	5	5
125 à 149 salariés	6	6
150 à 174 salariés	7	7
175 à 199 salariés	8	8

359. – Fonctionnement. Le comité d'entreprise est présidé par le chef d'entreprise, ou son représentant. Chaque organisation syndicale représentative désigne un représentant au comité central d'entreprise (C. trav., art. L. 435-4, dernier al.). Ce représentant assiste aux réunions avec seulement voix consultative. S'il existe un délégué syndical, il est membre de droit du comité d'entreprise ; dans la négative, les membres désignés doivent nécessairement être pris parmi les salariés de l'entreprise. La désignation est notifiée à l'employeur par lettre recommandée avec avis de réception. Les contestations sont portées devant le tribunal d'instance, suivant la procédure suivie en ce qui concerne les élections professionnelles, que nous avons déjà exposée. Le syndicat peut mettre fin au mandat de son représentant et le remplacer.

Le nombre de membres élus *pour deux ans* est déterminé par la loi, selon le tableau suivant (C. trav., art. R. 433-1) :

Effectif	Titulaires	Suppléants
50 à 74 salariés	3	3
75 à 99 salariés	4	4
100 à 399 salariés	5	5
400 à 749 salariés	6	6
750 à 999 salariés	7	7
1 000 à 1 999 salariés	8	8
2 000 à 2 999 salariés	9	9
3 000 à 3 999 salariés	10	10
4 000 à 4 999 salariés	11	11
5 000 à 7 499 salariés	12	12
7 500 à 9 999 salariés	13	13
au-delà de 10 000	15	15

360. – Missions et heures de délégation. Le représentant du personnel a pour rôle de s'entretenir avec les salariés, de les laisser manifester leur avis ou exprimer leurs souhaits et de dialoguer, en cas de besoin, avec les cadres et le chef d'entreprise ; il doit néanmoins éviter que son action se transforme en un trouble systématique apporté à la production ou une incitation au désordre et à l'insubordination.

Seuls les délégués titulaires bénéficient d'un crédit d'heures de délégation, soit 20 heures par mois, sauf « circonstances exceptionnelles ». Elles sont de plein droit considérées comme temps de travail ; la durée des réunions du comité d'entreprise (ou des commissions) est également comptée comme travail effectif. Le délégué du personnel est présumé avoir utilisé les heures de délégation pour l'accomplissement de sa mission ; la preuve du contraire, en cas de contestation, est à la charge de l'employeur.

361. – Fonctionnement. L'employeur doit 1° : fournir des locaux, des lieux de réunion et des moyens matériels ; 2° : en nature ou en argent, une subvention équivalente au minimum à 0,2 % de la masse salariale ; 3° : embaucher un personnel salarié rémunéré sur le budget de fonctionnement du comité. Le comité n'est pas libre de disposer des fonds à son gré : il est tenu d'établir un budget social et culturel et ne saurait s'occuper d'activités étrangères à l'entreprise.

L'administration interne comporte un bureau élu par les membres du comité, dont la cellule ouvrière est le secrétariat. Le comité doit créer un certain nombre de commissions, notamment « économique » (entreprises d'au moins 1 000 salariés), « de formation » (à partir de 200 salariés), « d'information et d'aide au logement » (au moins 300 salariés) et il lui est loisible d'en constituer d'autres, dites « facultatives ».

Il établit par ailleurs son règlement intérieur.

Les garanties légales s'appliquent aux comités d'établissement, comme aux comité central, institué lorsqu'il existe plusieurs établissements, aux comités de groupe, aux comités de site et aux commissions créées par les comités ; elles portent sur :

1) la périodicité des réunions (exemple : tous les mois si le nombre des salariés est de 150 au moins ; tous les deux mois au-dessus de 150 ; tous les 6 mois pour le comité central), avec faculté d'obliger l'employeur à convoquer une deuxième réunion ;

2) la fixation de l'ordre du jour par décision commune du chef d'entreprise et du secrétaire. La jurisprudence est à cet égard rigoureuse : elle sanctionne l'employeur qui fixe seul l'ordre du jour des peines du délit d'entrave ; en cas de conflit, le litige est soumis au président du tribunal de grande instance statuant en référé. L'ordre du jour non contesté devient ainsi définitif, sans qu'il soit possible de le modifier ;

3) la communication de l'ordre du jour, aux membres du comité d'entreprise, au moins trois jours avant la date de la réunion ;

4) l'envoi des convocations par l'employeur, aux membres titulaires, suppléants et aux représentants syndicaux. Aucune forme n'est imposée ; elle doit être faite par écrit, en observant un délai raisonnable.

Les délibérations ont lieu sous la présidence du chef d'entreprise, qui a voix délibérative, sauf pour les questions propres au personnel (consultation) ou sur la gestion des activités du comité d'entreprise. Une feuille de présence est dressée. Tous les participants au comité disposent de la faculté de prendre part aux délibérations, ouvertes sur les points inscrits à l'ordre du jour.

Seuls ont voix délibérative les représentants titulaires et les suppléants qui siègent en remplacement d'un titulaire absent. La voix de l'employeur, quand il est admis à voter, n'est pas prépondérante. Le vote est acquis à la majorité des membres présents et votants. L'établissement et la signature du procès-verbal sont de la compétence du secrétaire du comité d'entreprise, qui le communique au chef d'entreprise (celui-ci fera connaître ultérieurement les décisions qu'il a prises quant à la suite donnée aux résolutions votées), ainsi qu'à l'inspecteur du travail ; le procès-verbal est affiché à la diligence du secrétaire, sur les panneaux apposés à l'intérieur de l'entreprise.

362. – Information du CE. Le comité d'entreprise est en droit d'obtenir du chef d'entreprise, notamment : 1) des informations sur la situation économique et financière de l'employeur ; 2) des informations particulières concernant les méthodes de recrutement, l'apprentissage, la médecine du travail, les réseaux de participation ; une très large liste d'obligations d'information pèsent sur le chef d'entreprise.

Un autre rôle très important, qui présente un grand intérêt pour les salariés, est celui relatif aux consultations et avis, obligatoires par exemple en matière d'OPA, d'absorption, de fusion, de restructuration, de licenciements pour motif économique et de critères de reclassement. Il en est de même pour ce qui concerne les horaires de travail, le temps partiel, les heures supplémentaires, les repos compensatoires, les horaires individuels ; n'oublions pas non plus l'élaboration ou la modification du règlement intérieur.

Suite à certaines affaires de délits et manquements d'initié impliquant des comités d'entreprise, le législateur a ressenti la nécessité de limiter l'information que peuvent recevoir les CE en cas d'OPA. Ainsi, la loi de cohésion sociale (L. n° 2005-32, 18 janv. 2005, art. 77, III : *JO* 19 janv. 2005) insère un nouvel article qui dispose que le chef d'entreprise prêt à lancer une OPA ou OPE n'est pas tenu (contrairement au chef d'entreprise dont l'entreprise est la cible) « de consulter le comité d'entreprise avant le lancement d'une offre publique d'achat ou d'une offre publique d'échange portant sur le capital d'une entreprise » (C. trav., art. L. 432-1, *ter*).

Le comité d'entreprise, lorsqu'il s'avère que la gestion est aventureuse et l'avenir incertain, dispose d'un *droit dit d'alerte*, qui lui permet de rechercher s'il existe un danger et de recueillir tous renseignements utiles, en recourant si besoin est à un expert-comptable ou technologique, qui dressera rapport, mais dont la rémunération incombera à l'employeur. Le comité d'entreprise dispose, en outre, de la faculté de recourir à d'autres expertises, mais il en assumera alors les frais.

363. – Énumération des activités. Une énumération non limitative figure à l'article R. 432-2 du Code du travail :

1° *la prévoyance et l'entraide* (aides aux nécessiteux, caisses mutuelles de retraite complémentaire), les œuvres sociales (colonies de vacances, séjours de montagne, hébergements balnéaires) ;

2° les *activités sociales* (coopératives d'achat, cantines et cafétérias) et *culturelles* ;

3° les *institutions d'ordre professionnel* (centres de formation, bibliothèques techniques, stages de perfectionnement).

§ 3. – Le CHSCT

364. – Mise en place. Sont concernées toutes les entreprises assujetties à la législation du travail (C. trav., art. L. 231-1), à l'exception des administrations et établissements publics de l'État et des collectivités territoriales, ainsi que de certaines activités, qui ont certes un caractère privé, mais qui, en raison de leurs spécificités, ont été pourvues, le plus souvent par voie statutaire, d'un régime particulier (mines, carrières, transports par fer, par route, par eau, autres critères).

Il faut par ailleurs noter que la loi distingue deux sortes d'établissements :

1) création obligatoire d'un CHSCT : l'employeur est tenu de mettre en place un CHSCT lorsque l'établissement (et non l'entreprise) compte un effectif d'au moins 50 salariés. La notion d'établissement (ou site de travail) se relie à la définition d'un secteur géographique de proximité (permettant un contrôle sérieux) et à l'existence d'une autonomie suffisante (présence sur place d'un dirigeant, ou cadre, détenteur d'un pouvoir suffisant de décision ou d'une délégation de compétence conférée par l'employeur). Il est d'ailleurs prévu, dans les entreprises employant au moins 500 salariés, la possibilité de créer des CHSCT supplémentaires, dans des cas déterminés par la loi, sous le contrôle de l'inspecteur du travail, qui a mission de trancher les désaccords éventuels ;

2) création facultative d'un CHSCT : lorsque l'établissement occupe moins de 50 salariés, l'employeur n'est pas tenu de prendre l'initiative d'organiser un CHSCT. Les attributions de celui-ci sont alors exercées par les délégués du personnel. Cependant, d'office ou à la demande de syndicats, l'inspecteur du travail a reçu compétence pour prendre une décision (possibilité de recours devant le directeur régional du travail) enjoignant à l'employeur de mettre en place un tel comité, notamment si la nature particulière de l'activité et du site de travail la rendent nécessaire.

365. – Membres. Le CHSCT est constitué par : l'employeur, président (à défaut, son représentant) ; le médecin du travail ; les chefs du service de sécurité de l'entreprise (à défaut, l'agent chargé de ce service) ; la délégation du personnel *élue pour 2 ans* et *bénéficiant d'une formation spécifique rémunérée par l'employeur*. Peuvent en outre assister aux débats : 1) l'inspecteur du travail ; 2) les agents des services de prévention de la Sécurité sociale.

La délégation du personnel doit comprendre un nombre de délégués fixé par le tableau suivant (C. trav., art. R. 236-1) :

Effectif de l'établissement	Nombre total de délégués	dont : agents de maîtrise et cadres
Moins de 200 salariés	3	1
200 à 499	4	1
500 à 1 499	6	2
1 500 et plus	9	3

Le collège « désignatif », que convoquera l'employeur pour la date du scrutin, est restreint ; en effet, il comprend uniquement les membres élus du comité d'entreprise, ou d'établissement, et les délégués du personnel. Le procès-verbal de l'élection est transmis par le chef d'entreprise à l'inspecteur du travail. Tout salarié de l'entreprise peut être candidat ; aucune formalité n'est requise ; il suffit de notifier la candidature à l'employeur avant l'ouverture du scrutin. Les contestations sont tranchées à bref délai par le tribunal d'instance saisi par voie de déclaration au greffe (C. trav., art. R. 236-5-1).

366. – Fonctionnement. Le CHSCT est présidé par le chef d'entreprise (ou son représentant), assisté d'un secrétaire élu parmi les délégués du personnel. L'employeur fournit les moyens matériels nécessaires (local, secrétariat, etc.). Les réunions ont lieu au moins une fois par trimestre ; l'ordre du jour est fixé d'un commun accord par le président et le secrétaire.

Le CHSCT accomplit sa mission en utilisant les moyens légaux et réglementaires mis à sa disposition, parmi lesquels nous citerons les plus importants : consultation obligatoire pour tout changement apporté aux conditions de travail (notamment introduction de nouvelles technologies, modification de fabrication, rythme de travail) ; recherche des moyens de prévention en matière de risques professionnels, enquêtes, avis, relations avec le médecin du travail et l'inspecteur du travail, possibilité, en cas de risque grave, de recourir à une expertise, aux frais de l'entreprise ; établissement d'un programme annuel de prévention, suivi de l'établissement d'un rapport ; le chef d'entreprise, destinataire de ce rapport qui énonce les mesures à prendre, est tenu, ou de mettre en application ces mesures, ou d'indiquer les motifs de leur inexécution.

Section 3

LA SUSPENSION DU CONTRAT DE TRAVAIL

§ 1. – Les accidents du travail. La maladie professionnelle

367. – Accident du travail. Le salarié bénéficie de plein droit de la législation relative aux accidents du travail, qui déroge au droit commun, notamment comme faisant application de *présomptions* (l'accident survenu au temps et au lieu du travail est réputé accident du travail) et de *règles forfaitaires d'indemnisation* (celle-ci étant majorée en cas de faute inexcusable). Nous ne faisons que mentionner, bien qu'il soit très important, cet élément du statut du personnel de l'entreprise, lequel se situe traditionnellement hors de l'étude du contrat de travail. La législation applicable figure en effet, pour sa majeure partie, au *Code de la sécurité sociale* (art. L. 411-1 et 2, L. 431 et s., L. 455-1 et s., R. 431 et s., R. 441 et s.).

368. – Conséquences de l'accident du travail et de la maladie professionnelle. Aux termes des articles L. 122-32-1 et suivants du Code du travail, l'accident du travail a pour effet de *suspendre le contrat de travail*, depuis la date de l'accident jusqu'à la *visite médicale de reprise*, avant laquelle aucun licenciement n'est possible (Cass. soc., 8 nov. 1995 : *Gaz. Pal.* 1996, 1, pan. jurispr. p. 15 ; *CSBP* 1996, n° 76, A. 7), et non à la date de consolidation de la blessure, fixée par la Caisse primaire d'assurance-maladie ; c'est donc l'aptitude du salarié à reprendre le travail, constatée par le médecin du travail, qui est prise en compte (Cass. soc., 15 juill. 1998 : *Gaz. Pal.* 1998, 2, pan. jurispr. p. 300 ; *CSBP* 1998, n° 104, S. 361) ; si le travail n'est pas repris, la suspension est prolongée jusqu'à la date de la *décision de la COTOREP*, réglant la situation du salarié (envoi en stage de réadaptation ou de formation, changement d'emploi, invalidité). Il convient de préciser que la suspension du contrat de travail, dont la durée ne peut excéder *un an*, si elle est ininterrompue, est sous certaines conditions *assimilée à une période de travail effectif* (par exemple, pour calculer la durée du congé).

§ 2. – La grève

369. – Droit fondamental. Le droit de grève est le fruit d'une longue évolution jusqu'à devenir aujourd'hui un droit constitutionnellement reconnu. Au XIXe siècle, la grève était interdite par la loi et tout groupement des salariés était soupçonné de faire obstacle au commerce. La force patronale était néanmoins sûre car les syndicats patronaux étaient admis. Cependant, au cours du XXe siècle, nous avons assisté à la reconnaissance du droit de grève, finalement doté d'un statut constitutionnel au moyen de l'alinéa 7 du Préambule de la Constitution de 1946.

Le droit de grève, qui est d'ordre public, s'exerce dans le cadre des lois qui le réglementent (alinéa 7 du Préambule), constitué par les articles L. 521-1 et L. 122-45 du Code du travail. Un arrêt a pu décider à ce titre que « (...) une convention collective ne peut avoir pour effet de limiter ou de réglementer pour les salariés l'exercice du droit de grève constitutionnellement reconnu, et seule la loi peut créer un délai de préavis de grève s'imposant à eux » (Cass. soc., 12 mars 1996, *Berthelot* c/ *Laiterie de l'Abbaye* : *Bull. civ.* V, n° 88 ; *Gaz. Pal.* 1996, 1, pan. jurispr. p. 111). Seule la loi peut imposer un régime spécifique à l'exercice du droit de grève.

Sur le plan européen, la Charte des droits fondamentaux de l'Union européenne du 7 décembre 2000 permet aux salariés de recourir, pour la défense de leurs intérêts, au droit de grève, en se conformant « au droit communautaire et aux législations et pratiques nationales » (art. 28). Le droit de grève (et de *lock-out*) est aussi prévu par la Charte sociale européenne, révisée le 3 mai 1996 et ratifiée par la France (L. n° 99-174, 10 mars 1999) ; elle recommande l'instauration de procédures appropriées de conciliation et d'arbitrage volontaires pour le règlement des conflits du travail (partie II, art. 6.4). Enfin, la Convention européenne de sauvegarde des droits de l'homme et des libertés fondamentales du 4 novembre 1950 (ratifiée par la France le 31 décembre 1973) protège la liberté de défendre les intérêts professionnels aux adhérents d'un syndicat par l'action collective de celui-ci.

À défaut de la qualification de « grève », une cessation volontaire de travail peut être sanctionnée par le licenciement, car la seule participation à un mouvement qui n'entre pas dans le cadre de l'exercice licite d'une grève constitue une faute lourde. L'enjeu de la qualification de « grève » est donc de taille ; à défaut, le salarié gréviste perdra toute sa protection.

370. – Définition. La Chambre sociale a défini l'objet de la grève : « un arrêt de travail ne constitue une grève licite que s'il a pour objet de faire aboutir des revendications professionnelles déjà déterminées que l'employeur a refusé de satisfaire » (Cass. soc., 26 mars 1980 : *Bull. civ.* V, n° 228).

En d'autres termes, si l'arrêt de travail, auquel le salarié a participé, ne correspond à aucune revendication professionnelle, le licenciement pour faute lourde est justifié (Cass. soc., 17 déc. 1996 : *Bull. civ.* V, n° 445 ; *CSBP* 1997, n° 88, S. 44 ; *Gaz. Pal.* 1997, 1, pan. jurispr. p. 47 ; *JCP* 1997, II, 22773, rapp. P. Waquet). Toutefois, « si la présentation de revendications professionnelles doit être préalable, la grève n'est pas soumise en principe à la condition d'un rejet desdites revendications par l'employeur » (Cass. soc., 7 févr. 1990, *Sté Baze* : *Bull. civ.* V, n° 42 ; *Gaz. Pal.* 1990, 2, pan. jurispr. p. 134 ; *RJS* 1990, p. 170, n° 241). Les revendications peuvent de fait être implicites : crainte sur la stabilité de l'emploi, par exemple (Cass. soc., 4 avr. 1990 : *Bull. civ.* V, n° 156 ; *Gaz. Pal.* 1991, 1, pan. jurispr. p. 23 – Cass. soc., 2 juin 1992 : *Bull. civ.* V, n° 355 : *Gaz. Pal.* 1993, 1, pan. jurispr. p. 39).

Le *caractère professionnel* des revendications exclut les grèves à caractère politique, qui ont été déclarées illicites (Cass. soc., 23 mars 1953 : *JCP* 1953, II, 7709, note H. Delpech ; *D.* 1954, 89, note G. Levasseur. – Cass. soc., 4 mai 1956 : *Bull. civ.* V, n° 415). Toutefois, une grève déclenchée pour soutenir l'action du gouvernement peut être déclarée licite, s'agissant d'une manifestation de civisme (Cass. soc., 19 juin 1963 : *D.* 1963, p. 683, note G. Lyon-Caen ; *JCP* 1953, II, 13428, note H. Sinay ; *Dr. soc.* 1964, p. 64, obs. J. Savatier). De même, les « grèves mixtes », dans lesquelles revendications politiques et préoccupations professionnelles sont mélangées (Cass. crim., 23 oct. 1969 : *Bull. crim.*, n° 267. – Cass. soc., 29 mai 1979 : *Bull. civ. V*, n° 464), peuvent être jugées licites.

Si des salariés continuent de faire grève à la suite de la *satisfaction de leurs revendications professionnelles*, il leur est nécessaire d'avoir une « revendication nouvelle » à l'appui de leur arrêt de travail, faute de quoi la grève ne sera pas constituée : « les arrêts de travail pratiqués sur un chantier par une minorité très réduite de salariés faisaient suite à une grève qui avait pris fin pour l'ensemble du personnel, ils n'étaient appuyés par aucune revendication nouvelle et ils avaient été formellement désavoués par le comité d'établissement, qui s'était réuni sur le chantier et avait informé les salariés des dispositions prises par l'employeur pour remplacer le personnel intérimaire par du personnel de l'entreprise au fur et à mesure de l'achèvement des autres chantiers » (Cass. soc., 6 nov. 1985, *Sté Colas* : *Bull. civ.* V, n° 303 ; *Gaz. Pal.* 1986, 1, pan. jurispr. p. 55 ; *D.* 1986, inf. rap. p. 388, note J. Goineau ; *Dr. soc.* 1986, p. 610, note Déprez. – *Adde* : Cass. soc., 19 juin 1987 : *D.* 1988, somm. p. 325, obs. Borenfreund ; *Bull. soc. Lefebvre* 1988, p. 75, note Déprez). La Chambre sociale décide également, dans son arrêt en date du 2 juin 1992 (*Zaluski* : *Bull. civ.* V, n° 356 ; *CSBP* 1992, n° 225, A. 40 ; *Gaz. Pal.* 1992, 2, pan. jurispr. p. 196 ; *Dr. soc.* 1992, p. 696, rapp. Waquet ; *RJS* 1992, p. 501, n° 906), que « si la grève suppose l'existence de revendications de nature professionnelle, le juge ne peut, sans porter atteinte au libre exercice d'un droit constitutionnellement reconnu, substituer son appréciation à celle des grévistes sur la légitimité ou le bien-fondé de ces revendications » (ce qui est un revirement par rapport à l'arrêt de l'assemblée plénière du 4 juillet 1986 : *Gaz. Pal.* 1986, 2, pan. jurispr. p. 207 ; *D.* 1986, p. 477, concl. Bouyssic, note Ray ; *JCP* 1986, II, 20694, note Teyssié ; *Dr. soc.* 1986, p. 745, note G. Lyon-Caen ; cependant annoncé par deux arrêts de Paris, 27 janv. 1988, *Air Inter* : *Gaz. Pal.* 1988, 1, p. 131, concl. Lupi ; *D.* 1988, p. 351, note Javillier ; *JCP* 1988, II, 20978, note Teyssié ; *Dr. soc.* 1988, p. 242, note Ray).

Les grévistes doivent avoir une volonté non équivoque de cesser le travail et de faire grève : le juge doit constater l'existence d'un arrêt de travail et l'information de l'employeur de cet arrêt.

La Cour de cassation exige encore que la cessation du travail soit *collective*, sauf dans l'hypothèse où le salarié faisant grève était le seul dans l'entreprise

(Cass. soc., 13 nov. 1996 : *Bull. civ.* V, n° 379). Le caractère collectif peut également s'apprécier au-delà de l'entreprise en cas de mot d'ordre national (Cass. soc., 29 mars 1995 : *Bull. civ.* V, n° 111).

371. – Privation de salaire pour le salarié. « La grève ayant pour effet de suspendre l'exécution du contrat de travail, l'employeur n'est pas tenu de payer le salaire pendant la période de cessation du travail » (Cass. soc., 20 janv. 1993, *Sté Setforge* : *Bull. civ.* V, n° 13 ; *CSBP* 1993, n° 47, S. 21). Quantitativement, « dès l'instant que la grève est reconnue licite la rémunération des salariés grévistes ne doit subir qu'un abattement proportionnel à la durée de l'arrêt de travail » et cet abattement est calculé sur l'horaire mensuel des salariés.

Une *prime d'assiduité,* incitation à travailler et de s'abstenir de faire grève, est valable « à la condition que toute absence, quelle qu'en soit la cause, autorisée ou non, entraîne les mêmes restrictions d'attribution de la prime » (Cass. soc., 19 nov. 1987, *Sté Massey Ferguson* : *Bull. civ.* V, n° 655. – *Adde* : Cass. soc., 16 févr. 1994 : *Bull. civ.*, n° 55 ; *CSBP* 1994, n° 59, A. 22), sur le fondement que la prime ne soit pas discriminatoire au sens de l'article L. 521-1 du Code du travail.

L'exercice du droit de grève ne peut donner lieu de la part de l'employeur à des *mesures discriminatoires* en matière de rémunération et d'avantages sociaux ; par suite, doit être cassé l'arrêt qui n'a pas répondu aux conclusions des salariés grévistes, qui soutenaient que toutes les absences, autorisées ou non, ne donnaient pas lieu à retenues incluant dans leur calcul la prime de fin d'année, ce dont il résultait que les retenues opérées par l'employeur, en raison d'absences motivées par la grève, constituaient des mesures discriminatoires (Cass. soc., 16 déc. 1998 : *CSBP* 1999, n° 111, S. 156, note Martin Lebeau).

Les grévistes recevront une indemnité équivalente à leur perte de salaire lorsqu'ils « se sont trouvés dans une situation contraignante telle qu'ils ont été obligés de cesser le travail pour faire respecter leurs droits essentiels directement lésés par un manquement grave et délibéré de l'employeur à ses obligations » (arrêt *Sté Setforge,* 20 janv. 1993, préc.). Tel ne sera pas le cas lorsqu'un protocole de fin de conflit n'aura pas été signé (arrêt *Setforge*) ; néanmoins, les conditions seront réunies lorsqu'une prime de rendement a pour effet d'inciter « les salariés à méconnaître les règles régissant la durée du travail » (Cass. soc., 21 mai 1997, *GTP* : *Bull. civ.* V, n° 183), car contrevenant à un texte d'ordre public.

372. – Impossibilité de licencier le salarié gréviste. Le principe de la protection du salarié gréviste (la grève ne rompt pas le contrat de travail) ressort des premier et deuxième alinéas de l'article L. 521-1 du Code du travail : alinéa 1 : « la grève ne rompt pas le contrat de travail sauf faute lourde imputable au salarié » ; alinéa 2 : « tout licenciement prononcé en violation du premier alinéa du présent article est nul de plein droit ».

Un salarié gréviste ne peut être licencié ou sanctionné à raison d'un fait commis au cours de la grève que si ce fait est constitutif d'une faute lourde (Cass. soc., 16 déc. 1992 : *Bull. civ.* V, n° 592 ; *CSBP* 1993, n° 47, A. 8). La Chambre sociale étend la protection de l'article L. 521-1 du Code du travail dans son arrêt du 22 janvier 1992 (*Sté Vidéo Bordeaux* : *Bull. civ.* V, n° 19 : *Gaz. Pal.* 1992, 1, pan. jurispr. p. 57) en énonçant que « la nullité du licenciement d'un salarié gréviste n'est pas limitée au cas où le licenciement est prononcé pour avoir participé à une grève, mais qu'elle s'étend à tout licenciement d'un salarié prononcé à raison d'un fait commis au cours de la grève à laquelle il participe et qui ne peut être qualifié de faute lourde ». L'arrêt *Cherki c/ Findus* du 4 novembre 1992 (*Bull. civ.* V, n° 529 ; *CSBP* 1993, n° 46, A. 2 ; *Gaz. Pal.* 1992, 2, pan. jurispr. p. 311) a apporté des données plus précises dans la construction de la notion de « faute lourde » : constituent des fautes lourdes justifiant le licenciement les actes volontaires de violences envers les personnes, d'obstacles à la liberté du travail ou au fonctionnement de l'entreprise.

Tout licenciement sans faute lourde est nul de plein droit et le salarié peut demander la poursuite du contrat de travail – c'est un rare cas en droit français de nullité *per se* (Cass. soc., 29 juin 1994 : *Bull. civ.* V, n° 215 ; *Gaz. Pal.* 1994, 2, pan. jurispr. p. 161 ; *D.* 1994, inf. rap. p. 235 ; *JCP* 1994, II, 22324, rapp. P. Waquet).

Ces fautes lourdes disparaissent parfois par l'effet de l'amnistie (Cass. soc., 1er juill. 1998 : *CSBP* 1998, n° 306, S. 381).

§ 3. – Le *lock-out*

373. – Principe d'interdiction. Sans la poursuite de l'activité, la grève n'a aucune raison d'être. Les grévistes peuvent obliger l'employeur à poursuivre son activité à peine de jours d'astreinte (ce qui est rare en pratique), l'employeur ayant l'obligation de fournir du travail aux salariés ne faisant pas grève et ne pouvant faire *lock-out*. Dans ce contexte, « le recours au *lock-out*, avec précipitation, à la seule annonce de la grève envisagée, dans le but de briser le mouvement en préparation » constitue une faute (Cass. soc., 24 janv. 1968, *Lesieur* : *Bull. civ.* V, n° 51. – *Adde* : Cass. soc., 5 mai 1959 : *Bull. civ.* IV, n° 538). De même, lorsque « la totalité du magasin ou des lieux de travail pouvaient être rouverts une demi-heure après la fin de la grève », l'employeur ne sera pas libéré de fournir du travail à ses salariés (arrêt *Baze*, 7 févr. 1990, préc.). Dès lors que le *lock-out* a pour objet de faire obstacle à l'efficacité de la grève ou a pour effet d'entraver la liberté du travail, il sera interdit à l'employeur d'y avoir recours.

374. – Exception de la situation contraignante. Dans le cas d'une « situation contraignante », l'employeur se voit reconnaître le droit du recours au chômage partiel par dérogation au principe. Il faut que ce soit une « fermeture préventive » (arrêt *Lesieur*, 24 janv. 1968, préc.).

Le critère de cette nature préventive réside dans « la nécessité de maintenir l'ordre et la sécurité dans l'entreprise » (Cass. soc., 21 mars 1990, *Sté La Chapellerie Française* : *Bull. civ.* V, n° 131 ; *Gaz. Pal.* 1990, 2, pan. jurispr. p. 151 ; *Gaz. Pal.* 1990, 2, somm. p. 496, obs. X ; *D.* 1990, inf. rap. p. 99) ce qui constitue ainsi un fait justificatif de la fermeture. De même, l'obligation de l'employeur « d'assurer la sécurité des usagers et des installations » (Cass. soc., 7 nov. 1990, *Régie des Transports de Marseille* : *Bull. civ.* V, n° 518 ; *Gaz. Pal.* 1991, 1, pan. jurispr. p. 119) peut le contraindre à fermer l'entreprise. En résumé, la menace à l'ordre dans l'entreprise ainsi que la sécurité du personnel, des usagers et des installations constitue cette situation contraignante l'obligeant à avoir recours au chômage partiel.

La « simple crainte d'événements futurs et incertains » ne saurait suffire (Cass. soc., 8 déc. 1977, *Prévost* : *Bull. civ.* V, n° 685 ; *JCP* CI 1978, I, 6951, n° 42, obs. Teyssié. – L'employeur peut se prémunir contre les risques affectant la sécurité des personnes et des biens). Constitue néanmoins plus qu'une simple crainte une note « se référant à des actes de violence et des déprédations d'une extrême gravité et à un tract du même jour qualifiant ces actes de violence et déprédations de " magnifique action " et annonçant la poursuite de l'action dans l'entreprise sous des formes différentes pour le lendemain » (même arrêt) ; lorsqu'il y a donc eu des actes illicites d'une suffisante gravité et qu'il est prévisible que des actes similaires se reproduiront, il est loisible d'opérer une mise au chômage partiel.

Section 4

LA MODIFICATION DU CONTRAT DE TRAVAIL

§ 1. – Les modifications obligatoires

375. – Modifications du contrat par la loi nouvelle ou par une convention collective. Elles découlent des changements apportés à la législation et aux conventions collectives étendues applicables au contrat de travail. Le contrat de travail doit alors faire l'objet d'un avenant le mettant en conformité avec le nouveau statut ainsi défini (règles d'ordre public).

§ 2. – Les modifications conventionnelles

376. – Modification du contrat de travail. L'employeur dispose de la faculté de proposer au salarié des modifications au contrat de travail, qu'il ne peut mettre en vigueur que si le salarié a manifesté *clairement et sans équivoque son acceptation*. S'il s'agit d'une modification portant sur un *élément essentiel* du contrat, l'accord doit être *exprès et formel* ; il ne saurait être déduit de la poursuite de son travail par l'intéressé (Cass. soc., 29 janv. 1997 : *Bull. civ.* V, n° 38 ; *Gaz. Pal.* 1997, 2, pan. jurispr. p. 253).

377. – La notion d'élément essentiel. Pour définir ce qu'est un « élément essentiel » du contrat, la *directive communautaire du 14 octobre 1991* tranche le problème en dressant la liste des éléments essentiels du contrat de travail : nom de l'employeur et du salarié, lieu de travail, qualité ou catégorie d'emploi, description sommaire du travail, date du début du contrat ou de la relation de travail, rémunération, durée journalière ou hebdomadaire de travail, mention de la convention collective applicable (art. 2).

378. – Application d'une clause antérieure. Ainsi, lorsque les parties ont envisagé les possibles aménagements du contrat (par exemple par une clause de mobilité), il s'agit d'appliquer ici les principes du droit des obligations et la notion d'abus devient le critère de choix (Cass. soc., 9 mai 1990 : *Bull. civ.* V, n° 210 ; *CSBP* 1990, n° 173, A. 41 ; *Gaz. Pal.* 1990, 2, pan. jurispr. p. 183 ; *JCP* E 1991, II, 126, note Taquet. – Cass. soc., 10 juin 1997 : *Bull. civ.* V, n° 210 ; *CSBP* 1997, n° 94, S. 169 ; *Gaz. Pal.* 1998, 1, pan. jurispr. p. 78).

Le refus du salarié ouvre à l'employeur une *option* : renoncer à la modification envisagée ou procéder au licenciement (Cass. soc., 5 mars 1997 : *Bull. civ.*

V, n° 95 ; *Gaz. Pal.* 1997, 1, pan. jurispr. p. 110), lequel sera déclaré sans cause réelle et sérieuse s'il n'est pas justifié. L'employeur a la charge de la preuve, notamment de la nécessité de la restructuration de l'entreprise et de changements d'organisation indispensables à sa survie.

§ 3. – Les modifications unilatérales

379. – Évolution jurisprudentielle. Longtemps, la modification unilatérale n'aboutissait à la procédure de licenciement et au paiement d'une indemnité que si elle était *essentielle* (ou substantielle). Depuis un arrêt du 16 juillet 1996 (*Bull. civ.* V, n° 278 ; *CSBP* 1996 n° 85, A. 62, obs. A. Philbert ; *JCP* 1997, II, 22768, note Y. Saint-Jours), la Cour de cassation a modifié sa distinction qui repose aujourd'hui sur *les modifications du contrat de travail et les changements dans les conditions de travail.*

Plus qu'une simple modification terminologique, les auteurs de cette distinction estiment qu'elle distingue la sphère contractuelle (le contrat est l'accord des deux parties de sorte que sa modification suppose aussi l'accord des deux parties en application des principes de la force obligatoire des conventions) de la sphère du pouvoir de direction du chef d'entreprise (au contraire, l'exécution du contrat est marquée du sceau des pouvoirs de direction du chef d'entreprise qui peut imposer unilatéralement la modification des organisations).

380. – Conception objective et abstraite de la modification. Deux arrêts récents ont posé en principe que l'importance de la modification s'apprécie *in abstracto* et non eu égard à la situation particulière des individus : c'est l'essor *d'une conception objective et abstraite de la notion de modification du contrat de travail* (Cf. Cyrille Charbonneau, *De la modification du contrat de travail* : *CSBP* 1999, D. 12).

381. – Refus du travailleur. Lorsqu'il s'agit d'une modification des conditions de travail entrant dans le *pouvoir de direction du chef de l'entreprise,* le refus du travailleur de l'accepter constitue une faute grave qui légitime son licenciement (Cass. soc., 8 janv. 1997 : *Bull. civ.* V, n° 3 ; *Gaz. Pal.* 1997, 1, pan. jurispr. p. 60). Lorsque l'employeur procède à une modification des conditions de travail par application d'une clause de mobilité du contrat, il ne fait qu'exercer son pouvoir de direction. Toutefois, le salarié licencié en raison de son refus d'une mutation géographique peut apporter la preuve d'un détournement de pouvoir.

À l'inverse, constituent des modifications essentielles, que ne saurait imposer l'employeur, la transformation du temps plein en *temps partiel*, la *réduction des heures travaillées* (Cass. soc., 14 oct. 1997 : *Gaz. Pal.* 1997, 2, pan. jurispr. p. 301 ; *CSBP* 1997, n° 95, B. 195), l'obligation au *travail nocturne*, un changement important *d'emploi et de fonctions*, le *transfert du lieu de travail*, non prévu par une clause de mobilité (par exemple de Paris en banlieue : Cass. soc., 12 déc. 1996 : *Gaz. Pal.* 1997, 1, pan. jurispr. p. 47 ; *CSBP* 1997, n° 88, S. 45).

Si le motif est *économique*, en cas de refus du salarié, l'employeur doit procéder à un licenciement « économique » et supporte la charge de la preuve.

À noter enfin que la modification du contrat de travail découle également de l'application de *sanctions disciplinaires* (rétrogradation, mise à pied, etc.).

§ 4. – Les cessions d'entreprises transferts d'activités

382. – Notion de situation juridique de l'employeur. La situation juridique de l'employeur, principalement lorsqu'il s'agit d'une personne morale, est souvent sujette à des changements, conséquences de mutations à l'intérieur de groupes, d'absorptions et de fusions de sociétés, de restructurations des holdings et de leurs filiales, d'offres publiques d'achat, de privatisations, de cessions de branches d'activités. La situation n'est pas simple, en raison de la présence de « multinationales », de sociétés de droit étranger et d'entreprises de taille européenne, pouvant développer leur croissance à l'intérieur de la CEE. La question s'était posée de savoir si de telles opérations – changement dans la personnalité juridique de l'employeur – autorisaient, soit la rupture unilatérale du contrat de travail, soit une modification essentielle de celui-ci.

383. – Le transfert d'une entité économique autonome. L'article L. 122-12, alinéa 2, du Code du travail, dont les dispositions sont d'ordre public, s'impose tant aux salariés qu'aux employeurs et s'applique « notamment » en cas de... « fusions, transformation du fonds, mise en société », et régit tous les transferts d'une *entité économique autonome*, c'est-à-dire des principaux éléments d'actif, tels que la clientèle, les moyens et le matériel d'exploitation, les locaux, même s'il s'agit seulement d'une branche d'activité, à condition que la *poursuite de l'activité*, par le repreneur, revête un caractère durable ; si elle ne porte que sur certains éléments de l'entreprise (locaux, outillage), elle n'implique pas le maintien d'une unité économique indépendante, conservant son identité. L'interruption temporaire de l'exploitation ne fait pas obstacle à l'application de l'article L. 122-12. Ainsi ont été récemment considérées comme donnant lieu à l'application de ce texte la dissolution d'un GIE s'accompagnant de la cession de ses activités à une société ou l'opération de filialisation de ladite activité.

Lorsque les conditions sont remplies, l'article L. 122-12, alinéa 2, dispose que... « les contrats de travail en cours au jour de la modification subsistent entre le nouvel employeur et le personnel de l'entreprise », quand bien même il n'existerait aucun lien de droit conclu entre le cédant et le repreneur. À noter d'ailleurs que, si ces derniers ont conclu une convention relative au transfert des contrats de travail, le salarié est en droit de ne pas en accepter les stipulations et de revendiquer l'application pure et simple de la loi.

C'est le *contrat de travail initial* qui est maintenu purement et simplement ; les *obligations de l'ancien employeur sont transmises de plein droit et sans interruption au nouveau, au jour de la modification* dans la situation juridique du chef d'entreprise, dans l'état où se trouvaient les relations de travail à ladite date. C'est ainsi que si un licenciement a été prononcé, le cessionnaire de l'entité économique est en droit de poursuivre la procédure et le contrat de travail n'est maintenu que pour l'exécution en cours du préavis. Les *contrats d'apprentissage* sont également transférés (Cass. soc., 28 mars 1996 : *Bull. civ.* V, n° 125 ; *Gaz. Pal.* 1996, 1, pan. jurispr. p. 124). Le salarié conserve l'*ancienneté* acquise avant la cession. Le transfert ne porte pas uniquement sur les contrats individuels et concerne aussi le *statut collectif* du personnel (usages, primes, gratifications, engagements unilatéraux du chef d'entreprise).

JURISPRUDENCE

1. Le harcèlement sexuel

CA Douai, 10 sept. 1997 (*JCP* 1998, II, 10037, note Thierry Garé)

« Faits :

La Cour déclare patents les faits suivants, imputés au P-DG de la société dont la plaignante était salariée :

– avoir effleuré ses mains, au moment de la pause café, devant d'autres employés,

– lui avoir fait du pied sous la table, lui avoir dit qu'il l'aimait, lui avoir porté des regards langoureux et enjôleurs,

– lui avoir fait un cadeau au retour de voyage, comme à deux autres employés,

– lui avoir verbalement proposé de l'embrasser sur la bouche,

– lui avoir dit, alors qu'elle était au chômage partiel, qu'elle lui manquait énormément lorsqu'elle n'était pas au bureau,

– avoir placé sur un véhicule une revue pornographique de façon qu'elle ne puisse pas ne pas la voir.

Motifs (extraits) :

« Pris séparément ou considérés dans leur ensemble, ils (les faits) ne peuvent permettre de caractériser l'infraction de harcèlement... »

« En l'occurrence, ni indécents, ni humiliants, ces actes n'ont pu porter atteinte à la dignité de la plaignante. Ils n'ont pu constituer un abus d'autorité par ordres, commandes, contraintes ou pressions, dans le but d'obtenir des faveurs sexuelles. Commis sans chantage, ils n'ont été que de simples signaux conventionnels, lancés de façon espacée les uns et les autres dans le temps, de façon à permettre d'exprimer la manifestation, non fautive au plan pénal, d'une inclination pouvant être sincère... »

Décision :

La Cour confirme la décision de relaxe attaquée.

(Le P-DG était pénalement poursuivi, sur la constitution de partie civile du salarié, du chef de délit de harcèlement sexuel, prévu et puni par l'article 222-33 du Code pénal, lequel est constitué par un élément matériel, un abus d'autorité et un but sexuel. La décision rapportée décide que des caresses, cadeaux, déclarations d'amour, etc., ne relèvent pas du harcèlement sexuel, s'ils n'ont pas un caractère indécent, humiliant et ne portent pas atteinte à la dignité du salarié.

Sur le plan du contrat de travail, le harcèlement sexuel est défini par l'article L. 122-46 comme un abus d'autorité, consistant dans des ordres, menaces, contraintes ou pressions de toute nature, exercés par l'employeur, son représentant, ou « toute personne », « dans le but d'obtenir des faveurs de nature sexuelle à son profit ou au profit d'un tiers », et est passible de sanctions disciplinaires pouvant aller jusqu'au licenciement (C. trav., art. L. 122-47).

Le critère est moins rigoureux que sur le plan social. Un salarié, à qui un fournisseur de l'entreprise confie la garde d'une fillette âgée de neuf ans et qui a eu une « attitude équivoque » à l'égard de l'enfant, commet une faute grave (Cass. soc., 2 mars 1993). La jurisprudence tient compte des circonstances et du milieu ; un arrêt a été approuvé d'avoir dit que les « propos grossiers » sont courants « dans les cuisines » (Cass. soc., 27 févr. 1992) ou que les paroles grossières incriminées s'expliquent par un contexte de grande familiarité et une tolérance de l'employeur (Cass. soc., 23 nov. 1993).

Sur le plan pénal, le délit de harcèlement sexuel, puni d'un an d'emprisonnement et de 100 000 F d'amende, motive des décisions intéressantes à plus d'un titre (Cf. le cas d'une journaliste d'une station de radio qui met en cause le harcèlement sexuel imputé au directeur général, qui s'est répercuté sur sa carrière : celle-ci a été marquée par « une étonnante ascension, puis une mise à pied et un licenciement qui furent aussi rapides qu'injustifiés » (Paris, 6 oct. 1995 : *Dr. pén.* 1995, 31).

2. La modification du contrat de travail

Cass. soc., 16 juill. 1997 (*Bull. civ.* V, n° 272 ; *Gaz. Pal.* 1997, 2, pan. jurispr. p. 253)

« La Cour,

Attendu, selon l'arrêt attaqué (Rennes, 7 juill. 1994), que Mme Ricoul, au service depuis 1978 de la société Morand, a été licenciée pour faute grave, le 3 juin 1972, pour avoir refusé de reprendre son travail dans les nouveaux locaux de l'entreprise ;

Attendu que la salariée fait grief à l'arrêt d'avoir déclaré légitime son licenciement pour faute grave et de l'avoir en conséquence déboutée de ses demandes, alors, selon le moyen, que, d'une part, le caractère substantiel ou non de la modification d'un contrat de travail liée à un changement du lieu de travail ne dépend pas uniquement d'une question de distance mais de l'étendue des nouvelles servitudes ainsi imposées au salarié et de nature à changer ses conditions d'existence de façon anormale ; qu'en l'espèce, il résulte des propres constatations de l'arrêt attaqué que l'horaire de début de service de la salariée à 5 heures 45 du matin ne lui permettait pas d'utiliser les transports collectifs ; que dès lors, la cour d'appel, qui pour affirmer une modification mineure du contrat de travail, s'est contentée de comparer les temps de trajet, hors de toute autre considération, a omis d'apprécier l'étendue exacte du changement ainsi imposé à Mme Ricoul, qui faisait valoir l'impossibilité où elle se trouvait de se rendre, dans l'horaire imposé, dans les locaux extra-urbains de la société anonyme Morand, et a privé, par là même, sa décision de base légale au regard de l'article 1134 du Code civil ; alors que, d'autre part, et en tout état de cause, il appartient à l'employeur qui entend se prévaloir de la faute grave du salarié licencié d'apporter la preuve que le refus de ce dernier d'accepter une modification, même non substantielle, de son contrat de travail a causé un préjudice significatif à l'entreprise ; qu'en l'espèce, en qualifiant de « faute grave » le refus de Mme Ricoul d'accepter une modification de son lieu de travail, dont elle n'avait pas été informée préalablement et dès lors qu'elle ne disposait plus d'aucun moyen de locomotion pour prendre son service à 5 heures 45 dans la zone de Blais, sans constater que le refus d'accepter un changement de ses conditions d'existence aurait compromis la bonne marche de l'entreprise ou du service, l'arrêt infirmatif attaqué a privé sa décision de base légale au regard des articles L. 121-1, L. 122-6 et L. 122-8 du Code du travail, ensemble 1134 du Code civil ;

Mais attendu qu'ayant estimé que le déplacement du siège de l'entreprise n'avait entraîné aucune modification du contrat de travail, la cour d'appel a exactement jugé que le refus de la salariée d'exécuter son travail conformément aux directives de l'employeur caractérisait une faute grave ; que le moyen n'est pas fondé ;

Par ces motifs, rejette... »

3. Article L. 122-12 du Code du travail

Cass. soc., 6 nov. 1991, *Sté SONEVIE c/ FNST et a.* (*Bull. civ.* V, n° 473 ; *Gaz. Pal.* 1992, 1, pan. jurispr. p. 120)

« Vu l'article L. 122-12, alinéa 2, du Code du travail et l'article 1134 du Code civil ;

Attendu que le service de nettoiement des ordures de la ville de Nîmes, qui était assuré par la Société poitevine de nettoiement (SPN), a été repris, à partir du 1er janvier 1990, avec l'accord de la municipalité, par une filiale de cette société, la Société nîmoise de nettoiement (SNN) ; qu'après un appel d'offres, le marché a été attribué, à partir du 1er août 1990, à la société de nettoiement des villes (SONEVIE) ; que le cahier des charges indique que l'adjudicataire fournira le personnel en nombre suffisant pour qu'il n'y ait aucune interruption du service et reprendra au moins 80 % du personnel chargé de la collecte des ordures et précédemment employé par la SNN ; que la SONEVIE, ne s'estimant pas liée par les dispositions de l'article L. 122-12, alinéa 2, du Code du travail, a proposé aux salariés de la SNN de les reprendre à son service, mais selon un nouveau contrat de travail et à d'autres conditions ; que la Fédération nationale des syndicats de transports CGT, le Syndicat CGT des éboueurs, l'Union locale CGT et l'Union départementale CGT ont alors saisi le juge des référés pour voir juger que les contrats de travail des 82 salariés de la SNN avaient été transférés de plein droit à la SONEVIE et pour faire condamner cette dernière à faire cesser le trouble manifestement illicite commis par elle, et à fournir du travail auxdits salariés ; qu'après rejet de cette prétention par le premier juge, les syndicats CGT ont relevé appel et l'Union départementale du Gard CGT-FO ainsi que la Section syndicale Fo du personnel de la SONEVIE sont intervenues volontairement devant la cour d'appel ;

Attendu que pour décider que le refus de la SONEVIE de reprendre aux mêmes conditions les salariés de la SNN était constitutif d'un trouble manifestement illicite au regard de l'article L. 122-12 du Code du travail et du cahier des charges de l'adjudication, la cour d'appel énonce d'abord que le marché public d'enlèvement des ordures ménagères, exclusivement exercé dans le cadre du monopole public réservé à ce type d'activité, constitue, par sa stabilité économique, son importance, l'identité du champ d'activité et des moyens techniques mis en œuvre, une entreprise au sens de l'article L. 122-12, ce d'autant plus que l'exécution du marché litigieux représentait l'unique activité économique de l'entrepreneur précédent et que l'entreprise consistant en la circonstance en une prestation de services, et par conséquent de main-d'œuvre, apparaît sans portée l'observation du premier juge relative à l'absence d'un transport des bâtiments, ateliers, matériel et stock ; que la cour d'appel ajoute qu'au demeurant, la SONEVIE se trouvait tenue par les termes clairs et précis du marché qui lui imposaient la reprise des contrats en cours, aux mêmes conditions, et non une simple offre ou priorité d'embauchage sans reprise d'ancienneté et avec des garanties inférieures ;

Attendu cependant, en premier lieu, qu'à elle seule, l'exécution d'un marché de prestation de services par un nouveau titulaire ne réalise pas le transfert d'une entité économique ayant conservé son identité ou dont l'activité est poursuivie ou reprise ;

Attendu, en second lieu, que le cahier des charges du marché se bornait à prévoir l'obligation pour l'adjudicataire de reprendre au moins 80 % du personnel chargé de la collecte et précédemment employé par la SNN ; qu'en décidant que cette clause obligeait la SONEVIE à reprendre, sans aucun changement, les contrats de travail de la totalité des salariés de la SNN, la cour d'appel a dénaturé les termes clairs et précis du cahier des charges ;

D'où il suit qu'en statuant comme elle l'a fait, la cour d'appel a violé les textes susvisés ;

Par ces motifs (...), casse et annule... »

Chapitre 4

LES POUVOIRS DE L'EMPLOYEUR

Section 1

LE POUVOIR DE DIRECTION

§ 1. – L'exécution du travail

384. – Pouvoir de direction, contrôle et administration. Le chef d'entreprise, responsable de son activité, dispose d'un *pouvoir de direction, de contrôle et d'administration*, qu'il exerce par des ordres et directives ou des stipulations du règlement intérieur ; il détermine le *choix des fabrications*, le *rythme de production*, les *techniques à employer*, le *prix de vente*.

La jurisprudence antérieure (jusqu'en 1986) proclamait en principe que les décisions du chef d'entreprise, relatives au fonctionnement de l'établissement, ne sont *pas susceptibles d'être attaquées judiciairement*, qu'il n'est pas possible d'établir un partage de pouvoirs entre les dirigeants de l'entreprise et le personnel et que, même si la gestion est si catastrophique qu'elle mène inévitablement à une cessation d'activité, *aucune intervention judiciaire n'est admise* (Cass. soc., 31 mai 1956, *Brinon*). La raison en est que la responsabilité de l'activité ne saurait être transférée, ni à un mandataire judiciaire, ni à un représentant du personnel. Toute participation ou cogestion, que ce soit par une initiative individuelle du salarié ou par une action syndicale collective, serait irrecevable (Cf. arrêt *Brinon*). Les salariés ne peuvent qu'assister, impuissants, à une déconfiture menant à la fermeture volontaire de l'entreprise ou même à une liquidation judiciaire.

Néanmoins, le personnel est tenu informé de la situation de l'entreprise, ainsi que le prévoient les articles L. 432-1, L. 432-1 *bis* et suivants du Code du travail (modifiés par les lois du 15 mai 2001, 17 janvier 2002, 3 janvier 2003 et 18 janvier 2005). Elles organisent l'information et l'obligation de l'avis motivé du comité d'entreprise, dans un grand nombre de cas : structuration et organisation, compression des effectifs, OPA, cessation des paiements, recherche et développement technologique, cessation de l'activité...

§ 2. – L'évolution vers un contrôle de gestion

385. – Pouvoir de gestion partagé. Cette évolution s'est dégagée à propos du licenciement pour motif économique (qui sera étudié ci-après comme cause de rupture anticipée du contrat de travail) dont la procédure prévoit, non seulement une véritable consultation avec le *comité d'entreprise*, mais aussi l'intervention de l'*inspecteur du travail* et la notification de documents justificatifs relatifs à la situation financière et à l'activité économique de l'employeur, la nécessité de restructuration ou de suppressions d'emplois, à l'ordre des licenciements ; des expertises peuvent même être ordonnées.

Dans un arrêt, concernant le Casino de Beaulieu-sur-Mer (Cass. soc, 26 janv. 1994 : *Bull. civ.* V, n° 26 ; *CSBP* 1996, n° 83, A. 53 ; *Gaz. Pal.* 1994, 1, pan. jurispr. p. 40 ; *JCP* E 1994, II, 639), la Cour de cassation a finalement admis que, dans le cadre du contrôle de la cause réelle et sérieuse du licenciement, le juge avait le droit de procéder à une vérification approfondie des difficultés alléguées par le chef d'entreprise.

Toutefois, il ne s'agit point d'une mesure générale ; la prévention des difficultés des entreprises se situe hors du cadre du présent ouvrage – remarque étant faite que, dans leur grande majorité, les licenciements économiques étant collectifs, ils entrent dans le domaine des conflits à caractère général.

L'évolution, marquée par la jurisprudence, est cependant intéressante en ce qu'elle constitue une avancée vers la reconnaissance, au profit du salarié, d'un *droit de regard*, à définir, sur la gestion de l'entreprise lorsque celle-ci est menée à sa perte par un gestionnaire incompétent ou malhonnête.

Section 2

LE POUVOIR RÉGLEMENTAIRE : LE RÉGLEMENT INTERIEUR

386. – Définitions. Il s'agit du pouvoir d'une part d'édicter des règles générales, impersonnelles et permanentes qui intéressent la collectivité de travail et d'autre part de préciser certains aspects des conditions de travail. Par le pouvoir réglementaire, l'employeur concrétise, au sein de l'entreprise, la nécessité de promulguer des normes spécifiques et adaptées au niveau local.

387. – Élaboration du règlement intérieur. Elle est obligatoire depuis la loi du 4 août 1982 dite loi Auroux (L. n° 82-689 ; C. trav., art. L. 122-33) dans toutes les entreprises de plus de 20 salariés. S'agissant d'un acte unilatéral de l'employeur, pris après consultation des institutions représentatives du personnel et du CHSCT (pour les questions de sécurité), le règlement intérieur doit être publié au greffe du conseil des prud'hommes, transmis à l'inspecteur du travail et enfin affiché dans les locaux de travail et les lieux d'embauche.

388. – Contenu du règlement intérieur. Depuis 1982, il ne peut contenir que des règles relatives à l'hygiène, à la sécurité et à la discipline. Il doit rappeler, outre les garanties disciplinaires, les lois, règlements et conventions collectives ou accords collectifs applicables dans l'entreprise. Enfin, il ne peut comprendre ni dispositions discriminatoires, ni clauses relatives à l'essai, aux primes, aux obligations de non-concurrence, aux ordres de départ en congé...

Les dispositions d'un règlement intérieur permettant d'établir que le lieu de travail l'état d'ébriété d'un salarié en recourant à un contrôle de son alcoolémie sont licites dès lors, d'une part, que les modalités de ce contrôle en permettent la contestation, d'autre part, qu'eu égard à la nature du travail confié à ce salarié, un tel état d'ébriété est de nature à exposer les personnes ou les biens à un danger, de sorte qu'il peut constituer une faute grave. Encourt, dès lors la cassation l'arrêt qui décide que si le recours à un Alcootest était légitime avant l'utilisation d'une machine dangereuse ou la conduite d'un véhicule de l'entreprise, l'employeur ne pouvait recouvrir à ce procédé à la fin d'une journée de travail pour constater une faute disciplinaire (Cass. soc., 24 févr. 2004 : *Bull. civ.* V, n° 60. – *Adde* : Cass. soc., 22 mai 2002 : *CSBP* 2002, n° 142, S. 309, obs. C. Charbonneau).

Un salarié ayant été licencié après être venu travailler en bermuda, en opposition ouverte avec ses supérieurs hiérarchiques qui lui demandaient oralement puis par écrit de porter un pantalon sous la blouse prescrite par le règlement intérieur de l'entreprise, a saisi la formation de référé du conseil de prud'hommes, demandant, sur le fondement des articles L. 122-45 et L. 120-2 du Code du travail, l'annulation de son licenciement et sa réintégration sous astreinte. Pour la Chambre sociale, les énonciations tant du jugement du conseil de prud'hommes que de l'arrêt confirmatif attaqué faisant apparaître que la tenue vestimentaire du salarié était incompatible avec ses fonctions et ses conditions de travail, la cour d'appel a pu en déduire qu'il n'y avait pas de trouble manifestement illicite qu'il y avait lieu de faire cesser, justifiant ainsi légalement sa décision (Cass. soc., 28 mai 2003 : *Bull. civ.* V, n° 178 ; *Gaz. Pal.* 2003, jurispr. p. 1761, note F.-J. Pansier ; *D.* 2003, jurispr. p. 2718, note F. Guiomard ; *JCP* 2003, II, 10128, note D. Corrignan-Carsin).

La référence, dans le contrat de travail, à des dispositions du règlement intérieur instituant des avantages pécuniaires, même s'il s'agit de dispositions qui n'entrent pas dans la catégorie des informations qui doivent y figurer, n'a pas pour effet de contractualiser ces avantages qui relèvent d'un engagement unilatéral de l'employeur régulièrement dénoncé (Cass. soc., 10 mars 2004 : *Bull. civ.* V, n° 76 ; *CSBP* 2004, n° 161, A. 37, obs. F.-J. Pansier).

389. – Contrôle du règlement intérieur. Le contrôle peut être administratif : l'inspection du travail le contrôle au moment de son adoption, mais elle peut aussi exiger à tout moment la suppression d'une clause illégale. Le contrôle est aussi judiciaire : le conseil des prud'hommes peut avoir à se prononcer sur la régularité formelle ou de fond du règlement intérieur, si la salarié excipe de son illégalité à l'occasion d'un litige individuel.

Section 3

LE POUVOIR DISCIPLINAIRE

§ 1. – La notion de pouvoir disciplinaire

A. – La légitimité du pouvoir disciplinaire

390. – Notion et limites. Le pouvoir disciplinaire du chef d'entreprise lui permet d'exercer sa mission de direction. Il connaît donc des limites, telles que l'interdiction des amendes et des peines pécuniaires. De même, les observations verbales ne sont pas assimilées à des sanctions (C. trav., art. L. 122-40). Il est assujetti à un certain nombre de règles d'ordre public, toutes clauses contraires, du règlement intérieur sont réputées non écrites (C. trav., art. L. 122-42).

391. – Droit institutionnel. Certains ont soutenu que le droit disciplinaire, né du contrat de travail, avait un caractère conventionnel ; en réalité, il s'agit d'un droit institutionnel, d'ordre public, applicable à tous les salariés, même à ceux qui bénéficient d'un statut particulier, tels les agents de la SNCF (Cass. soc., 22 nov. 1995 : *Bull. civ.* V, n° 309). Il n'est pas possible de déroger aux principes qu'il édicte, par des stipulations spécifiques du contrat de travail, du règlement intérieur ou des accords collectifs, sur lesquels le juge exerce son contrôle.

Le pouvoir disciplinaire, justifié par l'exercice des missions confiées au chef d'entreprise (assurer la production, garantir la qualité, développer l'activité, réaliser des bénéfices) pose néanmoins quelques problèmes.

Est-il absolu ? A-t-il des limites ? Certainement ; le chef d'entreprise ne saurait en abuser. Ainsi, l'employeur qui sanctionne un salarié de manière inconsidérée, sans prendre la peine de vérifier le bien-fondé des accusations portées contre lui, et qui refuse de procéder à une mise au point publique, comme le veut la convention collective, commet une faute et est tenu de réparer le préjudice ainsi occasionné (Cass. soc., 27 janv. 1993 : *Bull. civ.* V, n° 26).

Est-il discrétionnaire ? Pas entièrement, en ce sens que l'employeur est astreint à prononcer une sanction proportionnée à la gravité de la faute et, qu'à cet égard, sa décision est soumise au contrôle du juge ; celui-ci (par exemple) annule, comme disproportionnée avec la faute – une absence d'une journée sans autorisation – une mise à pied d'une durée de trois jours. L'employeur qui a agi de façon inconsidérée et humiliante pour la salariée en engageant contre elle des poursuites disciplinaires, sans vérifier le bien-fondé des accusations qu'elle portait contre son supérieur hiérarchique et, d'autre part, qui a refusé, à l'issue de la procédure disciplinaire, qui n'avait abouti au prononcé d'aucune sanction, de faire une mise au point publique (ainsi que le prévoit la convention d'entreprise), peut être condamné au versement de dommages-intérêts en réparation du préjudice moral subi (Cass. soc., 27 janv. 1993 : *Bull. civ.* V, n° 26).

392. – Procédure disciplinaire. Enfin, quant à la procédure, elle doit être régulièrement suivie, les droits de la défense doivent être respectés, le procès doit être « équitable », ainsi que l'exige la Cour de justice des communautés européennes comme aussi la Cour de cassation. Ainsi sera annulée une sanction prononcée sans qu'ait eu lieu un entretien préalable, que la loi requiert (Cass. soc., 14 nov. 1995 : *Bull. civ.* V, n° 297).

393. – Contrôle judiciaire. Toutefois, le contrôle judiciaire laisse à l'employeur une grande latitude, notamment la possibilité d'individualiser et de personnaliser la sanction. La Cour de cassation (Cass. soc., 1er févr. 1995 : *Bull. civ.* V, n° 45 ; *Gaz. Pal.* 1995, 1, pan. jurispr. p. 80 ; *CSBP* 1995, n° 69, S. 63. – *Adde* : Cass. soc., 14 mai 1998 : *Bull. civ.* V, n° 250 ; *CSBP* 1998, n° 102, S. 177, obs. F.-J. Pansier) a ainsi admis que, bien que les faits aient été commis en commun par plusieurs grévistes, seul l'un d'eux soit sanctionné. De même, si plusieurs salariés participent à une bagarre sur le lieu de travail, il est possible pour l'employeur, par l'application du principe général de personnalisation de la peine, de sanctionner différemment les auteurs de la rixe, en licenciant les uns et en avertissant les autres.

Il existe donc un contrôle judiciaire du pouvoir disciplinaire, sachant que les termes de la lettre fixent les limites du litige ; le contentieux en est de la compétence du conseil de prud'hommes, qui, en mettant à néant la décision de licenciement, oblige l'employeur à réintégrer le salarié licencié dans son emploi, sans modification de son statut antérieur (Cass. soc., 25 nov. 1997 : *Bull. civ.* V, n° 406 ; *Gaz. Pal.* 1998, 1, pan. jurispr. p. 30). Il pourra même le condamner à réparer le préjudice occasionné par l'abus de son pouvoir disciplinaire. L'insuffisance professionnelle ou l'inaptitude au travail, qui peuvent justifier des changements de poste, ne peuvent être assimilées à des fautes (Cass. soc., 2 juin 1993 : *Gaz. Pal.* 1993, 2, pan. jurispr. p. 167).

B. – La condamnation pénale

394. – Rapport entre la faute du salarié et la poursuite pénale. La faute du salarié fait occasionnellement l'objet d'une poursuite pénale ; lorsqu'elle a été commise aux lieu et temps du travail, dans le cadre de l'entreprise, la preuve de la faute en découlera nécessairement, puisqu'elle concerne l'exécution de la relation de travail. Tel sera le cas lorsque la condamnation pénale a été prononcée pour abus de confiance, sévices, coups et blessures volontaires, violation du secret professionnel, etc.

Il arrive que la condamnation pénale n'ait pas de rapport direct avec le contrat de travail et qu'elle n'implique pas une incompatibilité avec l'emploi occupé, ni un retentissement défavorable sur la notoriété de l'entreprise. Elle ne pourrait alors justifier une sanction disciplinaire, puisque survenue hors du cadre de l'entreprise.

C. – La faute disciplinaire

395. – Faute imputable dans le cadre du travail. La faute disciplinaire découle de l'inobservation des prescriptions du règlement intérieur, comme du refus d'exécuter les ordres et directives de l'employeur, à la condition, d'une part, qu'il n'y ait de la part du chef d'entreprise ni excès ni abus, et, d'autre part, que les faits se déroulent dans le cadre du travail ou s'y rattachent.

Il est impossible, dans les limites fixées au présent ouvrage, de tenter d'énumérer les principales fautes disciplinaires. Certaines sont simples : abandon de poste, retards à la prise du service, refus de porter, sur le chantier, le casque de protection ou, sur l'échafaudage, de porter le harnais, etc.

Encore faut-il que la faute soit imputable, par exemple que le travail que l'ouvrier refuse d'accomplir entre bien dans ses attributions (Cass. soc., 17 juill. 1996 : *Gaz. Pal.* 1996, 2, pan. jurispr. p. 239) ; la force majeure peut justifier l'agissement prétendument fautif.

§ 2. – Les sanctions disciplinaires

A. – La prescription. Non-cumul

396. – Prescription de la faute. Le principe est que l'écoulement d'un certain délai, sans que les faits soient sanctionnés, fait présumer la renonciation de l'employeur à l'exercice de la poursuite disciplinaire.

En premier lieu, le fait fautif n'est plus susceptible de poursuites disciplinaires au-delà d'un délai de deux mois courant du jour où l'employeur a eu connaissance complète et exacte des faits (C. trav., art. L. 122-44. – Cass. soc., 17 févr. 1993 : *CSBP* 1993, n° 105, A. 26). Ce délai de deux mois n'est ni suspendu ni interrompu par la maladie ou un accident du travail (Cass. soc., 17 janv. 1996 : *Bull. civ.* V, n° 14). Si la convocation à l'entretien préalable interrompt le délai de prescription de deux mois prévu par l'article L. 122-44 du Code du travail, un nouveau délai commence à courir à compter de cette date (Cass. soc., 9 oct. 2001 : *Bull. civ.* V, n° 304 ; *CSBP* 2001, n° 135, S. 563, obs. F.-J. Pansier).

397. – Prescription de la sanction. La prescription de la faute est complétée par la prescription des sanctions. En cas de récidive, il ne peut être tenu compte, au titre de la circonstance aggravante, des sanctions antérieures de plus de trois ans à l'engagement de la nouvelle poursuite.

398. – La sanction épuise la faute. Le fait fautif, une fois sanctionné, est purgé et en principe ne saurait être à nouveau poursuivi (sauf la récidive : Cass. soc., 24 mai 2000, *Malongo* c/ *Rocher*, inédit) ; mais certains arrêts admettent qu'on le prenne en compte pour apprécier la gravité des fautes reprochées dans une nouvelle procédure. Ceci peut paraître quelque peu contradictoire, mais la comparaison avec le casier judiciaire donne un sens à cette position : les condamnations pénales subies par un prévenu ne sont pas à nouveau sanctionnées lors de sa comparution, mais sont tout de même prises en compte pour déterminer la peine appliquée.

B. – Le degré de gravité de la faute

399. – Sanctions mineures. Les fautes, qui ne sont pas d'une gravité suffisante pour mettre en cause le maintien du salarié dans l'entreprise, ni justifier une modification essentielle de son statut (qualification, conditions de travail, rémunération, emploi), n'entraînent que des *sanctions dites mineures*, c'est-à-dire, dans les conventions collectives, des mesures telles que des avertissements ou des blâmes. L'*avertissement*, comme toute autre sanction, doit être notifié au salarié par une *lettre recommandée avec avis de réception*, laquelle doit l'informer des griefs retenus contre lui (C. trav., art. L. 122-41, al. 1er. – Cass. soc., 17 janv. 1995 : *Bull. civ.* V, n° 25) ; il mentionne également une invitation faite au salarié à améliorer son comportement et éventuellement laisse supposer qu'à défaut de modifier son attitude, d'autres sanctions pourraient être envisagées contre lui.

400. – Sanctions plus graves. Hiérarchie des fautes. Les fautes les plus graves sont celles qui ont une *incidence sur la situation de l'intéressé*, pouvant aller jusqu'à son licenciement, et ne relèvent donc plus de la *procédure dite simplifiée*, i.e. ne comportant pas la formalité de l'*entretien préalable*.

La gravité de la faute sera telle qu'elle aboutira dans certains cas au licenciement, parce qu'elle constituera une *cause réelle et sérieuse* de rupture de la relation de travail ; il existe cependant des fautes plus importantes, savoir :

1° la *faute grave* rend impossible le maintien du salarié dans l'entreprise et entraîne son *départ immédiat*, avec privation de toute indemnité, notamment du préavis et de licenciement (par exemple, le harcèlement sexuel, Cass. soc., 5 et 12 mars 2002 : *CSBP* 2002, n° 140, A. 29) ;

2° la *faute lourde* résulte de faits *volontairement* commis par le salarié avec l'*intention de nuire* à l'entreprise, tels que des sabotages ou encore la séquestration des dirigeants (Cass. soc., 1er avr. 1997 : *Bull. civ.* V, n° 131), étant précisé que le licenciement pour faute lourde est privatif de toutes indemnités, y compris les congés payés, et que l'employeur est recevable à assigner le salarié en paiement de dommages-intérêts.

La procédure simplifiée est alors exclue : il est nécessaire de convoquer le salarié à un *entretien préalable*, par une lettre recommandée avec avis de réception, qui doit mentionner l'objet de cet entretien, mais pas obligatoirement les griefs retenus contre lui. Ceux-ci sont indiqués au cours de cet entretien et repris dans la lettre de licenciement, qui doit être motivée.

401. – Libre choix de la sanction par l'employeur. *L'employeur choisit librement la sanction* qu'il estime appropriée, qui peut aller du changement d'emploi à une mutation, à une modification de la qualification et de la rémunération, à la suppression de primes et gratifications, avantages en nature, à l'amputation de l'ancienneté, à la rétrogradation et enfin le licenciement.

Toutefois, l'article L. 122-42 du Code du travail interdit les amendes ou autres sanctions pécuniaires. En procédant à une diminution de la rémunération du salarié sous prétexte que son travail est mal effectué, l'employeur pratique une sanction pécuniaire prohibée (Cass. soc., 7 déc. 1995 : *CSBP* 1996, n° 78, A. 20).

Le conseil de prud'hommes, saisi par le salarié, a compétence pour *annuler ou modérer* la sanction prononcée (qui est notifiée à l'intéressé par lettre recommandée avec accusé de réception).

C. – La mise à pied

402. – Notion. La mise à pied consiste dans la suspension du contrat de travail.

403. – Mise à pied disciplinaire. Elle est dite *disciplinaire* quand elle est prononcée à la suite d'une procédure disciplinaire, pour une *durée déterminée*, et n'est pas subordonnée à l'existence d'une faute grave (Cass. soc., 2 mars 1993 : *Bull. civ.* V, n° 72 ; *CSBP* 1993, n° 49, S. 50). La mise à pied non suivie immédiatement de l'ouverture d'une procédure de licenciement présente le caractère d'une sanction disciplinaire (Cass. soc., 2 mars 1998 : *Bull. civ.* V, n° 89 ; *Gaz. Pal.* 1998, 2, pan. jurispr. p. 256). Le salarié ne travaille pas et ne perçoit pas de salaire. Le conseil de prud'hommes exerce un contrôle, vérifie si la sanction n'est pas disproportionnée avec la faute (Cass. soc., 8 juill. 1992 : *Bull. civ.* V, n° 448).

404. – Mise à pied conservatoire. Il est prévu une deuxième sorte de mise à pied, dite *conservatoire*, laquelle ne constitue pas une sanction (C. trav., art. L. 122-41). Elle est appliquée lorsqu'en cas de faute grave ou lourde, l'employeur estime que les agissements du salarié excluent sa présence dans l'entreprise et qu'en attendant son licenciement, son contrat de travail doit être suspendu. Comme cette mise à pied n'a pas un caractère disciplinaire, elle n'est astreinte à aucune règle particulière de procédure. Elle a un caractère provisoire, dans l'attente de la sanction définitive, qui entraînera son expiration. Elle est injustifiée dès l'instant qu'elle n'est pas suivie d'un licenciement disciplinaire pour faute grave (Cass. soc., 3 mars 1999 : *Gaz. Pal.* 1999, 1, pan. jurispr. p. 110).

La mise à pied conservatoire, qui est toujours à durée indéterminée, n'a pas être précédée d'un entretien préalable.

§ 3. – La procédure disciplinaire

A. – Généralités

405. – Hiérarchie des normes. La procédure légale renferme un nombre important de *dispositions d'ordre public* ; cependant, dans la mesure où elle ne contrevient pas à ces règles, la procédure conventionnelle de licenciement, définie par la convention collective, doit être respectée par l'employeur, à peine de dommages-intérêts (Cass. soc., 7 déc. 1994 : *Bull. civ.* V, n° 330 ; *Gaz. Pal.* 1995, 1, pan. jurispr. p. 44 ; *CSBP* 1995, n° 67, A. 11).

406. – Convocations et notifications. Il convient de noter, tout d'abord, que les *convocations et notifications* se font par *lettre recommandée avec accusé de réception,* mais que n'est pas exclu, tout au moins pour la convocation à l'entretien préalable, le procédé de la *remise en mains propres,* constatée par une mention manuscrite datée et signée par le salarié ; d'autre part, s'il s'avère que la voie postale est inutilisable ou ne donne aucun résultat, rien n'empêche d'avoir recours à la *notification de droit commun* et au ministère d'un huissier de justice.

407. – Droits de la défense. En second lieu, il est important que soient respectés les *droits de la défense* et les principes qui rendent le procès « *équitable* » au sens de la jurisprudence, tant de la Cour de justice des communautés européennes que de la Cour de cassation, c'est-à-dire le respect de certains délais et la possibilité de se faire assister.

B. – La convocation à l'entretien préalable

408. – Objet de la convocation. Quelle que soit la sanction envisagée, le salarié doit toujours recevoir, par écrit, les informations utiles sur les *griefs retenus contre lui* (Cass. soc., 17 janv. 1995 : *Bull. civ.* V, n° 25). C'est un principe général du droit du travail : en ne subordonnant pas à un entretien préalable les sanctions de l'avertissement et du blâme, les dispositions des articles 44, 45, 46 et 48 du décret attaqué ne méconnaissent pas le principe général du droit du travail rappelé par l'article L. 122-41 du Code du travail (CE, 28 juill. 1993 : *AJDA* 1993, p. 739, note C. Maugue et L. Touvet).

Cette information peut lui être donnée seulement lors de l'entretien préalable, la lettre de convocation est valable si elle se borne à indiquer *par écrit l'objet de la convocation* (Cass. soc., 17 déc. 1992 : *Bull. civ.* V, n° 603 ; *Gaz. Pal.* 1993, 1, pan. jurispr. p. 39).

409. – Possibilité de se faire assister. La faculté pour le salarié de se faire assister, lors de l'entretien préalable à son licenciement, par une personne de son choix appartenant au personnel de l'entreprise *doit être mentionnée dans la lettre de convocation du salarié à cet entretien* (Cass. soc., 6 févr. 2001 : *Bull. civ.* V, n° 44 ; *CSBP* 2001, n° 129, S. 194, obs. F.-J. Pansier) et, le cas échéant, en l'absence d'institutions représentatives du personnel dans l'entreprise, la faculté de se faire assister par un conseiller de son choix inscrit sur une liste (C. trav., art. L. 122-41). Toutefois, la présence d'un délégué syndical dans l'entreprise suffit à écarter le recours au conseiller extérieur à celle-ci (Cass. soc., 19 févr. 2002 : *CSBP* 2002, n° 139, S. 173, obs. C. Charbonneau).

Il est exigé qu'entre la remise de la convocation et l'entretien préalable soit ménagé un *délai de réflexion suffisant* (Cass. soc., 22 févr. 1990 : *Bull. civ.* V, n° 87. – 22 juin 1998 : *Bull. civ.* V, *n° 27*). La jurisprudence admet que l'employeur peut lui aussi se faire assister, mais uniquement par une personne appartenant au personnel de l'entreprise (Cass. soc., 20 juin 1990 : *Bull. civ.* V, n° 302).

C. – L'entretien préalable

410. – Contenu de l'entretien préalable. Il doit s'agir véritablement d'un entretien, d'un échange de points de vue et d'argumentation. Cette manifestation d'oralité au cours de la période de licenciement a une *fonction cathartique* : mettre à jour le malaise entre l'employeur et le salarié et trouver un autre mode de règlement que le licenciement. Il doit intervenir dans *un délai de deux mois* à compter des faits reprochés, à peine de forclusion.

L'entretien préalable consiste dans une *véritable discussion*, l'employeur étant tenu de fournir les informations quant aux faits et griefs retenus par lui (Cass. soc., 28 mai 1998 : *Bull. civ.* V, n° 196). À défaut, cette formalité n'a plus de sens.

411. – Modalités. Il ne se déroule pas forcément au lieu de travail (Cass. soc., 3 oct. 1995 : *Gaz. Pal.* 1995, 2, pan. jurispr. p. 206 ; *CSBP* 1995, n° 75, S. 149. – 9 mai 2000 : *Bull. civ.* V, n° 171). Il ne semble pas indispensable qu'il donne lieu à l'établissement d'un procès-verbal relatant les déclarations des parties.

D. – La décision

412. – Délai. Elle ne peut intervenir moins d'*un jour franc* après celui fixé pour l'entretien préalable, ni *plus d'un mois après*. Ce délai d'un mois fait présumer que l'employeur a renoncé à la poursuite disciplinaire ; il ne pourra plus reprendre celle-ci, ni convoquer le salarié à un second entretien préalable, pour ces mêmes faits.

413. – Notification. La décision consiste dans une *lettre recommandée avec demande d'avis de réception* adressée par l'employeur au salarié. Elle doit être motivée, motivation qui ne saurait être remplacée par une référence à l'entretien préalable (Cass. soc., 23 janv. 1995 : *Bull. civ.* V, n° 25) ; le défaut de motivation entraîne l'absence de tout motif et la présomption irréfragable d'un licenciement sans cause réelle et sérieuse.

Elle doit bien entendu être régulièrement notifiée au salarié, avant l'expiration du délai de prescription.

414. – Liberté du choix de la sanction. Le chef d'entreprise a liberté du *choix de la sanction*, dans les limites définies par la convention collective ou le règlement intérieur (Cass. soc., 7 juill. 1993 : *Bull. civ.* V, n° 197 et 13 oct. 1993 : *Bull. civ.* V, n° 231). Parmi les stipulations conventionnelles, doit être particulièrement signalée l'exigence, par certains accords collectifs, d'un passage en conseil de discipline, la sanction étant prononcée au vu de l'avis motivé dudit conseil (Cass. soc., 7 mai 1996 : *Bull. civ.* V, n° 179). Rien ne s'oppose à ce que le statut conventionnel du personnel n'accorde des garanties supplémentaires aux salariés.

E. – Le contrôle judiciaire

415. – Étendue du contrôle judiciaire. Le conseil de prud'hommes exerce sur les sanctions disciplinaires un contrôle qui porte sur tous les aspects du problème, savoir (C. trav., art. L. 122-43) :

1° *les faits retenus sont-ils établis* ? étant rappelé que le doute profite au salarié et entraîne l'annulation de la sanction ;

2° *les faits constituent-ils une faute de nature à légitimer la sanction prononcée* ?, justifient-ils une procédure disciplinaire ? ;

3° *la procédure a-t-elle été régulièrement suivie* ? ;

4° *la peine est-elle proportionnée à la gravité de la faute* ?

Il n'est pas prévu de procédures disciplinaires contre le chef d'entreprise qui abuse de son pouvoir (il est seulement possible d'intenter contre lui une demande en paiement de dommages-intérêts).

Lorsque les juges ont été irrégulièrement saisis, ils ne peuvent statuer au fond et annuler le licenciement litigieux ; il entre dans leur mission de rechercher, pour les sanctions autres que le licenciement, si la sanction n'est pas disproportionnée.

JURISPRUDENCE

1. La nécessité d'indiquer les motifs du licenciement au cours de l'entretien préalable

Cass. soc., 30 mars 1994 (cassation partielle) (*Bull. civ.* V, n° 113 ; *Gaz. Pal.* 1994, 1, pan. jurispr. p. 106 ; *CSBP* 1994, n° 61, S. 100)

« Attendu, selon l'arrêt attaqué, que Mme Darpoux-Vacheron, embauchée le 27 janvier 1981 par l'association Crois Marine en qualité de comptable B 3, a été licenciée le 5 décembre 1986 ;

Sur le moyen relevé d'office : (sans intérêt) ;

Sur le deuxième moyen : (sans intérêt) ;

Mais sur le troisième moyen :

Vu l'article L. 112-14, alinéa 1er, du Code du travail ;

Attendu qu'il résulte de ce texte qu'au cours de l'entretien préalable à un licenciement l'employeur est tenu d'indiquer le ou les motifs de la décision envisagée et de recueillir les explications du salarié ;

Attendu que pour débouter la salariée de sa demande de dommages-intérêts pour non-respect de la procédure de licenciement, l'arrêt a énoncé que l'employeur était libre d'invoquer des faits postérieurs à l'entretien préalable du 9 juin 1986, sans être tenu pour autant de convoquer l'intéressée à un nouvel entretien préalable ;

Qu'en statuant ainsi, la cour d'appel a violé le texte susvisé ;

Par ces motifs :

Dit n'y avoir lieu à statuer sur le premier moyen ;

Casse et annule... »

L'employeur doit, au cours de l'entretien préalable au licenciement, faire connaître au salarié les motifs de la décision envisagée et recueillir ses explications. Le cadre du licenciement est désormais fixé ; l'employeur n'est pas admis à invoquer des faits postérieurs à l'examen préalable, à moins qu'au cours d'un nouvel entretien, il les expose au salarié et reçoive les déclarations de celui-ci.

2. Motivation de la lettre de licenciement

Classiquement, la Chambre sociale avait adopté deux solutions de principe en ce qui concerne le libellé de la lettre de licenciement :

a) D'une part, cette lettre doit énoncer les motifs du licenciement.

Ce qui a deux conséquences :

– l'employeur ne peut invoquer un autre motif que celui contenu dans la lettre de licenciement (*Cass. soc.*, 9 avr. 1987 : *Bull. civ.* V, n° 201 ; *Gaz. Pal.* 1987, 2, somm.

p. 449, note B.B. – 13 oct. 1988 : *Bull. civ.* V, n° 495 ; *Gaz. Pal.* 1988, 2, pan. jurispr. p. 275 et 279 ; *D.* 1988, inf. rap. p. 246. – 8 nov. 1989 : *Bull. civ.* V, n° 653. – 20 mars 1990 : *Gaz. Pal.* 1990, 2, pan. jurispr. p. 152 ; *Journal* n° 279, p. 152 ; *D.* 1990, inf. rap. p. 94. – 14 oct. 1993 : *Gaz. Pal.* 1993, 2, pan. jurispr. p. 265 ; *Journal* n° 341, p. 265 (7 déc. 1993) ; *Bull. civ.* V, n° 235 ; *CSBP* 1993, n° 316, S.165 ; *D.* 1993, inf. rap. p. 231. – 12 nov. 1997 : *RJS* 1997, p. 892, n° 1456) ;

– faute d'être motivée, le licenciement est irréfragablement présumé être sans cause réelle et sérieuse (Il s'agit de la solution du célèbre arrêt *Janousek* : *Cass. soc.,* 26 oct. 1976 : *Bull. civ.* V, n° 521 ; *Gaz. Pal.* 1977, 1, p. 137, note Rayroux ; *D.* 1977, p. 544, note Jeammaud ; *JCP* 1979, II, 19254, note Duval. – *Adde* : *Cass. soc.,* 29 nov. 1990 : *Bull. civ.* V, n° 598 ; *CSBP* 1991, n° 9 ; *Gaz. Pal.* 1991, 1, pan. jurispr. p. 16 ; *Journal* n° 138, p. 16 (18 mai 1991) ; *Gaz. Pal.* 1991, 2, pan. jurispr. p. 200 ; *Journal* n° 208, p. 200 (27 juill. 1991) ; *D.* 1991, inf. rap. p. 3 ; *Dr. soc.* 1991, p. 99 note J. Savatier), sans que puissent être avancés à l'appui d'une lettre carencée les motifs contenus dans la lettre de convocation à l'entretien préalable (*Cass. soc.,* 12 janv. 1994, *Ouest location*net *Ageco* : *Bull. civ.* V, n° 2 ; *CSBP* 1994, n° 71, A 15 ; *Gaz. Pal.* 1994, 1, pan. jurispr. p. 27 ; *Journal* n° 55, p. 27 (24 févr. 1994) ; *D.* 1995. somm. p. 361, obs. Frossard ; *Dr. soc.* 1994, p. 270 ; *RJS* 1994, p. 111, n° 137), ceux avancés au cours de l'entretien préalable (*Cass. soc.,* 12 janv. 1994, *SCEA du Tuco, ibid.* références de l'arrêt *Ouest location* et *Gaz. Pal.* 1994,1, pan. jurispr. p. 27 ; *Journal* n° 55, p. 27 (24 févr. 1994). – 30 nov. 1994 : *Bull. civ.* V, n° 318 ; *Gaz. Pal.* 1995, 1, pan. jurispr. p. 48 ; *Journal* n° 73, p. 48 (14 mars 1995) ; *CSBP* 1995, n° 66, S. 7, obs. X ; *D.* 1995, inf. rap. p. 37 ; *Dr. soc.* 1995, p. 61, obs. Favennec ; *RJS* 1995, p. 21, n° 11) ou toute autre preuve (correspondances antérieures au licenciement : *Cass. soc.,* 18 avr. 1991 : *Bull. civ.* V, n° 208 ; *Gaz. Pal.* 1991, 2, pan. jurispr. p. 251 ; *Journal* n° 295 p. 251 (22 oct. 1991). – 7 nov. 1991 : *Gaz. Pal.* 1992, 1, pan. jurispr. p. 43 ; *Journal* n° 44, p. 43 (13 févr. 1992) ; *RJS* 1991, p. 704, n° 1307. – *Cass. soc.,* 31 mai 1995 : *Bull. civ.* V, n° 171 ; *Gaz. Pal.* 1995, 2, pan. jurispr. p. 173 ; *Journal* n° 280, p. 173 (7 oct. 1995) ; *D.* 1995, inf. rap. p. 197 ; *Dr. soc.* 1995, p. 677, obs. Blaise).

La seule atténuation était l'intervention d'une autorité étatique : constitue une énonciation suffisante des motifs le fait d'invoquer les griefs contenus dans un procès-verbal dressé par les services vétérinaires à l'encontre de l'intéressé, responsable du rayon boucherie d'un magasin (*Cass. soc.,* 11 juin 1996 : *CSBP* 1996, n° 245, A. 52 ; *RJS* 1996, p. 752, n° 1162) ;

C'est ce que rappellent les deux premiers arrêts de l'Assemblée plénière, refusant de prendre en compte les « motifs » contenus dans la lettre de convocation à l'entretien préalable pour « compléter » le grand vide de la lettre de licenciement.

Bien des voix s'étaient élevées, notamment du côté des employeurs, contre cette pétition de principe de la Chambre sociale : le motif du licenciement n'est-il pas un fait juridique et, en tant que tel, susceptible d'être librement prouvé ? Qu'importent les cris de protestation, la solution de l'arrêt *Janousek* est ainsi réaffirmée dans ces arrêts de principe, voire de règlement : l'énonciation des motifs dans la lettre de licenciement va fixer les termes du litige entre le salarié et son employeur et il est un principe à valeur constitutionnelle que la personne poursuivie disciplinairement en vue d'une sanction doit avoir connaissance des charges retenues contre elle. C'est plus qu'un droit procédural, c'est un des droits de l'homme.

b) D'autre part, cette position de principe permet d'induire la deuxième solution : les motifs énoncés dans la lettre de licenciement doivent être suffisamment précis pour permettre au salarié d'identifier les faits reprochés à son encontre.

De ce point de vue, les préventions rédigées par les procureurs de la République peuvent servir de modèle : « il vous est reproché d'avoir à (indication du lieu) le (indication de la date et de l'heure) commis tel ou tel fait ». Le fait reproché doit être qualifié, i.e. à la fois factuellement précisé (e.g. « volé trois ordinateurs de marque X se trouvant dans trois cartons dans l'entrepôt) et juridiquement classé parmi les motifs admis de licenciement » (ce qui constitue le motif d'indélicatesse susceptible d'entraîner votre licenciement avec préavis).

Depuis des années, la doctrine tente avec un certain succès de classer les différents motifs de licenciement pour motif personnel des salariés selon des rubriques descriptives (intempérance, indélicatesses, vols, perte de confiance, ébriété) permettant de faire le tri entre cause réelle et sérieuse, faute grave, faute lourde et rien du tout.

Ces classifications trouvent leur utilité à l'aune de cette jurisprudence : l'absence ou l'imprécision du motif allégué (par exemple, le simple mot « indélicatesses ») excluent toute justification du licenciement et ne permettent même plus de discuter de la réalité des faits devant le juge prud'homal. La Cour de cassation contraint l'employeur à la clarté et à la précision : le licenciement ruine souvent une vie, parfois plusieurs, aussi il est juste que cette décision repose sur un reproche sérieux et bien défini, valablement exposé, dès le jour de la notification du congédiement, et non artificiellement recréé en cas de litige devant un tribunal pour justifier *a posteriori* le renvoi du salarié.

Ces solutions s'analysent aussi linguistiquement : en licenciant un salarié, l'employeur prend la décision de rompre le contrat de travail et devient « juge » de la présence du salarié au sein de l'entreprise. Comme le juge, il utilise un énoncé performatif, i.e. le prononcé du discours vaut sa réalisation comme c'est le cas lorsque le juge condamne un prévenu à une peine de prison : le prononcé de la sentence constitue la décision effective et c'est une nouvelle illustration de l'opinion de J.-L. Austin, pour lequel « Quand c'est dire, c'est faire ». Aussi, il faut éviter de laisser faire sans trop dire...

Un des arrêts : ass. plén., 27 nov. 1998 : *Mme Lemarie c/ Ass. Les Papillons Blancs du Finistère* (pourvoi n° C 96-40.199) – cassation – n° 433 P.

« ...

Sur le moyen unique :

Vu l'article L.122-14-2 du Code du travail, dans sa rédaction issue de la loi du 30 décembre 1986 ;

Attendu, selon ce texte, que l'employeur est tenu d'énoncer le ou les motifs du licenciement dans la lettre de notification de licenciement mentionnée à l'article L.122-14-1 ; qu'à défaut le licenciement est sans cause réelle et sérieuse ;

Attendu, selon l'arrêt attaqué, statuant sur renvoi après cassation, que Mme Lemaire, engagée le 1er novembre 1976 en qualité de comptable par l'association « Les Papillons Blancs du Finistère », puis promue chef comptable, a été licenciée pour faute lourde le 27 juillet 1989 ;

Attendu que pour décider que le licenciement de la salariée repose sur une faute grave, l'arrêt retient que la lettre de licenciement satisfait aux exigences légales dès lors qu'elle fait clairement et directement référence aux motifs précis de licenciement énoncés dans la lettre de convocation à l'entretien préalable ;

Qu'en statuant ainsi, alors que la lettre de licenciement ne mentionne aucun motif et que la référence à ceux contenus dans la lettre de convocation à l'entretien préalable ne constitue pas l'énoncé des motifs exigé par la loi, la cour d'appel a violé le texte susvisé ;

Par ces motifs :

Casse et annule, dans toutes ses dispositions, l'arrêt rendu le 7 novembre 1995, entre les parties, par la cour d'appel d'Angers ;...

... ».

Quatrième partie

FIN DE LA RELATION DE TRAVAIL

Chapitre 1

DROIT COMMUN

Les causes de rupture du contrat de travail, relevant du droit commun, présentent quelques caractères spécifiques, qui seront ci-après examinés.

Section 1

LE DÉCÈS DU SALARIÉ

416. – Décès. Le décès du salarié met fin au contrat de travail. La rupture n'est pas imputable à l'employeur. Les sommes revenant au défunt, calculées à la date du décès, sont versées à ses héritiers, ainsi que, s'il y a lieu, celles allouées par la convention collective et les organismes sociaux. En revanche, aucune indemnité de préavis ou de licenciement ne peut être réclamée par les successibles.

Cependant, il existe un contentieux relevant de la relation de travail, lorsque le décès a été causé par un *accident de travail*, un *accident de trajet* ou une *maladie professionnelle* ; ce contentieux ne relève pas du conseil de prud'hommes, mais des juridictions statuant en droit de la sécurité sociale.

Le contrat de travail, en cas de décès du salarié expatrié ou en détachement ou mission, prévoit généralement le paiement d'indemnités ou le remboursement de frais, notamment en ce qui concerne le transport du corps, le retour en France ou au domicile du défunt, de membres de sa famille à sa charge, et la réinstallation dans la région d'origine.

417. – Longue maladie ou incarcération. La longue maladie n'est plus aujourd'hui assimilée au décès par la Cour de cassation : l'employeur ne saurait rompre le contrat de travail en invoquant la force majeure résultant de l'absence du salarié. De la même façon, l'incarcération du salarié, quelle qu'en soit la durée, ne constitue pas un cas de force majeure, à condition que cette situation ait été portée à la connaissance de l'employeur (Cass. soc., 15 oct. 1996 : *Bull. civ.* V, n° 326 ; *CSBP* 1997, n° 86, A. 2. – Cass. soc., 25 mars 1998 : *JCP* 1998, II, 10178, note F. Petit ; *CSBP* 1998, n° 101, S. 95. – Pour une détention provisoire : Cass. soc., 21 nov. 2000 : *Bull. civ.* V, n° 383 ; *CSBP* 2001, n° 127, S. 111, obs. P. Munier. Cet arrêt indique que, bien que le salarié détenu provisoirement bénéficie de la présomption d'innocence, l'impossibilité d'exécuter le contrat de travail en entraîne la suppression).

Dans ces deux hypothèses (longue maladie ou incarcération), l'employeur peut licencier le salarié en démontrant que la situation est préjudiciable à la bonne marche de l'entreprise – ou même en faisant la preuve d'une faute grave imputable au salarié. Toutefois, la mise en détention provisoire d'un salarié ne constitue pas, en soi, un cas de force majeure, et lorsque l'employeur n'ayant pas invoqué d'autre motif de rupture que la force majeure, la cour d'appel n'a pas à rechercher s'il existait une cause réelle et sérieuse de licenciement. (Cass. soc., 14 mai 1977 : *CSBP* 1997, nº 92, S. 130).

Observons que le décès ou la longue maladie de l'employeur n'est jamais constitutif d'une situation de force majeure : les contrats sont de plein droit transférés à la succession. L'incarcération de l'employeur n'est pas une cause de suspension du contrat de travail du salarié. Le salarié ne peut être débouté de son action dirigée contre un organisme de prévoyance et contre son employeur, tendant à la réparation du préjudice résultant de l'absence d'indemnisation de ses absences pour maladie en raison du non-paiement des cotisations au régime par l'employeur, au motif que le contrat de travail a été suspendu pendant l'incarcération de cet employeur (Cass. soc., 5 mai 2004 : *Bull. civ.* V, nº 122 ; *CSBP* 2004, A. 49, obs. F.-J. Pansier).

Section 2

LA RÉSILIATION CONVENTIONNELLE

418. – Départ négocié ou rupture d'un commun accord. Le contrat de travail, aux termes de l'article L. 121-1 du Code de travail, est soumis aux règles du droit commun des obligations. L'article 1134 du Code civil prévoit que les conventions conclues d'un commun accord peuvent être révoquées de la même façon.

L'employeur et le salarié tombent d'accord sur les clauses et conditions de la résiliation. Celle-ci constitue occasionnellement une *démission* (le salarié a trouvé un autre emploi et souhaite quitter son premier employeur au plus vite) ou un *licenciement négocié* (le salarié ne veut pas donner une publicité nuisible à un départ pour motif personnel) ; pour éviter un contentieux judiciaire, les parties prennent un engagement, en modifiant leurs prétentions respectives.

Le contrat de travail pouvant prendre fin non seulement par une démission ou un licenciement mais encore du commun accord des parties, le salarié concerné par un projet de licenciement pour motif économique n'est pas privé de la faculté de proposer à son employeur une rupture amiable de son contrat de travail s'il estime y avoir intérêt. Par suite, est rompu d'un commun accord, le contrat de travail d'un salarié concerné par un projet de licenciement collectif concernant trois personnes, lorsque, en l'absence de tout litige entre les parties, le salarié, à sa demande et pour exercer immédiatement une autre activité, a conclu avec l'employeur une convention de résiliation amiable préservant ses droits à indemnité (Cass. soc., 2 déc. 2003 : *Bull. civ.* V, nº 308 ; *CSBP* 2004, nº 158, A. 18, obs. F.-J. Pansier ; *JCP* E 2004, p. 677, note F. Petit).

Cette résiliation conventionnelle, aussi nommée *départ négocié* ou *rupture d'un commun accord*, permet de mettre fin au contrat sans que la rupture ne soit imputable au fond à l'une ou l'autre des parties, sans que les procédures particulières doivent être respectées (sauf s'il s'agit d'un départ pour motif économique) et en déterminant librement les conditions de la rupture (date, indemnités... sous la même réserve de la rupture motivée par une nécessité économique. – Cass. soc., 29 mai 1996 : *CSBP* 1996, n° 211, A. 48). Cependant, les règles d'ordre public du droit du travail doivent être respectées. La seule volonté des parties ne saurait soustraire le salarié au statut social que lui confère l'accomplissement de son travail (Cass. ass. plén., 4 mars 1983 : *D.* 1983, p. 381, concl. Cabannes).

419. – Mode autonome de rupture du contrat. La résiliation conventionnelle est un *mode autonome de rupture du contrat de travail*, ce qui suppose, de la part des deux parties, une volonté commune de mettre fin à leur relation et non l'habillage d'une décision préalable de licenciement ou de démission. Lorsqu'une partie a pris l'initiative de la rupture (licenciement pour l'employeur, démission pour le salarié), l'accord conclu doit être analysé, quelle que soit sa dénomination, comme une transaction. La requalification peut être lourde de conséquences : la transaction peut être annulée par le juge, faute de concessions réciproques, ou comme négociée avant naissance du litige, et le licenciement sera déclaré comme étant sans cause réelle et sérieuse.

La résiliation conventionnelle vaut pour tout type de contrat de travail, sauf l'exclusion des salariés protégés en raison de leur protection exceptionnelle et exorbitante de droit commun.

Section 3

LA FERMETURE DÉFINITIVE DE L'ENTREPRISE

420. – Définition. La notion de fermeture définitive demande à être précisée. En effet, elle peut être provoquée :

1° par la *force majeure* : par exemple, l'atelier est détruit par un incendie, emporté par un inondation ou une autre catastrophe naturelle ; ou bien il s'agit d'un *fait du prince* (refus du titre de travail à un étranger, expulsion du salarié immigré), l'exécution du contrat de travail étant impossible. L'employeur qui invoque la force majeure pour justifier la rupture du contrat de travail doit prouver qu'il s'est trouvé dans l'impossibilité d'exécuter ses obligations à l'égard de son salarié en raison d'un événement imprévisible, irrésistible et insurmontable, ces trois conditions étant cumulatives (CA Versailles, 14 mars 2003 : *CSBP* 2004, n° 164, A. 61, obs. F.-J. Pansier). Rappelons que l'incarcération de l'employeur n'est pas une hypothèse de force majeure ;

2° par le *jeu des forces économiques* : elles entraînent, par exemple, la cessation des paiements et la liquidation judiciaire ; il s'agit alors de licenciements prononcés dans le cadre de la procédure collective réglementée aux articles L. 620-1 et suivants du Code de commerce, et non d'un cas de force majeure à proprement parler ;

3° par la *décision du chef d'entreprise*, qui est bien entendu libre de mettre fin à son activité ; en ce cas, la fermeture lui étant imputable, l'employeur doit procéder par voie de licenciements et régler aux salariés les indemnités qui leur sont dues (licenciements sans cause réelle et sérieuse).

Section 4

LA MALADIE DU SALARIÉ

§ 1. – La maladie du salarié

421. – Suspension du contrat de travail. L'interruption du travail pour cause de maladie (« arrêt-maladie »), pour une période fixée par le certificat médical, place le salarié en état de suspension du contrat de travail ; son salaire ne lui est plus versé, mais il perçoit des organismes sociaux une *indemnité journalière* qui en tient lieu. Il reprend son emploi lorsque ses blessures sont guéries ou, le cas échéant, si son état est consolidé, à la date fixée par la caisse primaire de sécurité sociale, au vu du certificat médical autorisant la reprise du travail. La maladie ne rompt pas la relation de travail (sauf si elle aboutit à une inaptitude au travail). Le fait de quitter son poste en raison de son état de santé afin de consulter un médecin ne constitue pas, en soi, une faute de nature à justifier le licenciement (Cass. soc., 3 juill. 2001 : *CSBP* 2001, n° 134, S. 492, obs. F.-J. Pansier).

Les contestations et difficultés viennent principalement :

– de l'intervention des organismes sociaux, qui prennent en charge l'indemnisation du salarié, et qui organisent des contre-visites, entraînant des conflits avec les appréciations des médecins traitants ;

– du fait que la reprise du travail est subordonnée, après une absence d'au moins 21 jours, à un examen pratiqué par le médecin du travail, qui détermine si le salarié est apte à reprendre son emploi, et, dans la négative, s'il est nécessaire de procéder soit à une adaptation de ses conditions de travail (changement d'emploi, reclassement), soit à une « réadaptation du salarié », soit de constater son inaptitude au travail. C'est l'examen pratiqué par le médecin du travail qui, seul, met fin à la suspension du contrat de travail ;

– du régime spécial, qui s'applique au cas d'accident du travail ou de maladie professionnelle.

§ 2. – La maladie chronique (absences répétées)

422. – Définition. Il s'agit de maladies « prolongées », occasionnant des absences fréquentes et répétées qui, dans certains cas tout au moins, notamment en raison de la technicité du poste de l'intéressé, désorganisent gravement la marche de l'entreprise.

423. – Licenciement. Le licenciement, selon certaines conditions, n'est possible que si le *remplacement du salarié devient nécessaire à la survie ou à l'organisation de l'entreprise* : en effet, si le Code du travail fait interdiction de licencier un salarié notamment en raison de son état de santé ou de son handicap, sauf inaptitude constatée par le médecin du travail, le droit du travail ne s'oppose pas au licenciement motivé, non pas par l'état de santé du salarié, mais par la situation objective de l'entreprise qui se trouve dans la nécessité de pourvoir au remplacement définitif d'un salarié dont l'absence prolongée ou les absences répétées perturbent son fonctionnement (Cass. soc., 17 févr. 1999 : *Gaz. Pal.* 1999, 1, pan. jurispr. jurispr. p. 110. – Cass. soc., 13 juill. 2004 : *CSBP* 2004, n° 165, S. 432, obs. F.-J. Pansier)). De toute manière, la maladie n'est pas une cause de rupture du contrat de travail. L'employeur est donc tenu de recourir à la *procédure de licenciement*, sous le contrôle du juge, et, pour échapper au paiement des indemnités, de démontrer l'existence d'une cause réelle et sérieuse, notamment d'établir : 1° la *nécessité du remplacement* du salarié ; 2° *l'impact sur l'activité de l'entreprise des absences longues et répétées.*

§ 3. – L'inaptitude due à la maladie

424. – Certificat du médecin du travail. Le salarié est déclaré inapte au travail, ou tout au moins à l'emploi qu'il occupe, par le *médecin du travail*, dont l'avis ne peut être remis en cause par le juge : le juge judiciaire ne peut se prononcer sur le bien-fondé de l'avis du médecin du travail qui ne peut être contesté par le salarié que devant l'inspecteur du travail et selon la voie administrative (Cass. soc., 8 nov. 1994 : *Gaz. Pal.* 1995, 1, pan. jurispr. p. 23 ; *CSBP* 1994, n° 65, S. 167). L'employeur doit prendre en compte les recommandations du médecin du travail et rechercher un reclassement dans un emploi compatible avec les capacités physiques du salarié. Si aucun poste adéquat n'est trouvé, l'employeur, qui a la charge de la preuve de l'impossibilité du reclassement, pourra alors procéder à un licenciement. Il n'y a pas rupture de plein droit de la relation de travail. L'intéressé recevra l'indemnité légale de licenciement et même l'indemnité de préavis, s'il peut l'effectuer (Cf. C. trav., art. L. 132-45-4, créé par L. n° 2005-102, 11 févr. 2005).

Section 5

LA RÉSILIATION JUDICIAIRE

§ 1. – La résiliation judiciaire à la demande de l'employeur

425. – Modalités. Le chef d'entreprise a généralement recours à la procédure du licenciement, mais il lui est loisible d'opter pour la résiliation judiciaire. Il n'est pas nécessaire de démontrer l'existence d'une *faute grave* à la charge du salarié (Cass. soc., 22 oct. 1997 : *Bull. civ.* V, n° 326 ; *Gaz. Pal.* 1997, 2, pan. jurispr. p. 320 ; *CSBP* 1998, n° 96, B. 8) ; il appartient au juge de rechercher si l'inexécution de ses obligations par le salarié justifie la résiliation du contrat.

§ 2. – La résiliation judiciaire à la demande du salarié

426. – Situation. L'action en résiliation est utilisée, le plus souvent, lorsque le salarié entend refuser la modification que veut lui imposer l'employeur, aux clauses et conditions essentielles de son contrat de travail. C'est le cas du salarié dont la voiture de service est supprimée et qui ne peut plus exercer sa fonction, mais que l'employeur ne veut pas licencier, souhaitant obtenir sa démission (Cass. soc., 7 mars 1996 : *Gaz. Pal.* 1996, 1, pan. jurispr. p. 92. – Cf. le cas d'une modification du salaire : Cass. soc., 20 janv. 1998 : *Gaz. Pal.* 1998, 1, pan. jurispr. p. 80).

§ 3. – L'exclusion des salariés « protégés »

427. – Règle. Le salarié protégé est exclu de la procédure de résiliation judiciaire en ce que, d'une part, l'employeur n'est pas recevable à engager une action afin de contourner le refus de l'inspecteur du travail d'autoriser le licenciement (Cf. délégué syndical, Cass. ass. plén., 22 janv. 1983 : *Gaz. Pal.* 1983, 1, p. 262, note Doucet ; *D.* 1983, p. 269, concl. Cabannes, *ibid* 1984, inf. rap. p. 254, note Langlois ; *Quot. jur.* 17 mai 1983 : *Bull. civ.* V, n° 1 et 74) et, d'autre part, le salarié protégé ne peut non plus demander au conseil de prud'hommes la résiliation judiciaire du contrat de travail.

§ 4. – Les effets

428. – Exclusion des règles du licenciement. La résiliation judiciaire ne saurait permettre d'échapper aux règles d'ordre public concernant le licenciement. C'est pourquoi la Cour de cassation pose en principe que la résiliation judiciaire d'un contrat de travail à durée indéterminée, à la demande du salarié et aux torts de l'employeur, produit les effets d'un *licenciement sans cause réelle et sérieuse* et ouvre droit au paiement des mêmes indemnisations (Cass. soc., 20 janv. 1998 : *CSBP* 1998, n° 98, A. 22, obs. A. Philbert). Ainsi sont affirmées la spécificité et l'autonomie du droit du travail.

Section 6

LA DÉMISSION

§ 1. – La forme

429. – Possibilité d'une démission verbale ou implicite. La démission n'est soumise à aucune condition de forme ; elle peut résulter d'une lettre, signée par le salarié, manifestant en *termes clairs et non équivoques* sa volonté de quitter l'entreprise ; elle est valable même si elle est *verbale.*

Elle peut être également *implicite,* déduite du comportement du salarié ; citons la restitution des clefs à l'employeur ou encore le fait de se faire embaucher par un autre employeur ou celui de ne pas se présenter à l'expiration d'un congé et de ne pas déférer aux sommations de reprendre le travail notifiées par l'employeur. Le fait pour le salarié de n'avoir pu être joint en dehors des horaires de travail sur son téléphone portable personnel est dépourvu de caractère fautif et ne permet donc pas de justifier un licenciement disciplinaire pour faute grave (Cass. soc., 17 févr. 2004 : *CSBP* 2004, n° 160, S. 217, obs. C. Charbonneau).

Toutefois, la jurisprudence récente est restrictive dans l'interprétation des situations de « démission implicite » : l'acte de démission ne se présume pas et doit résulter d'une volonté claire et non équivoque ; à défaut d'une telle volonté, il n'y a point de démission, et le cas échéant le licenciement est dépourvu de cause réelle et sérieuse. L'employeur qui prend l'initiative de rompre le contrat de travail ou qui le considère comme rompu du fait du salarié doit mettre en œuvre la procédure de licenciement à défaut de quoi la rupture s'analyse en un licenciement sans cause réelle et sérieuse. Ainsi en est-il lorsque l'employeur a pris acte de la rupture du contrat par le salarié en se prévalant de sa démission verbale et du fait qu'il a quitté son poste de travail (Cass. soc., 11 févr. 2004 : *Bull. civ.* V, n° 49 ; *CSBP* 2004, n° 160, S. 191, obs. F.-J. Pansier).

§ 2. – Le fond

430. – Volonté libre de démissionner. La volonté de démissionner ne peut être retenue si la démission a été donnée *sous la contrainte* ; par exemple, si la lettre de démission a été écrite, après une séance de discussions au cours desquelles des pressions ont été exercées sur le salarié dans le bureau du directeur (Cass. soc., 25 oct. 1994 : *Gaz. Pal.* 1994, 2, pan. jurispr. p. 248).

Une nombreuse jurisprudence illustre la notion d'ambiguïté de la démission. Ainsi, les violences qu'a exercées l'employeur à l'endroit de la salariée, même si elles se situent dans le cadre de la vie privée, hors du lieu du travail, rendent la démission réciproque (Cass. soc., 29 janv. 2003 : *CSBP* 2003, n° 149, S. 152, obs. F.-J. Pansier) ; il en est de même lorsqu'elle a suivi un entretien orageux avec le chef d'entreprise (Cass. soc., 5 nov. 2003 : *CSBP* 2004, n° 157, S. 58, obs. C. Charbonneau). Ou encore, si la démission est survenue au cours d'une enquête, le salarié étant menacé d'une poursuite pour vol.

431. – Révocation de la démission. Se pose alors le problème de la révocation, par le salarié, d'une démission qui n'a pas été décidée librement, mais lui a été arrachée lors d'une entrevue avec le chef d'entreprise. La rétractation, faite le surlendemain, démontre que la démission n'a pas été le fruit d'une volonté libre et réfléchie. Encore faut-il que la rétractation ne soit pas trop tardive. La jurisprudence, par souci de la situation défavorisée du salarié, admet ce droit de repentir.

§ 3. – Les effets

432. – Variété des effets. La démission met fin à la relation de travail.

Si elle est annulée, révoquée valablement, comme obtenue sous la contrainte, elle s'analyse en un *licenciement sans cause réelle et sérieuse*, dont elle produit les effets.

Toutefois, elle peut également être qualifiée « abusive » (cas du salarié qui va travailler chez un concurrent et prospecte la clientèle de l'entreprise qu'il vient de quitter) et ouvrir à l'employeur une *action en dommages-intérêts* (exemple : non-respect par le démissionnaire du préavis, délai-congé).

La démission, reconnue comme telle, ne permet pas d'obtenir les allocations de chômage (s'agissant d'un départ volontaire).

Section 7

LE DÉPART EN RETRAITE

§ 1. – Le départ volontaire à la retraite

433. – Âge de la retraite. L'âge requis pour que le salarié puisse quitter volontairement l'entreprise (C. trav., art. L. 122-14-13) dépend du statut du salarié, déterminé par les conventions collectives ou les textes réglementaires. Il est en général fixé à 55 ou 60 ans (parfois 65 ans), en principe, en fonction de la pénibilité du travail. Le salarié, s'il n'est pas astreint à avoir atteint le taux plein de la pension, doit justifier d'un certain nombre de trimestres de cotisations.

Le départ est volontaire, du fait que l'article L. 122-14-12, alinéa 2, du Code du travail frappe de nullité toute clause des conventions collectives, accords collectifs ou contrats de travail prévoyant une rupture de plein droit de la relation de travail à partir d'un certain âge. En application de l'article précité, est entachée d'une nullité d'ordre public absolue la disposition de la convention collective prévoyant une rupture de plein droit du contrat de travail du salarié en raison de son âge, peu important que ne soit pas exclue une continuation du contrat de travail par accord exprès des parties (Cass. soc., 1er févr. 1995 : *Bull. civ.* V, n° 48 ; *CSBP* 1995, n° 68, A. 17, obs. A. Philbert).

La demande de départ est effectuée, en principe, par lettre recommandée avec avis de réception adressée à l'employeur ou est remise au chef d'entreprise, qui en donne récépissé. Il est joint les pièces justificatives, notamment un relevé des paiements trimestriels des cotisations, dont le nombre détermine tant la recevabilité de la requête que le montant de la pension.

434. – Indemnité de départ en retraite. Le salarié, quittant volontairement l'entreprise pour bénéficier du droit à pension de vieillesse, perçoit une *indemnité de départ en retraite* (C. trav., art. L. 122-14-13, modif. L. 30 juill. 1987 et art. 6 accord interprofessionnel, L. 19 janv. 1978 sur la mensualisation). À défaut de stipulation plus favorable du contrat de travail ou de la convention collective, le salarié reçoit une indemnité légale égale à :

- 1/2 mois de salaire, à partir de 10 ans d'ancienneté ;
- 1 mois à partir de 15 ans d'ancienneté ;
- 1 mois et demi à partir de 20 ans d'ancienneté ;
- 2 mois à partir de 30 ans d'ancienneté.

L'indemnité de départ à la retraite ne se cumule pas avec l'indemnité de licenciement due à la suite de la requalification de la mise à la retraite en licenciement (Cass. soc., 8 juill. 2003 : *Bull. civ.* V, n° 221 ; *CSBP* 2003, n° 154, S. 398, obs. F.-J. Pansier).

§ 2. – La mise à la retraite par l'employeur

435. – Conditions de la mise à la retraite. La mise à la retraite par l'employeur n'est pas obligatoire. Il faut que le salarié la demande et remplisse les conditions prévues. Elle n'est possible que :

1° si le salarié remplit les conditions pour *bénéficier d'une retraite à taux plein*, au sens de la réglementation figurant au Code de la sécurité sociale ;

2° si les conditions requises par la *convention collective*, notamment quant à l'âge de l'intéressé, sont remplies.

Lorsque ces exigences ne sont pas remplies, la mise à la retraite décidée par l'employeur est considérée comme un *licenciement sans cause réelle et sérieuse* ; tel est le cas du salarié qui ne bénéficie pas du taux plein ou qui n'a pas atteint l'âge requis.

La mise à la retraite n'est admise ni pendant un arrêt de travail dû à un accident du travail ni s'il s'agit d'un travailleur « protégé » en cours de mandat.

436. – Conséquences de la mise à la retraite. La rupture de la relation de travail est effective à la date fixée par la loi ou la convention collective ; elle a pour effet le départ de l'entreprise, la cessation du travail et le paiement d'une pension de retraite, soit à taux plein, soit à un taux réduit. Le montant de l'indemnité est déterminé d'après le barème figurant à la loi sur la mensualisation, c'est-à-dire suivant un taux dégressif, en fonction du *nombre d'années de service*. En matière de licenciement économique a été mis en place un *système de préretraite*.

Le régime obligatoire des retraites a été amélioré par des compléments. Versée par des caisses ou des compagnies d'assurance, des institutions de retraite supplémentaire ou de droits viagers régis par les plans d'épargne retraite (L. n° 2003-775, 21 août 2003. – D. 21 avr. 2004).

437. – Clauses guillotine. Depuis la loi du 30 juillet 1987, sont interdites les « clauses guillotine », qui stipulent que le contrat de travail prend fin de plein droit *à un certain âge*, par exemple lors du 60e anniversaire du salarié ; une décision de l'employeur est toujours nécessaire.

La jurisprudence a également décidé que « retraite sur retraite ne vaut » : un salarié qui, après retraite, prend un autre travail ne peut être mis, une seconde fois, à la retraite.

Section 8

L'INAPTITUDE PHYSIQUE

§ 1. – L'inaptitude à la reprise du travail

438. – Importance du médecin du travail. Seul le médecin du travail est compétent pour constater l'inaptitude du salarié au travail, laquelle présente deux aspects distincts.

Dans un premier cas, il s'agit d'*inaptitude à la reprise du travail*. L'intervention du médecin du travail est *obligatoire* après une absence pour maladie, accident, inaptitude non professionnelle de *plus de trois semaines ou absences répétées* pour raison de santé ; elle peut être demandée par le salarié ou l'employeur. Le médecin traitant n'a pas vocation à se substituer au médecin du travail. Le certificat médical de reprise est également prévu en matière d'accident du travail. La déclaration d'inaptitude à la reprise du travail n'entraînera pas la rupture du contrat de travail ; elle a pour seul effet de retarder le retour au travail.

§ 2. – L'inaptitude à l'emploi

439. – Déclaration pour l'obligation de reclassement. Le médecin du travail effectue une déclaration selon laquelle le salarié n'est pas inapte au travail, mais il n'est pas en état de remplir les tâches particulières inhérentes à son emploi ; il indique par écrit les conditions que doit remplir le nouveau poste de travail, auquel sera affecté le salarié, en vertu de l'*obligation de reclassement* (et qui doit être compatible avec la capacité physique du salarié), dans le *délai d'un mois* courant de la date du certificat médical de reprise du travail.

Le contrat de travail n'est pas suspendu ; en cas de désaccord sur l'avis du médecin du travail, l'*inspecteur du travail* a vocation pour trancher le litige, qui ne relève pas du juge judiciaire, lequel n'a pas compétence pour organiser une expertise (Cass. soc., 14 janv. 1997 : *D.* 1997, inf. rap. p. 36).

L'inaptitude à l'emploi n'est pas un événement de force majeure, exonérant l'employeur de ses obligations à l'endroit du salaire (Cass. soc., 12 févr. 2003 : *Bull.* civ. V, n° 50 ; *CSBP* 2003, n° 150, S. 223, obs. C. Charbonneau). L'avis du médecin du travail s'impose, quant à la constatation de l'inaptitude, que le chef d'entreprise ne peut pas contester ; toutefois il ne le dispense pas de procéder aux mesures telles que la consultation des délégués du personnel, la recherche dans l'entreprise d'un emploi équivalent à celui précédemment occupé et compatible avec les capacités du salarié, la transformation ou l'aménagement des conditions de travail.

§ 3. – Le reclassement

440. – Impossibilité de reclassement. L'absence de reclassement, en premier lieu, peut être le résultat d'une impossibilité, due à la situation du travail dans l'entreprise ; l'employeur procède alors au licenciement pour cause réelle et sérieuse et ne doit aucune indemnité au salarié. La Cour de cassation a ainsi jugé qu'une salariée, déclarée inapte au poste de barmaid qu'elle occupait, ne pouvait être reclassée par le patron d'un établissement en l'absence d'autre emploi que celui de serveur ; autrement dit, l'*impossibilité du reclassement* décharge le chef d'entreprise de toute obligation.

Les possibilités de reclassement peuvent être recherchées parmi les divers établissements dépendant du groupe auquel appartient l'entreprise ; mais le salarié est en droit de refuser les offres ne contenant pas des propositions précises quant au type de travail à effectuer.

441. – Reclassement par changement d'emploi. Dans le cas où le reclassement par *changement d'emploi* est possible – et même dans celui où l'aménagement de l'emploi proposé par le médecin du travail n'est pas réalisé (Cf.

aération du lieu de travail d'une laborantine allergique aux cobayes : Cass. soc., 19 juill. 1995 : *Bull. civ.* V, n° 254) –, l'employeur a le *choix entre le maintien de la relation de travail,* impliquant que le paiement du salaire sans aucune restriction continuera comme si le salarié occupait effectivement son emploi, et le *licenciement,* celui-ci étant considéré comme *sans cause réelle et sérieuse* et ouvrant droit aux indemnités prévues dans ce cas.

442. – Refus du reclassement par le salarié. Cependant, le refus du salarié d'accepter un reclassement conforme aux indications mentionnées par le médecin du travail justifie un licenciement pour cause réelle et sérieuse (Cass. soc., 26 mars 1996 : *Gaz. Pal.* 1996, 1, pan. jurispr. p. 123). Ne peut être abusif le refus par un salarié du poste de reclassement proposé par l'employeur en application de l'article L. 122-32-5 du Code du travail, dès lors que la proposition de reclassement entraîne une modification du contrat de travail (Cass. soc., 15 juill. 1998 : *CSBP* 1998, n° 104, S. 345).

§ 4. – L'incapacité à tout travail

443. – Rupture du contrat de travail. L'incapacité à tout travail entraîne la rupture de la relation du travail ; le salarié se trouve alors relever du statut des invalides du travail. Cependant, si l'incapacité n'est pas totale, il peut bénéficier des mesures prises en faveur des travailleurs handicapés. Seule la *COTOREP* (commission technique d'orientation et de reclassement) est compétente pour attribuer au salarié la qualité de travailleur handicapé (Cass. soc., 19 juin 1991 : *Bull. civ.* V, n° 817). Le statut du *travailleur handicapé* (C. trav., art. L. 323-1 et s.) n'entre pas dans le cadre du présent ouvrage. L'inspecteur du travail doit être saisi des difficultés qui touchent au reclassement et à l'inaptitude du salarié.

Chapitre 2

CONTRAT DE TRAVAIL À DURÉE DÉTERMINÉE

Section 1

L'ARRIVÉE DU TERME CONVENU

444. – Notion et effets du terme. L'article L. 122-3-6 du Code du travail énonce que... « le contrat de travail à durée déterminée cesse de plein droit (sans qu'il soit besoin de recourir à une procédure de licenciement) à l'échéance du terme ».

Le terme doit être entendu comme en *droit des obligations* : il s'agit d'un événement certain qui met fin à la relation de travail. Par le critère de la certitude, le terme se distingue de la condition, qui est un événement incertain. Toutefois, *le terme peut être déterminé* – le salarié est engagé pour une durée connue à l'avance, exprimée en mois ou par la date de l'échéance (le contrat porte sur trois mois ou a effet du 1er juin au 1er décembre) – *ou indéterminé*. Dans ce second cas, la fin de la relation de travail dépend d'un événement, certain dans sa survenance, mais incertain dans la date de celle-ci : le salarié engagé pour remplacer un salarié malade ou en formation, devra se démettre de ses fonctions dès que le salarié remplacé met fin à la période de suspension du contrat de travail ou démissionne.

Cependant, l'employeur ne saurait congédier le salarié, avant l'arrivée du terme, au prétexte que celui dont il assure l'intérim a écourté son congé (Cass. soc., 8 nov. 1995 : *Bull. civ.* V, n° 293 ; *CSBP* 1996, n° 77, A. 10 ; *Gaz. Pal.* 1996, 1, pan. jurispr. p. 25 ; *D.* 1995, inf. rap. p. 266) ou que les prévisions de surcharge du travail, qui motivaient son embauche, ne se sont pas réalisées.

Rappelons que le « terme » est tantôt une *date fixe*, tantôt un *événement* convenu par les parties (fin de chantier par exemple), tantôt déterminé par l'*usage constant* (contrat saisonnier), tantôt fonction des *circonstances* (travaux urgents de sécurité).

Le départ du salarié donne lieu à un règlement de comptes, notamment quant aux salaires : indemnité compensatrice de congés payés, heures supplémentaires, etc. L'employeur doit remettre un certificat de travail complet et détaillé.

445. – Indemnité de précarité. Le salarié qui quitte l'entreprise a droit, à titre de complément de salaire, à une indemnité destinée à compenser la précarité de sa situation (indemnité de départ. – C. trav., art. L. 122-3-4, modifié L. 17 janv. 2002, 3 janv. 2003 et 4 mai 2004). Cette indemnité, égale à 10 % de la rémunération totale brute du salaire, peut être réduite à 6 % dans certains cas où le salarié bénéficie de formation ou de bilan de compétences. L'indemnité de départ n'est pas due dans certains cas (notamment lorsque le salarié est embauché par l'entreprise en fin de contrat) ou s'il s'agit de jeunes travailleurs pendant les vacances universitaires.

Section 2

LES PROLONGATIONS DE DURÉE

§ 1. – Le principe d'interdiction des contrats successifs

446. – Contrat à durée déterminée sur contrat à durée déterminée ne vaut. Le contrat à durée déterminée n'est admis que dans la mesure où, contrat précaire et provisoire, il ne sert pas à pourvoir un emploi permanent et durable relevant du contrat à durée indéterminée ; c'est-à-dire qu'à son expiration, ou bien il prend fin, ou bien, s'il est prolongé, il devient un *contrat à durée indéterminée*, l'ancienneté du salarié remontant alors à son embauche en contrat à durée déterminée, dont la durée est déduite de la période d'essai du nouveau contrat de travail.

L'article L. 122-3-10 du Code du travail a pour effet de transformer le contrat de travail à durée déterminée expiré en contrat à durée indéterminée, sans changement, aux clauses et conditions du contrat en cours ; le salarié conserve l'ancienneté acquise. Cette embauche définitive peut se faire par un nouveau contrat, dont le contenu sera établi par un accord négocié entre employeur et salarié. Cette nouvelle relation peut être qualifiée de novation.

447. – Exceptions. Les contrats successifs ne sont licites que dans certaines hypothèses bien délimitées, telles que le *remplacement d'un salarié en congé*, dont l'absence se prolonge au-delà de la date convenue, ou l'accroissement de *surcharge* de travail qui se maintient, contrairement aux prévisions, ou bien lorsqu'il s'agit de *contrats saisonniers*, de *chantiers* qui ne s'achèvent pas à la date prévue.

448. – Délai de carence. Au contraire, pour les contrats courants, la *continuation de la relation du travail*, sans interruption, démontre la non-précarité de l'emploi et donc le caractère frauduleux du renouvellement du contrat à durée déterminée. Pour que les contrats successifs soient réputés *indépendants, distincts et autonomes*, et donc valables, il est exigé qu'ils soient séparés par ce que l'on désigne comme un « délai de carence », i.e. une interruption de la relation de travail pendant « une période égale au tiers de la durée de ce contrat, renouvellement inclus, portée à la moitié si la durée du contrat est inférieure à 14 jours » (C. trav., art. L. 122-3-11, modifié L. 17 janv. 2002). Il existe quelques dérogations, notamment pour les contrats à durée déterminée conclus pour remplacer un salarié absent ou pour exécuter des travaux urgents.

§ 2. – La requalification

449. – Requalification du contrat à durée déterminée. « Si la relation contractuelle du travail se poursuit après l'échéance du terme du contrat, celui-ci devient un contrat à durée indéterminée. » Cette *requalification,* en principe automatique, peut être demandée au conseil des prud'hommes, soit par le salarié intéressé, soit même par l'*organisation syndicale* à laquelle il appartient ; celle-ci est recevable à agir sans avoir besoin de détenir un mandat de son adhérent (C. trav., art. L. 122-3-16).

La requalification a lieu dans tous les cas de violation des règles rigoureuses destinées à empêcher un usage frauduleux du contrat à durée déterminée, ainsi que d'ailleurs l'énonce l'article L. 122-3-13, du Code du travail, selon lequel le contrat est... « réputé à durée indéterminée ».

Cependant, les contrats saisonniers peuvent comporter une clause de reconduction pour l'année suivante et une convention ou un accord collectif peut prévoir que, sauf cause réelle et sérieuse, l'employé occupera, pour l'année suivante, un emploi de même nature. Ainsi, un accord collectif d'entreprise peut prévoir que le personnel saisonnier ayant travaillé pendant deux saisons consécutives bénéficie, sauf motif dûment fondé, du renouvellement de son contrat à durée déterminée dans sa qualification pour une même période d'activité sans garantie de durée identique, et que le refus de renouvellement équivaut à un licenciement (Cass. soc., 29 oct. 2002 : *Bull. civ.* V, n° 329 ; *CSBP* 2003, n° 146, S. 7, obs. F.-J. Pansier).

450. – Auteur de la demande en requalification. Cependant, la Cour de cassation, considérant qu'il s'agit d'une mesure prise dans le seul intérêt du salarié, d'une part, décide qu'elle ne peut être ordonnée d'office et qu'il est nécessaire qu'elle soit demandée par le salarié au conseil de prud'hommes (Cass. soc., 9 avr. 1996 : *Gaz. Pal.* 1996, 1, pan. jurispr. p. 141), d'autre part, qu'elle ne saurait en conséquence être requise par l'employeur (Cass. soc., 17 janv. 1996, préc.) ni par le comité d'hygiène et de sécurité. Longtemps, la Cour de cassation a toléré une exception en admettant que l'AGS puisse demander la requalification pour éviter d'avoir à payer tous les salariés jusqu'au terme (Cass. soc., 3 juin 1997 : *Gaz. Pal.* 1997, 2, pan. jurispr. p. 187 ; *CSBP* 1997, n° 93, S. 147. – Cass. soc., 3 nov. 1998 : *Gaz. Pal.* 1998, 2, pan. jurispr. jurispr. p. 346) ; cette position est désormais abandonnée (Cass. soc., 4 déc. 2002 : *Bull. civ.* n° 367 ; *CSBP* 2003, n° 147, A.7, obs. C. Charbonneau). L'inobservation des conditions de forme – notamment l'absence de contrat écrit – est également sanctionnée par la requalification en contrat à durée indéterminée. Enfin, le salarié n'est pas obligé de la solliciter, s'il estime ne pas y avoir intérêt.

Section 3

LA RUPTURE ANTICIPÉE

451. – Hypothèses de rupture anticipée. Le contrat de travail à durée déterminée, sauf force majeure qui rend impossible l'exécution du contrat, ne peut être rompu par anticipation que dans les cas prévus par la loi ; le premier concerne l'accord des parties pour une résiliation amiable ; le deuxième consiste dans une faute grave imputable soit au salarié, soit à l'employeur ; le troisième consiste dans un cas de force majeure, très strictement interprété par la jurisprudence (C. trav., art. L. 122-3-8, modifié L. 17 janv. 2002).

452. – Faute grave. En ce qui concerne la *faute grave imputable au salarié,* l'employeur doit recourir à la procédure de licenciement – avec entretien préalable – qui sera ci-après exposée en ce qui concerne le contrat à durée indéterminée, puisqu'il s'agit d'une sanction disciplinaire (Cass. soc., 11 avr. 1996 : *Bull. civ.* V, n° 151 ; *Gaz. Pal.* 1996, 1, pan. jurispr. p. 140). La faute grave peut résulter aussi bien du comportement du salarié que de l'inexécution de ses obligations contractuelles ; l'employeur est d'ailleurs fondé à demander paiement de dommages-intérêts en réparation du préjudice occasionné par la rupture injustifiée de la relation de travail.

La faute grave est également susceptible d'être imputée à l'employeur, lorsque celui-ci méconnaît ses obligations, manifeste des exigences abusives ou apporte unilatéralement des *modifications* à un élément essentiel du contrat de travail. L'article L. 122-3-8 du Code du travail ouvre au salarié le droit à une réparation forfaitaire, i.e. des... « dommages-intérêts d'un montant au moins égal aux *rémunérations* qu'il aurait perçues jusqu'au terme du contrat ». *Aucune réduction ne peut être apportée par le juge* (jurisprudence constante. – Cass. soc., 2 févr. 1999 : *Gaz. Pal.* 1999, 1, pan. jurispr. jurispr. p. 91).

453. – Dérogations conventionnelles. Les règles relatives à la rupture anticipée du contrat à durée déterminée, étant *d'ordre public,* ne peuvent être tenues en échec par des clauses conventionnelles du contrat de travail, qui sont réputées nulles (Cass. soc., 11 mai 1988 : *Bull. civ.* V, n° 283 ; *Gaz. Pal.* 1988, 2, pan. jurispr. p. 166).

454. – Sanction de la rupture injustifiée. Si l'employeur, qui a procédé à la rupture du contrat à durée déterminée, ne parvient pas à démontrer l'existence d'une faute grave imputable au salarié, l'article L. 122-3-8 du Code du travail prévoit une sanction lourde : le paiement par l'employeur de tous les salaires dus jusqu'à la fin prévue du contrat et en outre l'indemnité de précarité. Il s'agit d'une provision forfaitaire due par l'employeur, quand bien même le salarié injustement renvoyé aurait bénéficié immédiatement d'un autre emploi. Ainsi, pour un salarié embauché pour 18 mois, et renvoyé sans faute grave au bout du troisième mois, l'indemnité due sera égale à 15 fois le salaire mensuel.

Toutefois, cette pénalité ne trouve pas application pendant la période d'essai du contrat à durée déterminée : la rupture, même infondée, de la relation de travail pendant cette période ne donne droit qu'à des dommages et intérêts évalués par le juge (Cass. soc., 23 avr. 1997 : *Bull. civ.* V, n° 141 ; *Gaz. Pal.* 1997, 1, pan. jurispr. p. 143 ; *D.* 1997, inf. rap. p. 124).

La lourdeur de la sanction de la rupture fautive par l'employeur a deux fondements :

– le contrat de travail à durée déterminée est un contrat de type précaire et la contrepartie de cette précarité est d'ordre financier – même si le contrat n'est pas mené au bout, les salaires sont dus jusqu'au terme conventionnel ;

– l'employé a compté sur la certitude de son salaire pendant toute la durée de son contrat de travail à durée déterminée et cette certitude doit demeurer même si l'employeur change d'opinion.

Chapitre 3

CONTRAT DE TRAVAIL À DURÉE INDÉTERMINÉE

Section 1

LA RUPTURE UNILATÉRALE : NOTION DE LICENCIEMENT

455. – Évolution du licenciement. La législation relative au licenciement a pour finalité d'assurer au salarié une *protection juridique* susceptible de remédier à l'*inégalité de condition* qui existe entre le simple travailleur et l'employeur, et de contrebattre la situation dominante du chef d'entreprise, de compenser l'inégalité sociale.

À l'origine, le congédiement du salarié n'était l'objet d'un contrôle judiciaire que s'il était démontré, à la charge de l'employeur, un *abus caractérisé* de son droit de mettre fin unilatéralement au contrat à durée indéterminée. La théorie générale de l'abus de droit trouvait ici application. Ainsi, pour obtenir indemnisation, le salarié supportait le fardeau de la preuve, ce qui en fait restreignait considérablement la possibilité d'agir en justice, d'autant que toute faute – même légère – du salarié justifiait le licenciement.

C'est à partir d'une loi du 13 juillet 1973 que le droit du licenciement a véritablement quitté la *conception civiliste*, objective et impersonnelle, pour progressivement être soumis à une notion de protection sociale. Désormais, c'est l'employeur qui devra justifier le licenciement, en établissant la faute commise par le salarié, à défaut de quoi il devra indemniser le préjudice occasionné par la rupture du contrat de travail. Ce qui est conforme aux règles régissant la preuve : *actori incumbit probatio*, le demandeur supporte la charge de la preuve. L'employeur, qui licencie un salarié, va invoquer la cause réelle ou sérieuse ou la faute grave. Dans les deux cas, il doit être en mesure de rapporter la preuve de ce motif de congédiement.

456. – Liberté de l'employeur sous contrôle judiciaire. Il convient de souligner, à cet égard, que les règles d'ordre public du Code du travail ne peuvent être écartées conventionnellement, mais qu'elles sont susceptibles d'être améliorées, en faveur du salarié, par les stipulations du contrat de travail, les accords collectifs ou les règlements intérieurs. Les *représentants du personnel* bénéficient d'une protection spéciale ; parfois même, l'organisation syndicale peut agir au nom des salariés (requalification des contrats à durée déterminée en contrats à durée indéterminée).

Néanmoins, le *licenciement reste toujours libre* – sous réserve d'acquitter éventuellement les indemnités attribuées au salarié –, en effet (hors quelques rares exceptions) la réintégration dans l'emploi n'est pas véritablement appliquée ; il apparaît encore difficile d'obliger le chef d'entreprise, responsable de la bonne marche de celle-ci, d'employer contre son gré une personne avec laquelle il entretient des rapports d'hostilité.

Section 2

LA PROCÉDURE DE LICENCIEMENT

Elle comporte plusieurs phases que nous étudierons successivement.

§ 1. – La convocation à un entretien préalable

457. – Présentation. L'entretien préalable constitue un *préalable obligatoire* au licenciement. L'article L. 122-14, alinéa 2 du Code du travail, réécrit par l'ordonnance n° 2004-602 du 24 juin 2004, dispose que « l'employeur ou son représentant qui envisage de licencier un salarié doit, avant toute décision, convoquer l'intéressé par lettre recommandée ou par lettre remise en main propre contre décharge en lui indiquant l'objet de la convocation ».

L'entretien préalable est obligatoire quelle que soit la nature de la faute invoquée : cause réelle et sérieuse, faute grave, faute lourde, faute intentionnelle.

458. – Contenu de la convocation. Le contenu de la lettre est soumis à des règles impératives (C. trav., art. R. 122-2-1), savoir :

1° indiquer la *date*, l'*heure* et le *lieu* de l'entretien ;

2° mentionner clairement l'*objet de l'entretien* – c'est-à-dire le licenciement envisagé –, mais il n'est pas indispensable d'énoncer les motifs du licenciement, qui seront exposés par l'employeur au cours de l'entretien préalable ;

3° donner *avis au salarié de la possibilité de se faire assister* ;

4° respecter un *délai minimum de cinq jours*, qui est accordé au salarié pour préparer sa défense ; l'omission de cette formalité essentielle rend la convocation irrégulière (Cass. soc., 7 oct. 1998 : *CSBP* 1998, n° 105, S. 411, obs. B. Gelpi).

Dans les entreprises ne comportant pas de délégation du personnel, ce délai est fixé à au moins *cinq jours ouvrables* entre la présentation par le préposé de La Poste, ou la remise en mains propres, et le jour de l'entretien (V. Cass. soc., 9 juin 1999 : *Bull. civ.* V, n° 273).

§ 2. – La comparution des parties

459. – Employeur. L'employeur peut venir lui-même ou se faire représenter – ou assister – par un membre de l'entreprise, mais non par une personne étrangère à celle-ci (Cass. soc., 20 juin 1990 : *Bull. civ.* V, n° 302. – 27 mai 1998 : *Bull. civ.* V, n° 284).

460. – Salarié. Le salarié n'est pas tenu de déférer à la convocation (Cass. soc., 9 juill. 1992 : *Gaz. Pal.* 1992, 2, pan. jurispr. p. 232), mais son absence ne rend pas la procédure irrégulière ; l'employeur est donc en droit de poursuivre la procédure et de notifier le licenciement ; il n'a pas l'obligation d'accepter la demande d'une nouvelle convocation formulée par le salarié (Cass. soc., 25 nov. 1992 : *Gaz. Pal.* 1993, 1, pan. jurispr. p. 23), même en cas d'absence du salarié pour raison de santé (Cass. soc., 7 oct. 1997, inédit).

Le salarié a la faculté de se faire assister, lors de l'entretien, soit par une *personne appartenant à l'entreprise* (telle que, par exemple, un délégué du personnel), soit par une personne extérieure à l'entreprise figurant sur une *liste établie par le préfet*, après consultation des organisations syndicales.

Il existe à cet égard – le choix du salarié étant totalement libre depuis une loi de janvier 1991 – des « conseillers de salariés », bénéficiant d'un statut protégé et, en tant que tels, de *temps d'absence* (15 heures par mois), rémunérés comme travail effectif (C. trav., art. L. 122-14-14 et s.).

§ 3. – Le déroulement de l'entretien

461. – Langue de l'oralité. L'entretien, qui peut avoir lieu au siège de l'entreprise, se déroule en langue française ; un *interprète* est nécessaire si l'une des parties ne comprend pas le français (ou si une langue étrangère est utilisée, par exemple, si le directeur s'exprime en anglais, le salarié et son assistant ne comprenant que le français. – Cass. soc., 8 janv. 1997 : *Bull. civ.* V, n° 4 ; *CSBP* 1997, n° 88, A. 17 ; *Gaz. Pal.* 1998, 2, p. 788, note E. du Rusquec).

462. – Contenu de l'entretien. L'entretien ne peut dégénérer en enquête (Cass. soc., 1er avr. 1997 : *Bull. civ.* V, n° 131 ; *Gaz. Pal.* 1998, 1, pan. jurispr. jurispr. p. 15). L'employeur expose les *motifs du licenciement* et recueille les explications du salarié. Il ne peut pas retenir, pour le licenciement, des faits postérieurs à l'entretien préalable, sans procéder à un nouvel entretien préalable.

§ 4. – Le licenciement

463. – Interdiction du licenciement immédiat. Le licenciement ne peut être prononcé *ab irato*, sur-le-champ, au cours de l'entretien préalable. Déjà un arrêt de la Chambre sociale de la Cour de cassation déclarait irrégulier un licenciement hâtif (Cass. soc., 15 nov. 1990 : *Gaz. Pal.* 1991, 2, pan. jurispr. p. 184 ; *Bull. civ.* V, n° 559) ; depuis la modification apportée à l'article L. 122-14-1 et 2 du Code du travail, par une loi du 4 février 1995, il doit s'écouler *au moins un jour franc* entre l'entretien préalable et le licenciement. Depuis la loi du 24 juin 2004, ce sont deux jours ouvrables qui doivent séparer l'entretien préalable et la lettre de licenciement.

464. – Possibilité d'une renonciation de l'employeur. Bien entendu, l'employeur peut renoncer à son projet de licenciement ; le contrat de travail se poursuit alors sans changement (Cass. soc., 30 avr. 1991 : *Bull. civ.* V, n° 151). D'autre part, un licenciement trop tardif risquerait de se heurter à la prescription des fautes non sanctionnées. L'article L. 122-14-1 du Code du travail prévoit d'ailleurs, pour les licenciements pour motif disciplinaire *un délai maximum d'un mois* (Cass. soc., 7 juill. 1998 : *Bull. civ.* V, n° 368).

465. – Motifs du licenciement. La lettre de licenciement doit énoncer les *motifs du licenciement, à peine de nullité* (C. trav., art. L. 122-14-2). Cette règle est capitale car seuls les griefs énumérés dans cette lettre peuvent désormais être retenus ; la lettre de licenciement fixe donc irrévocablement le cadre du litige. Pour se prévaloir de motifs postérieurs au licenciement, il faudra procéder à un nouvel entretien préalable. La carence de motifs précis et clairement indiqués ne saurait, selon la jurisprudence, être palliée par des références au contenu de correspondances échangées, à une annexe remise contre décharge ou à la lettre de convocation à l'entretien préalable. Cette règle jurisprudentielle est parfois jugée rigoureuse, mais a été récemment réaffirmée : l'absence de motifs dans la lettre de licenciement vaut donc présomption irréfragable d'absence de cause réelle et sérieuse du licenciement (Cf. *infra*).

À cette situation est assimilée celle découlant de *motifs* « insuffisamment circonstanciés », autrement dit dont la précision factuelle ne permet pas au salarié de savoir ce qui lui est reproché. La Cour de cassation exige aujourd'hui une précision équivalente à celle d'une inculpation pénale : il ne suffit plus de porter le mot « insubordination » dans la lettre de licenciement. Il faut indiquer que le licenciement est prononcé pour avoir, à telle date, répondu de telle façon à un ordre donné. La lettre de licenciement est de ce point de vue un acte autosuffisant, i.e. ne nécessitant pas d'être complété par une autre référence.

L'employeur, à condition de respecter les règles de procédure applicables à chaque cause de licenciement, peut invoquer dans la lettre de licenciement des motifs différents de rupture inhérents à la personne du salarié, dès lors qu'ils procèdent de faits distincts. Le juge qui écarte le motif de la lettre de licenciement fondé sur la faute grave du salarié peut donc se prononcer sur celui de l'inaptitude physique de cette dernière, également invoqué, et décider que le licenciement a une cause réelle et sérieuse (Cass. soc., 23 sept. 2003 : *Bull. civ.* V, n° 242 ; *CSBP* 2003, n° 155, A. 54, obs. C. Charbonneau).

466. – Effet du licenciement. La *date d'effet* du licenciement est celle de la notification au salarié, i.e. la présentation à celui-ci, par le préposé de La Poste, de la lettre recommandée avec avis de réception ; c'est à cette date que prend fin le contrat de travail (Cass. soc, 8 nov. 1995 : *Bull. civ.* V, n° 294 ; *Gaz. Pal.* 1995, 2, pan. jurispr. p. 256 ; *D.* 1995, inf. rap. p. 12).

Section 3

LES MOTIFS DU LICENCIEMENT

§ 1. – La faute grave. La faute lourde

467. – Départ immédiat. Nous avons défini, en les examinant, les notions de faute grave et faute lourde ; celles-ci compromettent la bonne marche de l'entreprise. Le départ immédiat du salaire, sans attendre l'expiration du délai de préavis, est obtenu par une *mise à pied conservatoire.*

468. – Délai d'intervention du licenciement. La faute entraînant le départ du salarié avant la rupture du contrat de travail, la jurisprudence en déduit que le licenciement doit intervenir *rapidement* ; dans le cas contraire, le délai accordé serait la négation du principe même de cette sorte de licenciement et de son caractère d'urgence.

Cependant, il en est différemment lorsque par exemple la notification du licenciement à bref délai s'avère impossible (abandon de poste, absence prolongée du salarié) ou encore dans le cas où il a fallu procéder à une *enquête* afin de vérifier la matérialité des faits articulés à l'encontre du salarié.

469. – Effet du licenciement pour faute grave ou lourde. Le licenciement pour faute grave ou lourde dispense le chef d'entreprise du paiement du salaire pendant le *préavis* et la *mise à pied conservatoire*, et est exclusif de toute indemnité ; mais l'intéressé est en droit de percevoir ses créances salariales (telles que le règlement des heures supplémentaires).

§ 2. – La cause réelle et sérieuse

470. – Notion de cause réelle et sérieuse. Ainsi que l'indiquent les articles L. 122-14-3 et L. 122-14-4 du Code du travail, le licenciement est justifié par l'existence d'une cause réelle et sérieuse, qui n'est pas définie par la loi. Selon la jurisprudence, le terme réel souligne le caractère objectif de la cause, la nécessité de faits précis, à l'exclusion de simples soupçons, un degré suffisant de certitude, le doute profitant au salarié ; le terme « sérieux » implique la preuve que la confirmation du travail est impossible pour être une source de dommages pour l'entreprise.

Il s'agit d'une question de fait qui échappe donc partiellement au contrôle de la Cour de cassation ; celle-ci veille toutefois au respect des règles *d'ordre public* régissant les licenciements, à l'absence d'atteinte à la *vie privée* du salarié, protégée par l'article 9 du Code civil, de *discrimination* raciale, politique, religieuse, à l'application des stipulations des conventions et accords collectifs.

Il faut par ailleurs constater que la jurisprudence a pratiquement effacé l'ancienne distinction qui était faite entre la *faute légère*, susceptible de simples sanctions disciplinaires, et la *cause réelle et sérieuse*, justifiant le licenciement.

C'est l'employeur qui supporte le fardeau de la preuve. Le doute profite au salarié. De plus, l'employeur ne peut faire état de preuves obtenues par des moyens illicites, tels des procédés clandestins de surveillance, les rapports d'un détective privé, la mise sur écoute des conversations téléphoniques ou le contrôle du courriel du salarié.

471. – Effet du licenciement pour cause réelle et sérieuse. Le licenciement, justifié par une cause réelle et sérieuse, n'ouvre pas droit à une indemnité de licenciement, mais seulement au *préavis* (ou au paiement de l'indemnité de préavis) ; le salarié est bien évidemment fondé à réclamer le règlement de ce qui reste dû sur ses créances salariales.

§ 3. – Le licenciement non motivé

472. – Notion et effets. Il s'agit du licenciement non motivé ou de celui dont le conseil des prud'hommes ne déclare pas valable la motivation, ou encore du licenciement dont la cause n'est pas imputable au salarié, comme la fermeture volontaire de l'entreprise, d'une branche d'activité.

Le licenciement, qui peut être abusif, ouvre droit à l'indemnisation du préjudice qu'il occasionne au salarié. L'insuffisance des motifs, qui est relevée quand les griefs énoncés contre le salarié sont imprécis, conçus en termes généraux, équivaut au défaut de motifs.

Section 4

LES EFFETS DU LICENCIEMENT

§ 1. – Le règlement de comptes

473. – Conditions de validité du reçu pour solde de tout compte. La loi n° 2002-73 du 17 janvier 2002 a donné une nouvelle définition du reçu pour solde de tout compte : « Lorsqu'un reçu pour solde de tout compte est délivré et signé par le salarié à l'employeur à l'occasion de la résiliation ou de l'expiration de son contrat, il n'a que la valeur d'un simple reçu des sommes qui y figurent ».

Lors du départ du salarié licencié, celui-ci reçoit *paiement* des sommes qui lui reviennent et délivre en contrepartie à l'employeur (C. trav., art. L. 122-17) un... « reçu pour solde de tout compte », qui est soumis aux conditions suivantes :

1° être daté et porter, écrite entièrement de la main du salarié, la mention : « pour solde de tout compte », suivie de sa signature ;

2° indiquer, en « termes très apparents », qu'un *délai de deux mois* courant de la signature du reçu est imparti pour le dénoncer, à peine de forclusion ;

3° être autant que possible détaillé ; en effet, ce reçu n'a valeur *libératoire* que pour les éléments de la rémunération qui y sont énoncés et que dans la mesure où ils étaient *connus et évaluables* au moment de la signature ;

4° pour éviter toute *forclusion*, le salarié est admis à inscrire des « réserves », soit générales, soit cantonnées à un ou plusieurs éléments du compte ;

5° être signé à un moment où le salarié n'est plus sous la dépendance de l'employeur : est nul le reçu établi et signé avant la résiliation du contrat ou pendant le préavis.

474. – Efficacité relative du reçu pour solde de tout compte. La valeur juridique du reçu pour solde de tout compte fut d'abord limitée par la jurisprudence : il ne faisait preuve que du paiement effectif des sommes énumérées et ne vaut donc pas renonciation à agir, ni preuve du paiement d'autres sommes. Le reçu avait *valeur de reconnaissance comptable* et faisait présumer que l'employeur avait effectivement versé les sommes portées (Cf. S. Munier, *Le reçu pour solde de tout compte* : *CSBP* 1999, juill.-août n° spécial). La loi du 17 janvier 2002 a consacré cette solution jurisprudentielle.

475. – Conséquences du licenciement pour le salarié. L'employeur est tenu de remettre au salarié :

1° un *certificat de travail*, qui lui sera demandé, lors de son embauche par son nouvel employeur, et qui ne doit contenir que les renseignements indispensables (durée du travail, qualification, affectations, rémunération, horaires) ; il ne peut renfermer les sanctions prononcées contre le salarié ;

2° une *attestation* « ASSEDIC » permettant de s'inscrire à l'organisme chargé du versement de l'allocation chômage.

476. – Conséquences du licenciement injustifié pour l'employeur. Elles sont mentionnées à l'article L. 122-14-4 du Code du travail, modifié par la loi du 18 janvier 2005. Il est prévu des réglementations relatives au paiement d'une indemnité et aussi à l'éventuelle réintégration du salarié, quand elle est possible. De plus, lorsque le licenciement est injustifié, le chef d'entreprise peut être amené à *rembourser aux ASSEDIC*, dans la limite de *6 mois* d'indemnité, les *allocations de chômage* qui ont été versées au salarié, depuis son licenciement jusqu'au jour du jugement (C. trav., art. L. 122-14-4, § 3).

§ 2. – Le non-respect de la procédure de licenciement

477. – Variété des sanctions du non-respect de la procédure de licenciement. Trois situations différentes sont envisagées :

1° salariés ayant *moins de deux ans d'ancienneté* ou licenciement survenu dans une entreprise de *moins de 11 salariés* (C. trav., art. L. 122-14-5) ; il n'est pas accordé d'indemnité spécifique, mais une *réparation globale* du préjudice subi – vice de forme ou de fond – s'il est prouvé que le licenciement est abusif (Cass. soc., 30 mai 1990 : *D.* 1990, p. 559, note Karaquillo) ;

2° salariés dont le licenciement est déclaré *justifié* (C. trav., art. L. 122-14-4) ; le juge peut imposer à l'employeur d'accomplir régulièrement la procédure ; en pratique, il se borne à dire que le licenciement n'est pas nul et à accorder une *indemnité, cumulable avec l'indemnité de préavis, qui ne peut dépasser un mois de salaire* ; le montant est réduit jusqu'à une indemnité de principe qui doit toujours être accordée ;

3° salarié dont le licenciement est *injustifié* ; le juge peut ordonner sa réintégration, avec paiement d'une indemnité égale au salaire dû pour la période allant du licenciement à la *réintégration* ; mais cette réintégration *facultative* est subordonnée à la demande du salarié et à l'*acceptation de l'employeur*. Elle est généralement remplacée par une « indemnité qui ne peut être inférieure aux salaires des six derniers mois » (cumulable avec les autres indemnisations).

§ 3. – Le préavis

478. – Bénéfice du préavis. Sauf le cas de *force majeure ou de licenciement pour faute grave*, le salarié bénéficie d'un préavis dont le statut est généralement fixé par les conventions ou accords collectifs, souvent plus favorables que les dispositions du Code du travail, lesquelles constituent un minimum non réductible ; il est aussi tenu compte, si besoin est, « des usages pratiqués dans la localité et la profession » (C. trav., art. L. 122-5).

479. – Durée du préavis. La durée légale est fixée à *un mois* (si le salarié justifie d'une ancienneté comprise entre 6 mois et 2 ans) et *deux mois* (au-delà de deux ans d'ancienneté).

480. – Modalités d'exécution du préavis. Les situations sont les suivantes :

1° *le salarié effectue le délai de préavis* dans l'entreprise, aux clauses et conditions du contrat de travail expiré, et n'est pas tenu d'accepter les modifications à son statut antérieur ; il a droit à des *heures libres* aux fins de recherche d'un nouvel emploi ;

2° *il refuse d'effectuer le préavis* ; il ne percevra ni salaire, ni indemnité compensatrice, du fait que le préavis consiste dans un *travail effectif* ;

3° *l'employeur le dispense* de travailler pendant la période, tout en acceptant de le rétribuer ; le salarié doit alors recevoir une *indemnité compensatrice de préavis* qui lui revient de droit en l'absence de faute grave.

481. – Nécessité d'un travail effectif pendant le préavis. La notion de travail effectif a pour conséquence de priver le salarié d'indemnité s'il se trouve en congé parental ou en arrêt maladie ; l'indemnité est exigible en cas d'accident du travail ou de maladie professionnelle. Le préavis ne commence d'ailleurs à courir qu'à compter du jour où prennent fin les congés payés annuels.

Section 5

LES INDEMNITÉS DE LICENCIEMENT

§ 1. – Généralités

482. – Indemnité la plus favorable. Le principe est que le salarié bénéficie de l'indemnité – lorsqu'il a le choix – qui lui est *la plus favorable* ; sauf le cas de licenciement pour faute grave, la rupture unilatérale du contrat de travail par l'employeur ouvre toujours le droit à l'indemnité de licenciement. C'est ainsi que la résiliation par l'employeur du contrat de travail d'un salarié atteint d'une invalidité le rendant inapte à exercer toute activité dans l'entreprise s'analyse en un licenciement ouvrant droit à l'indemnité légale de licenciement ou, si elle est plus favorable et si le statut collectif applicable ne l'exclut pas, à l'indemnité conventionnelle (Cass. soc., 21 juin 1995 : *Bull. civ.* V, n° 247).

483. – Naissance du droit à préavis. Le droit au préavis et à l'indemnité de licenciement naît *à la date où le congédiement* est notifié. Ce sont les dispositions légales ou conventionnelles en vigueur à cette date qui déterminent les droits du salarié (Cass. soc., 5 juin 1996 : *Bull. civ.* V, n° 227), mais, s'agissant d'une indemnité conventionnelle qui ne dépend pas de l'appréciation du préjudice par les juges, les **intérêts moratoires** ne sont dus qu'à partir du jour de la demande en justice.

484. – Réparation du préjudice lié au licenciement. Le terme « indemnité » signifie qu'en droit du travail, il s'agit de réparer le *préjudice occasionné par le licenciement*, que ce dernier soit justifié ou non, sauf le cas de démission ou de faute grave ; elle peut être forfaitaire ou laissée à la discrétion du juge.

§ 2. – L'indemnité contractuelle

485. – Notion et effets. Elle est prévue par le *contrat de travail* et peut atteindre des taux élevés, notamment lorsqu'elle est stipulée en faveur de cadres ou de fondateurs d'une personne morale, de dirigeants ; elle est justifiée par la difficulté que le salarié rencontrera pour retrouver un emploi équivalent. Le juge n'a donc pas la possibilité de la réduire (Cass. soc., 24 janv. 1995 : *Gaz. Pal.* 1995, 1, pan. jurispr. p. 60 ; *CSBP* 1995, n° 68, S. 42).

§ 3. – Les indemnités conventionnelles

486. – Notion et effets. Les indemnités conventionnelles, ou d'usage, sont déterminées par l'application des clauses en vigueur au moment où se produit la rupture du contrat, en prenant en compte la catégorie à laquelle appartenait alors l'intéressé (Cass. soc., 17 juill. 1996 : *Bull. civ.* V, n° 291 ; *Gaz. Pal.* 1996, 2, pan. jurispr. p. 239 ; *CSBP* 1996, n° 84, S. 131) ; elles se substituent à l'indemnité légale quand elles sont plus favorables que celle-ci et il appartient aux juges du fond de rechercher si la convention collective applicable ne prévoit pas une indemnité conventionnelle plus favorable au salarié que l'indemnité légale (Cass. soc., 29 mars 1994 : *Bull. civ.* V, n° 109).

Le juge n'a pas le pouvoir de modifier l'indemnité de licenciement fixé par la convention collective. Le montant peut en être forfaitaire, s'il est supérieur au minimum légal.

487. – Variété des indemnités conventionnelles. Il existe différentes sortes d'indemnités conventionnelles, entre autres :

1° les indemnités généralement forfaitaires calculées en fonction de l'*ancienneté* ;

2° les indemnités de départ en retraite non cumulables, subordonnées à une *condition d'âge*.

Il est impossible, dans le cadre limité du présent ouvrage, d'étudier les indemnités particulières, telles que :

1° celles attribuées aux *journalistes* au cas, non seulement de cessation de la publication, mais aussi de modification dans l'orientation entraînant l'application de la « clause de conscience » ;

2° les indemnités de *clientèle*, versées aux VRP, définies par leur statut particulier ;

3° les indemnités stipulées en cas de *mission à l'étranger* (rapatriement) ou de *détachement*.

À noter que l'*usage* courant et constant de l'entreprise vaut accord collectif.

§ 4. – L'indemnité légale

488. – Notion, contenu et effets. À défaut d'un régime plus favorable, sauf force majeure ou faute grave, le salarié a droit au minimum légal (C. trav., art. L. 122-9, modifié L. 17 janv. 2002), calculé en fonction de l'*ancienneté* dans l'entreprise, sur la base du *salaire* « brut » *moyen* des trois derniers mois (ne prenant pas en compte les primes, gratifications, majorations pour heures supplémentaires). Il est alloué (C. trav., art. R. 122-2) au salarié qui justifie de deux années de service dans l'entreprise, s'il est payé à l'heure, une indemnité égale à 20 heures par année d'ancienneté, et, s'il est mensualisé, une indemnité s'élevant à 1/ 10e du salaire mensuel par année de service.

Chapitre 4

LICENCIEMENT ÉCONOMIQUE

Section 1

LIMINAIRE

§ 1. – Le caractère non personnel

489. – Motif non personnel. Aux termes de l'article L. 321-1 du Code du travail, modifié par la loi du 18 janvier 2005, le motif économique du licenciement ne peut être « inhérent à la personne du salarié » : « Constitue un licenciement pour motif économique le licenciement effectué par un employeur pour un ou plusieurs motifs non inhérents à la personne du salarié résultant d'une suppression ou transformation d'emploi ou d'une modification, refusée par le salarié, d'un élément essentiel du contrat de travail », consécutives notamment à des difficultés économiques ou à des mutations technologiques ».

Il est donc étranger à la relation individuelle du travail et ne peut prendre en considération, ni l'âge du salarié, ni son aptitude professionnelle, ni son inadaptation aux nouvelles technologies, ni à plus forte raison son comportement dans l'entreprise ou l'insuffisance de son rendement.

490. – Motif économique. Il réside uniquement dans la *situation objective de l'employeur* (*difficultés économiques ou mutations technologiques*, cite le texte) : la baisse d'activité, les pertes d'exploitation, le développement de la concurrence, l'excédent de main-d'œuvre, le surcoût salarial contraignent à une *réorganisation ou à une restructuration*, à la réduction du nombre de salariés, à la fermeture de certaines branches déficitaires, à externaliser certaines fabrications ou à délocaliser partie de l'entreprise.

491. – Contentieux. Le *contentieux du licenciement économique* – lui aussi à caractère collectif – bénéficie d'une grande autonomie, car il englobe un nombre important de règles dérogeant au droit commun.

D'une part, *il fait intervenir des étrangers à la relation individuelle de travail*, tels que les délégués du personnel, les comités d'entreprise ou d'établissement, l'Inspection du travail ; d'autre part, une action parallèle est menée par des étrangers à l'entreprise : syndicats, parlementaires, autorités locales ou régionales, parfois même partis politiques et associations, le tout accompagné occasionnellement de manifestations populaires ou même de mouvements de grève.

Ce contentieux comprend également des aspects sociaux qui génèrent des règles atypiques, s'écartant du droit contractuel, telles que la possibilité de recourir à des expertises, l'établissement d'un plan de sauvegarde de l'emploi, le respect d'un ordre des licenciements, la reconnaissance d'une priorité d'embauchage, mesures qui mettent en opposition les exigences des salariés quant à la transparence de la gestion de l'entreprise et les nécessités d'une certaine discrétion, et même d'un secret partiel, requis pour le bon fonctionnement de l'établissement et la réussite commerciale.

Le licenciement pour motif économique doit être distingué procéduralement selon qu'il est individuel ou collectif. Le fond, à savoir le motif économique qui permet de se séparer du salarié, est le même quel que soit le nombre de personnes concernées : ou le licenciement a un motif économique fondé ou bien le motif n'existe pas, selon l'appréciation du juge.

À la suite des élections présidentielles et législatives de 2002, sont intervenues les lois n° 2003-6 du 3 janvier 2003 « portant relance de la négociation collective en matière de licenciement économique » et n° 2003-7 du même jour, modifiant le livre VIII du Code de commerce. Ces deux derniers textes instituent, à titre expérimental, une suspension, pour une période maximale de 18 mois, de dispositions mises en place par la loi de modernisation sociale du 17 janvier 2002. Cette suspension doit permettre d'établir, au vu des résultats des négociations interprofessionnelles, un projet de loi concernant les procédures relatives aux licenciements économiques, les règles d'information et de consultation des représentants du personnel et celles régissant les plans de sauvegarde de l'emploi (Cf. C. Charbonneau et F.-J. Pansier, *Présentation de la loi du 3 janvier 2003 : LPA* 6 févr. 2003, p. 1).

La législation antérieure, exposée ci-après, constitue le droit positif et s'applique aux seuls licenciements pour motif économique, en cours à la date de la promulgation de la loi. Les licenciements intervenus postérieurement sont soumis, en ce qui concerne les articles L. 321-1, L. 321-3, L. 321-4-1, L. 321-7, L. 321-9, L. 432-2-1, L. 432-1 *bis*, L. 434-6, L. 435-3 et L. 439-2, à leur rédaction antérieure à la loi de modernisation sociale du 17 janvier 2002, qui est donc partiellement et temporairement abrogée (sur ces mesures transitoires complexes, Cf. C. Charbonneau, *CSBP* 2003, n° 147, D. 2).

Ces hésitations législatives traduisent la difficulté de toute politique en matière de licenciement économique : faut-il « interdire » (en réalité, encadrer procéduralement) les licenciements économiques et les plans sociaux, au risque de faire fuir les investisseurs, ou, au contraire (et c'est le choix actuel), faut-il libéraliser les licenciements économiques et risquer la critique des salariés victimes des plans sociaux ?

492. – Dispositifs mis en place en 2005. Ces modifications législatives ont été complétées par un chapitre préliminaire du Titre II. Emploi, créé par la loi du 18 janvier 2005, qui abrogeant définitivement certaines contraintes mises en place par la loi de 2002, libéralise certaines règles relatives au licenciements économiques et aux plans de sauvegarde, accusés de freiner les investissements et d'être l'une des sources du chômage.

Dans les entreprises et les groupes d'entreprises qui occupent au moins trois cents salariés, l'employeur est tenu d'engager tous les *trois ans* une négociation portant sur les modalités d'information et de consultation du comité d'entreprise sur la stratégie de l'entreprise et ses effets prévisibles sur l'emploi ainsi que sur les salaires. La négociation porte également sur la mise en place d'un *dispositif de gestion prévisionnelle des emplois et des compétences* ainsi que sur les mesures d'accompagnement susceptibles de lui être associées, en particulier en matière de *formation*, de *validation des acquis de l'expérience*, de *bilan de compétences* ainsi que d'accompagnement de la *mobilité professionnelle et géographique* des salariés (C. trav., art. L. 320-2).

§ 2. – Les incidences sur le contrat de travail

493. – Variété des incidences du licenciement sur le contrat de travail. Les licenciements pour motif économique donnent lieu à des conséquences différentes, que l'on peut résumer comme suit.

En premier lieu, le licenciement dans certains cas s'analyse – par exemple, celui de la suppression d'emploi – en un départ pur et simple.

En second lieu, le licenciement étant accompagné de propositions de *mutations*, de *changement d'emploi*, des négociations s'engagent ; ce n'est qu'en cas d'échec – refus de ces offres par le salarié – que le licenciement devient effectif.

Il faut ajouter le cas où le chef d'entreprise subordonne le maintien du contrat de travail à des modifications substantielles des conditions de l'emploi, telles que la mutation dans un autre site, un changement de qualification et d'emploi, une réduction de salaires ; là encore, le licenciement sera provoqué par le rejet de ces propositions.

§ 3. – Les incidences sur le bassin d'emploi

494. – Loi de cohésion sociale. La loi de cohésion sociale vise à faire en sorte que les entreprises de plus de 1 000 salariés qui procèdent à des licenciements collectifs, prennent en compte « l'équilibre » (C. trav., nouvel art. L. 321-17) du bassin d'emploi dans lequel elle est implantée. Ainsi l'employeur qui licencie ne doit pas seulement se préoccuper des conséquences pour le personnel licencié, mais aussi des incidences indirectes pour l'ensemble du bassin d'emploi, à savoir les autres entreprises, les autres salariés, et les pouvoirs publics. D'un point juridique, cette obligation prend la forme d'engagements de l'entreprise d'une part financiers ; « Le montant de leur contribution ne peut être inférieur à deux fois la valeur mensuelle du salaire minimum de croissance par emploi supprimé » (C. trav., art. L. 321-17, I), et d'autre part, opérationnels. Ces engagements sont inscrits dans une convention conclue avec le préfet, ou dans un accord collectif conclu avec les partenaires sociaux. À défaut d'avoir pu établir une telle convention, « les entreprises versent au Trésor public une contribution égale au double du montant prévu » (C. trav., art. L. 321-17, I). Cette nouvelle contrainte, pour les entreprises qui licencient, est intéressante à double titre. En premier lieu, elle contribue à une territorialisation des conséquences des licenciements collectifs, ce qui avait été instauré par la loi de modernisation sociale. L'équilibre du bassin d'emploi devient donc une donnée à prendre en compte lorsqu'il est envisagé de licencier, ce qui d'ailleurs peut constituer un frein non négligeable aux licenciements dans des régions déjà en crise. En second lieu, cette mesure traduit en droit, ce que les économistes appellent l'« internalisation des externalités négatives » ; l'entreprise qui licencie, produit des externalités négatives pour le bassin d'emploi, c'est-à-dire des effets indirects qui dégradent la situation de l'ensemble du bassin. Cette mesure permet d'internaliser ces effets externes négatifs, c'est-à-dire de faire en sorte que l'entreprise prenne finalement en interne, ces effets dont elle n'aurait pas tenu compte.

Section 2

LE LICENCIEMENT INDIVIDUEL

§ 1. – La preuve du licenciement économique

495. – Origine du licenciement pour cause économique. Le licenciement pour cause économique ne se situe pas dans le cadre de la faute ou du comportement anormal du salarié, puisque le motif ne doit pas être inhérent à la personne de ce salarié.

Il est justifié par la *situation de l'entreprise*, laquelle, en conséquence d'événements économico-financiers ou de sa mauvaise gestion, rencontre des difficultés telles que ralentissement d'une activité, pertes d'exploitation, excédent de personnel, prise de parts de marché par de nouveaux concurrents, départ d'une partie de la clientèle, recours à des technologies nouvelles (informatisation), manque de trésorerie ; elle doit démontrer que le licenciement, qu'elle effectue, est imposé par une restructuration indispensable pour la survie de l'entreprise.

496. – Modalités du licenciement pour cause économique. Le licenciement économique consistera soit dans *la suppression d'emploi inutile* ou *insuffisamment occupé,* soit en *une mutation ou transformation d'emploi,* que le salarié refuse d'accepter, soit en *une modification substantielle des clauses et conditions du travail.* Il a été jugé à plusieurs reprises par la Cour de cassation qu'il ne pouvait être fait grief au salarié, qui n'a pas la qualification requise ou qui ne peut s'adapter aux exigences technologiques de son nouvel emploi, de ne pas accepter la mutation proposée ; il est réputé licencié sans cause réelle et sérieuse.

L'inexistence du motif économique entraîne en effet la requalification du licenciement qui, non motivé, tombe sous le statut du licenciement injustifié de droit commun.

§ 2. – La procédure de licenciement

497. – Particularités de la procédure de licenciement. La procédure classique s'applique : convocation à un entretien préalable ; entretien préalable ; notification du licenciement.

Elle diffère sur certains points du droit commun.

498. – Consultation des représentants du personnel. Tout d'abord, le particularisme du caractère économique conduit à la consultation des représentants du personnel. En réalité, cette consultation n'est pas prévue par les textes : elle n'est obligatoire que pour les licenciements collectifs (C. trav., art. L. 321-2).

Toutefois, à propos de licenciements économiques individuels, la Chambre sociale a imposé la consultation par l'employeur du comité d'entreprise ou des délégués du personnel afin d'établir un ordre des licenciements (Cass. soc., 13 juill. 1993 : *Gaz. Pal.* 1993, 2, pan. jurispr. p. 214).

En toute hypothèse, l'employeur est tenu de consulter les représentants du personnel sur le projet de convention de conversion.

499. – Notification à la direction départementale du travail. Toute procédure de licenciement individuel pour motif économique doit être notifiée dans les *8 jours* au directeur départemental du travail.

500. – Obligation de proposer une convention de conversion. Les articles L. 321-4 et suivants du Code du travail sont stratégiques : ils sont été modifiés par les lois du 17 janvier 2002, 3 janvier 2003 et 18 janvier 2005. Ils prévoient des mesures destinées à éviter les licenciements, lorsque le projet concerne au moins dix salariés sur une période de trente jours. Parmi ces freins, il convient de noter le plan de sauvegarde de l'emploi (ex-plan social) et l'obligation faite de proposer une convention de conversion.

L'employeur doit proposer au salarié, lors du licenciement (il peut même le faire lors de l'entretien préalable), d'adhérer à une *convention de conversion* qui lui permettra, pendant une durée de *6 mois*, de bénéficier d'une *allocation mensuelle* (85 % du salaire pendant deux mois, 70 % au-delà), des stages de formation et d'une priorité de réembauchage pendant une durée d'une année.

L'adhésion à cette convention de conversion, si elle constate la fin du contrat de travail, ne prive cependant pas le salarié du droit de contester la réalité du caractère économique du licenciement, de se prévaloir du non-respect de l'obligation de reclassement ou de l'ordre des licenciements établi par l'employeur (Cass. soc., 17 juin 1997 : *Bull. civ.* V, n° 222 ; *Gaz. Pal.* 1997, 2, pan. jurispr. p. 222 ; *CSBP* 1997, n° 92, A. 42), ni de réclamer la priorité de réembauchage.

501. – Motivation de la lettre de licenciement. Comme en droit commun, la *lettre de licenciement doit être motivée* ; les motifs fixent le cadre d'un éventuel litige. À défaut de motivation ou faute de motifs suffisamment précis ou circonstanciés, le licenciement sera considéré comme intervenu sans cause réelle et sérieuse (Cass. soc., 30 sept. 1997 : *Bull. civ.* V, n° 293 ; *Gaz. Pal.* 1997, 2, pan. jurispr. p. 287 ; *CSBP* 1997, n° 95, A. 60).

Section 3

LE LICENCIEMENT COLLECTIF

502. – Notion. Le licenciement pour motif économique est considéré comme collectif dès qu'il concerne au moins deux salariés et que la cause de leur licenciement est commune.

§ 1. – Le licenciement de moins de dix salariés

503. – Procédure du licenciement collectif pour cause économique. Lorsqu'un licenciement collectif économique concerne moins de dix salariés :

– *dans les entreprises dépourvues de représentant du personnel*, la procédure est identique au licenciement pour motif économique individuel (convocation à l'entretien préalable, entretien préalable, notification du licenciement et notification à l'autorité administrative) ;

– *dans les entreprises dotées de représentants du personnel*, la consultation desdits représentants est nécessaire. L'employeur est tenu de convoquer l'institution représentative compétente (comité d'entreprise ou délégués du personnel), au minimum trois jours avant leur réunion. Le Code du travail (art. L. 321-4) fournit la liste des informations que l'employeur doit procurer aux représentants. Il est tenu de consulter, au cours de la réunion, sur le projet de licenciement, sur les conventions FNE (notamment la convention de conversion) et sur les critères choisis pour établir l'ordre des licenciements.

504. – Plan de sauvegarde de l'emploi (PSE). Le PSE doit déterminer les « modalités de suivi de la mise en œuvre effective des mesures contenues dans le plan de reclassement » ; à cet égard, il doit procéder à des consultations régulières et approfondies du comité d'entreprise ou des délégués du personnel et « l'autorité administrative compétente est associée au suivi de ces mesures » (C. trav., art. L. 321-4).

Dans les entreprises employant au moins cinquante salariés où le comité d'entreprise n'a pas été mis en place et dans les entreprises employant au moins onze salariés où aucun délégué du personnel n'a été désigné, tout licenciement pour motif économique s'effectuant sans que, de ce fait, les obligations d'information, de réunion et de consultation du comité d'entreprise ou des délégués du personnel soient respectées est irrégulier et le salarié ainsi licencié a droit à une indemnité qui ne peut être inférieure à un mois de salaire brut, sans préjudice des indemnités de licenciement et de préavis qui lui sont par ailleurs dues (C. trav., art. L. 321-2-1, modifié L. 17 janv. 2002).

§ 2. – Le licenciement d'au moins dix salariés

505. – Procédure du licenciement collectif pour cause économique. Lorsqu'un licenciement collectif pour motif économique concerne au moins dix salariés sur trente jours, les particularités suivantes sont imposées : la consultation des représentants du personnel, l'information préalable de l'autorité administrative et la proposition d'un plan de sauvegarde de l'emploi. Savoir (chronologiquement) :

– *entreprises de moins de cinquante salariés sans délégués du personnel* : entretien préalable, notification à l'Administration des licenciements envisagés, notification des licenciements, demande d'énonciation des critères d'ordre ;

– *entreprises de moins de cinquante salariés avec délégués du personnel* : concertation des délégués du personnel, première réunion des délégués du personnel, notification à l'Administration, seconde réunion des délégués du personnel, notification des licenciements ;

– *entreprise de plus de cinquante salariés sans délégués du personnel ni comité d'entreprise* : entretien préalable, plan social, notification à l'Administration, notification des licenciements, demande d'énonciation des critères d'ordre ;

– *entreprise de plus de cinquante salariés avec délégués du personnel ou comité d'entreprise* : concertation, notification à l'Administration, notification des licenciements, demande d'énonciation des critères d'ordre.

A. – Consultation des représentants du personnel

506. – Modalités de la consultation. La loi de modernisation sociale du 17 janvier 2002, à la suite de fermetures ou de délocalisations de sites de production, a modifié partiellement le Code du travail, quant à la consultation du comité d'entreprise. Toutefois les dispositions adoptées en 2002 ont été, les unes, suspendues pour une période de 18 mois, les autres rétablies par la loi du 3 janvier 2003. Tout cela a été réécrit par la loi du 18 janvier 2005.

Il convient de rappeler la compétence du comité d'entreprise. Dans l'ordre économique, le comité d'entreprise est obligatoirement informé et consulté sur les questions intéressant l'organisation, la gestion et la marche générale de l'entreprise et, notamment, sur les mesures de nature à affecter le volume ou la structure des effectifs, la durée du travail, les conditions d'emploi, de travail et de formation professionnelle du personnel. Le comité d'entreprise est obligatoirement saisi des projets de compression des effectifs ; il émet un avis sur l'opération projetée et ses modalités d'application. Cet avis est transmis à l'autorité administrative compétente.

L'employeur doit adresser une *convocation à l'institution représentative compétente*. Il doit surtout lui fournir *tous les renseignements utiles* pour éclairer ses décisions : il faut distinguer, dans son rôle, deux stades successifs, l'un portant sur *l'examen du projet de restructuration*, l'autre sur sa mise en œuvre et notamment sur *l'établissement du plan de licenciement et le reclassement.*

Tout d'abord, le comité d'entreprise peut décider le *recours à un expert-comptable* choisi par les représentants du personnel (C. trav., art. L. 434-6). Il peut *former opposition* lorsque, dans le cas où la suppression d'au moins 100 emplois est envisagée, des divergences existent entre les propositions du comité et le projet de l'employeur.

En second lieu, est possible *l'intervention d'un médiateur* choisi d'un commun accord par le comité et le chef d'entreprise ; à défaut d'un tel accord, il est désigné par le Président du TGI statuant en référé. La mission du médiateur, d'une durée maximum d'un mois pendant lequel le projet de restructuration est suspendu, est d'établir une recommandation qui est communiquée aux parties. Si celles-ci l'acceptent, elle vaudra accord collectif mettant fin au conflit. En cas de refus, la recommandation est simplement transmise à la direction de l'entreprise.

B. – Intervention de l'Administration

507. – Modalités de l'intervention de l'Administration. Avant la réunion des représentants du personnel, l'employeur est tenu de transmettre à l'administration du travail les mêmes renseignements qu'à ceux-ci.

Après la première réunion, l'employeur doit *notifier à l'Administration* les détails du projet de licenciement collectif envisagé : calendrier des opérations de licenciement, listes des salariés congédiés, solutions sociales envisagées, plan de sauvegarde de l'emploi, mesures de reclassement en interne ou externe (C. trav., art. L. 321-2). Cette date est importante, puisqu'elle marque le point de départ du délai de notification des licenciements aux salariés concernés.

Après la seconde réunion, l'employeur doit indiquer *la liste définitive* des salariés dont le licenciement est envisagé et les éventuelles modifications du calendrier des licenciements ou des mesures sociales.

L'Administration a pour mission de contrôler le plan de sauvegarde de l'emploi et de vérifier la régularité de la procédure. Étant donné l'incidence sur une région des licenciements collectifs, l'Administration doit intervenir pour vérifier l'application des différentes règles et la validité du plan de sauvegarde.

C. – Plan de sauvegarde de l'emploi

508. – Intérêt du plan de sauvegarde de l'emploi. L'article L. 321-4-1 du Code du travail prévoit l'obligation du plan de sauvegarde de l'emploi afin d'économiser les licenciements et de faciliter le reclassement des salariés.

Cette intégration du reclassement au sein du plan social a eu pour effet d'introduire un contrôle des représentants du personnel (qui sont en permanence associés au plan social) et la sanction du contrôle juridictionnel.

1° Nécessité, contrôle et sanction du plan de sauvegarde de l'emploi

a) La nécessité du plan de sauvegarde de l'emploi

509. – Caractère obligatoire. Le PSE est *obligatoire* dès lors qu'il s'agit d'un licenciement dans une entreprise envisageant de prononcer au moins 10 licenciements sur une même période de 30 jours et à condition que l'effectif de celle-ci soit supérieur à 50 salariés (C. trav., art. L. 321-4-1).

À cette situation est assimilée celle de la modification d'un élément essentiel proposé à plus de 10 salariés.

b) Le contrôle administratif du plan de sauvegarde de l'emploi

510. – Contrôle. Depuis la *suppression de l'autorisation administrative de licenciement en 1986*, l'Administration ne conservait qu'un pouvoir de contrôle *a priori* manifesté par la technique du constat de carence.

La loi de modernisation sociale permet à l'Administration, tout au long de la procédure, de présenter des propositions tendant à compléter, ou amender, le PSE. L'autorité administrative a de plus la possibilité, au reçu du plan que lui adresse l'employeur, de dresser un constat de carence, qui provoquera une réunion supplémentaire en vue d'un nouvel examen du plan, sur la demande que peut faire le comité d'entreprise. Le ministère du Travail avait souhaité que ce *constat de carence* se transforme en véritable pouvoir de contrôle : la procédure de licenciement aurait dû être recommencée et il s'agit d'une décision susceptible de recours gracieux et contentieux (Circ., 29 janv. 1993). La loi du 17 janvier 2002 n'est pas allée jusque-là et le constat aboutit seulement à un report de l'envoi des lettres de licenciement, au lendemain de la réunion supplémentaire d'examen du plan.

L'Administration dispose d'un délai de huit jours, courant de la réception du plan, pour dresser le constat de carence, qui est notifié au chef d'entreprise et aux représentants du personnel. Le comité d'entreprise doit exprimer sa demande de nouvelle réunion dans les deux jours ouvrables suivant cette notification.

L'Administration peut demander à l'employeur de réparer les irrégularités ou présenter des propositions. Des mesures spéciales sont prévues dans le cas de licenciements très importants affectant l'équilibre du bassin d'emploi : les entreprises sont tenues, sauf lorsqu'elles font l'objet d'une procédure de redressement ou de liquidation judiciaires, de contribuer à la création d'activités et au développement des emplois et 'atténuer les effets du licenciement envisagé sur les autres entreprises dans le ou les bassins d'emploi. Le montant de leur contribution ne peut être inférieur à deux fois la valeur mensuelle du salaire minimum de croissance par emploi supprimé. Toutefois, le représentant de l'État peut fixer un montant inférieur lorsque l'entreprise est dans l'incapacité d'assurer la charge financière de cette contribution (C. trav., art. L. 321-17).

c) Le contrôle judiciaire du plan de sauvegarde de l'emploi

511. – Naissance et renforcement du contrôle judiciaire. Le *contrôle du juge judiciaire s'est peu à peu renforcé* afin de pallier la disparition de l'autorisation préalable au licenciement de l'Administration. Les juridictions de l'ordre judiciaire ont rejeté la tutelle de l'Administration et ont considéré avoir pleine liberté pour apprécier la validité du plan social, d'une part, en refusant toute valeur décisoire au constat de carence (Cass. soc., 16 avr. 1996 : *Bull. civ.* V, n° 164 ; *Gaz. Pal.* 1996, 1, pan. jurispr. p. 159 ; *D.* 1996, inf. rap. p. 132), d'autre part, en n'imposant pas à l'employeur de recommencer la procédure de licenciement. Cette jurisprudence à propos du plan social peut être transposée au PSE.

512. – Carence de plan. L'absence d'un PSE constaté par le procès-verbal de carence est une aide probatoire précieuse à l'appui d'un *recours en référé* aux fins d'obtenir la suspension ou la nullité de la procédure de licenciement. L'absence de constat de carence n'est pas un gage de validité de la procédure et *a fortiori* de réalité du plan social.

Il faut noter que *les juridictions administratives* sont venues au secours des décisions de l'ordre judiciaire en refusant à la circulaire du 29 janvier 1993 tout caractère réglementaire ou obligatoire, voire en déniant le caractère décisionnel du constat de carence (TA Lyon, 20 sept. 1994 : *Gaz. Pal.* 1995, 2, pan. jurispr. dr. adm. p. 108).

513. – Technique du bilan. Le juge judiciaire a pour mission de porter un jugement sur la pertinence du plan, c'est-à-dire la *proportionnalité* dudit plan aux moyens de l'entreprise (Cass. soc., 30 sept. 1997). En réalité, le juge doit appliquer *la technique du bilan* en appréciant la cohérence de la politique de l'entreprise au travers du plan social. Le plan social doit être complet et précis dès son origine et la jurisprudence est en voie de fixation sur le degré de précision exigé : nombre et nature des emplois proposés (jurisprudence *Everite* : *Bull. civ.* V, n° 159 ; *CSBP* 1995, n° 71, A. 35 ; *D.* 1995, somm. p. 367, note de Launay-Gallot ; *ibid*, p. 436, note Couturier ; *JCP* 1995, 22461, note Saint-Jours) et catégories professionnelles concernées (jurisprudence *Samaritaine* : Cass. soc., 13 févr. 1997 : *Bull. civ.* V, n° 63 ; *CSBP* 1997, n° 89, A. 22 ; *D.* 1997, p. 172, note Lyon-Caen ; *JCP* 1997, 22843, note Gaudu).

Ce *contrôle judiciaire* s'opère soit en référé (pendant le cours de la procédure de licenciement), soit devant le juge du fond (contestation *a posteriori* d'un licenciement déjà notifié).

d) La sanction de l'absence ou de l'insuffisance du plan

514. – Nullité rétroactive des licenciements. « La procédure de licenciement est *nulle et de nul effet* tant qu'un plan visant au reclassement de salariés s'intégrant au plan social n'est pas présenté par l'employeur » (C. trav., art. L. 321-4-1, modifié L. 17 janv. 2002).

Cette nullité est, comme toute nullité en droit, d'*effet rétroactif*. La Cour de cassation, par deux arrêts de principe dits *La Samaritaine* (Cf. *infra*), a déclaré nul et de nul effet le plan social estimé insuffisant en ses mesures de reclassement et tous les actes subséquents, notamment les licenciements. Ce qui a deux conséquences directes du fait de la poursuite du contrat de travail :

– les salariés doivent être *réintégrés* dans leurs poste et fonction ;

– les salariés doivent *percevoir tous les salaires venus à échéance entre la date de leur licenciement et celle de la réintégration effective*. Comme les salariés sont censés n'avoir jamais quitté l'entreprise, ils touchent l'intégralité de leurs salaires de la part de l'employeur les ayant licenciés abusivement, mais, en contrepartie, ils doivent rembourser auprès des organismes sociaux les sommes perçues pendant le même temps.

La nullité est une sanction juridique classique du droit des obligations. Elle est également une fiction, qui, comme toute fiction, présente des difficultés dans ses implications pratiques. À tel point que certaines des conséquences (paiement au salarié des salaires échus jusqu'à la fin de la procédure ; restitution par celui-ci des équivalents perçus) paraissent quelque peu « surréalistes » pour le professionnel. Restent, au-delà de ce constat, le principe de la nullité en tant que sanction et même l'octroi de dommages et intérêts pour licenciement sans cause réelle et sérieuse.

2° Le contenu du plan de sauvegarde de l'emploi

515. – Diversité des mesures contenues dans le plan. Le PSE contient des *dispositions relatives* au reclassement, à la création d'activités nouvelles, aux actions de formation et de conversion et les mesures de réduction ou d'aménagement du temps de travail (C. trav., art. L. 321-5).

En raison des difficultés économiques, la loi et les juges ont souhaité rendre plus difficiles les ruptures de contrats de travail par l'exigence de mesures alternatives. D'où l'idée du plan qui sera l'inventaire de ces dispositions alternatives.

L'obligation de reclassement demeure la pièce maîtresse de tout plan social aujourd'hui, car elle est le seul espoir pour les salariés de retrouver rapidement un emploi. Il s'y ajoute la priorité de réembauchage prévue par l'article L. 321-14 du Code du travail.

a) L'obligation de reclassement

516. – Origine. L'obligation de reclassement a pour origine juridique l'obligation faite à l'employeur de trouver un nouveau poste aux salariés devenus inaptes partiellement à occuper le même poste en raison de la maladie ou d'un accident.

517. – Nécessité. Obligatoire pour les licenciements collectifs au sein de grandes entreprises selon la lettre du texte (C. trav., art. L. 321-4-1), la jurisprudence a généralisé la nécessité d'une recherche de reclassement pour tout licenciement économique et quels que soient les effectifs.

518. – Fonctions. Du point de vue des fonctions remplies par l'obligation de reclassement, il en existe trois :

– le *reclassement préventif* destiné à éviter au sein de l'entreprise le licenciement, par transformation du poste aux lieu et place de sa suppression. Il faut distinguer – ce qui est encore subtil – cette situation de celle d'une proposition de modification essentielle du contrat de travail : la modification refusée ne dispense pas l'employeur de tenter un reclassement pour transformation ;

– le *reclassement curatif*, à titre subsidiaire (Circ. CDE, 7 juin 1994), vise la réinsertion à l'extérieur de l'entreprise du salarié dont le licenciement ne peut être évité ;

– le *reclassement sélectif* existe, lors des permutations du personnel, en raison de la combinaison de deux principes, d'une part, l'obligation de reclassement, d'autre part, le respect de l'ordre des licenciements.

519. – Réforme opérée par la loi de cohésion sociale. La loi de cohésion sociale a modifié assez fondamentalement les conditions du droit au reclassement. Le Conseil constitutionnel a d'ailleurs consacré, à l'occasion de l'examen de la loi, « le reclassement des salariés licenciés » comme un droit à valeur constitutionnelle, découlant du droit au travail mentionné au Préambule de 1946, et en tant que corollaire de la liberté d'entreprendre de l'employeur (Cons. constr., 13 janv. 2005 : *JO* 19 janv. 2005, p. 896).

La loi de cohésion sociale accentue la dichotomie entre les entreprises de moins et de plus de 1 000 salariés :

– pour les entreprises de plus de 1 000 salariés, l'employeur doit proposer depuis la loi de modernisation sociale, un congé de reclassement, qui depuis la loi de cohésion sociale doit permettre au salarié de bénéficier notamment d'actions de formations, de bilans de compétences, de prestations d'une cellule d'accompagnement des démarches de recherche d'emploi (C. trav., art. L. 321-4-3) ;

– pour les entreprises de moins de 1 000 salariés, une modification substantielle se produit ; l'abandon du dispositif dit « pré-Pare » ou « Pare anticipé » au bénéfice d'une convention de reclassement personnalisé » (CRP). Dans le cas d'un licenciement économique, l'employeur propose donc au salarié le bénéfice de cette convention ; si ce denier accepte, le contrat de travail est rompu d'un commun accord. Le salarié perd son droit au préavis mais peut alors profiter, outre d'une indemnité de licenciement, « d'actions de soutien psychologique, d'orientation, d'accompagnement, d'évaluation des compétences professionnelles et de formation » (C. trav., art. L. 321-4-2). Le salarié est alors, pendant la durée de la convention, stagiaire de la formation professionnelle, et touche une allocation, dont le montant devait être défini par accord agréé. C'est désormais chose faite depuis l'accord interprofessionnel du 27 avril 2005 agréé par arrêté du ministre du Travail le 24 mai 2005 (*JO* 31 mai 2005). Cet accord élaboré par les partenaires sociaux prévoit que les salariés licenciés bénéficiaires de la CRP, percevront 80 % de leur dernier salaire brut pendant 3 mois, puis 70 % pendant 5 mois.

520. – Obligation de moyens. L'obligation de reclassement est une *obligation de moyens* : l'employeur doit rapporter la preuve de démarches effectuées (envoi de courriers ou de fax) afin de reclasser le salarié tant en interne qu'en externe.

La jurisprudence de la Cour de cassation s'attache aujourd'hui à préciser l'étendue de la recherche dans l'espace et dans les types de postes :

– *dans l'espace*, l'obligation de reclassement vaut pour tous les établissements d'un groupe, y compris les filiales situées à l'étranger. La dernière jurisprudence retient une conception extensive du concept de groupe, bien au-delà de celle admise en droit commercial ;

– *dans la définition des postes*, le reclassement suppose la proposition de postes supérieurs à la qualification d'origine – l'employeur devant assurer une formation préalable du salarié potentiellement capable – et également la proposition de postes de catégorie inférieure.

b) Les autres mesures du plan de sauvegarde de l'emploi

521. – Diversité des mesures contenues dans le plan social. *Les mesures de réduction et d'aménagement du temps de travail* sont encouragées, tant en raison de leur diversité (modulation ou annualisation du temps de travail, chômage partiel, travail à temps partiel et les préretraites) que de leur effet immédiat.

Les conventions de conversion peuvent être incluses dans le PSE.

La création d'entreprises et d'activités nouvelles est en réalité une modalité des reclassements interne et externe.

Les conventions spéciales FNE (pour les salariés de plus de 57 ans) permettent aux salariés de percevoir une allocation jusqu'au bénéfice de la retraite. Dans le même registre, les conventions de préretraite progressive (pour les salariés de plus de 55 ans) permettent de transformer le travail à temps complet en travail à temps partiel, le temps d'attendre la retraite et d'obtenir une allocation compensatrice de la perte de revenus consécutive à ce changement.

c) L'ordre des licenciements

522. – Critères d'ordre des licenciements. L'employeur, qui procède à un licenciement pour motif économique, est tenu de respecter des *critères d'ordre* afin de déterminer quels salariés vont être licenciés.

523. – Détermination des critères. Il doit appliquer les critères éventuellement fixés par une convention ou un accord collectif, et non par un règlement intérieur ; à défaut, il lui faut consulter les représentants du personnel sur le choix des critères à retenir, que le licenciement soit individuel ou collectif.

L'article L. 321-1-1 du Code du travail donne une indication sur les principaux critères : l'âge du salarié, son ancienneté de service, les charges de famille, la situation des salariés ayant des caractéristiques sociales particulières accroissant la difficulté de réinsertion. Cette énumération n'est pas limitative quant au nombre des critères, ni hiérarchisée : si tous ces critères doivent être présents, l'employeur est libre d'en ajouter d'autres et d'établir une hiérarchie parmi tous les critères choisis. Assez souvent, et c'est la source de nombreux litiges, il est posé comme pierre d'angle le critère des « aptitudes professionnelles » ou de « la productivité ».

524. – Effet des critères. *Le respect des critères* permet d'établir un ordre des salariés à licencier. Le point le plus délicat est l'appréciation de qualités professionnelles par catégorie.

En réalité, les salariés souhaiteraient le respect strict des critères légaux (notamment l'âge et l'ancienneté du salarié), tandis que les employeurs veulent conserver une marge de manœuvre en faisant reposer l'essentiel de la décision sur les aptitudes professionnelles, ce qui est beaucoup plus subjectif. L'appréciation des critères par catégorie n'est prévue par le législateur que pour celui lié aux qualités professionnelles (L. 2 août 1989) afin de limiter au plus juste la subjectivité de l'employeur, tandis que la jurisprudence étend l'appréciation à tous les critères : une fois déterminée la catégorie professionnelle concernée par le licenciement, les autres critères (et notamment l'aptitude professionnelle) peuvent être évalués sans restriction.

La loi de cohésion sociale rétablit « les qualités professionnelles appréciées par catégorie » comme critère à prendre en considération dans l'ordre des licenciements. La loi de modernisation sociale du 17 janvier 2002 (art. 109) avait supprimé ce critère de l'article. La loi du 3 janvier 2003 avait suspendu cet article de la loi de modernisation sociale pour une période de 18 à 30 mois, ce qui avait rétabli le critère de manière temporaire. Avec la loi de cohésion sociale, la rédaction antérieure de l'article, et donc le critère, sont donc rétablis de manière définitive.

525. – Énonciation des critères d'ordre du licenciement. À l'issue du licenciement, *l'employeur est tenu, à la demande écrite du salarié par lettre recommandée avec avis de réception*, dans les 10 jours à compter de son départ de l'emploi, de lui indiquer par courrier, également recommandé avec accusé de réception dans les 10 jours, les critères retenus (C. trav., art. L. 122-14-2).

L'employeur doit donner le maximum de précisions sur le choix effectué.

526. – Sanctions. *L'inobservation de règles relatives à l'ordre des licenciements* (non-respect de la règle ou défaut de réponse à la demande du salarié) ne prive pas le licenciement de cause réelle et sérieuse – il n'y a donc ni nullité, ni effet sur le fond du licenciement –, mais donne lieu à dommages-intérêts en fonction du préjudice effectivement subi.

527. – Contrôle judiciaire sur les critères d'ordre des licenciements. Le juge judiciaire contrôle l'ordre des licenciements lorsque le salarié, même s'il n'a pas sollicité notification des critères antérieurement dans le cadre d'un conflit individuel, conteste l'*objectivité des éléments* ayant permis le choix. L'employeur supporte la charge de la preuve de ces éléments objectifs, même si le critère essentiel est celui des qualités professionnelles ou personnelles.

D. – Les accords de méthode

528. – Création des accords de méthode. La loi de cohésion sociale modifie, au Titre II du Livre III du Code du travail, le chapitre préliminaire en l'intitulant « Gestion de l'emploi et des compétences – Prévention des conséquences des mutations économiques ». Au-delà du changement de formules, le législateur a souhaité d'une part renforcer l'incitation au dialogue social initiée par la loi du 4 mai 2004, et d'autre part prévenir les effets sur l'emploi des évolutions économiques. Ainsi, parmi les instruments proposés aux acteurs sociaux, on compte désormais le dispositif des *accords de méthode*, institué par la loi du 3 janvier 2003 à titre expérimental et temporaire, et rendu définitif par la loi de cohésion sociale (C. trav., nouvel art. L. 320-3). L'objet de ces accords est de prévenir les conséquences d'éventuelles restructurations sociales, en permettant aux partenaires sociaux de contourner, conventionnellement, les exigences traditionnelles liées au plan de sauvegarde de l'emploi. Ainsi, par voie d'accord de branche, de groupe, ou d'entreprise, les partenaires sociaux peuvent convenir, pour les licenciements économiques, des modalités d'information et de consultation des institutions représentatives du personnel (IRP), des obligations de l'employeur, des conditions de mise en œuvre du plan de sauvegarde de l'emploi...

Ce dispositif suscite plusieurs remarques. En premier lieu, il renforce le rôle des IRP dans la vie de l'entreprise ; alors que la loi du 4 mai 2004 modifiait fondamentalement les conditions de conclusion d'accords collectifs, la loi de cohésion sociale, et spécialement ce dispositif, accorde un rôle fondamental aux partenaires sociaux dans le traitement préventif des restructurations. En second lieu, on peut s'interroger sur la pertinence de ce dispositif ; déjà expérimenté dans un certain nombre de très grandes entreprises, il semble répondre à un besoin de flexibilité dans les procédures de licenciement. Néanmoins, il est à maints égards régressif vis-à-vis des obligations législatives.

On peut dès lors se demander si au lieu d'aménager par touches successives, la procédure de licenciement économique, d'ailleurs porteuse d'inégalités inter-entreprises et intra-entreprises, il ne faudrait pas en envisager une refonte globale, d'ailleurs souhaitée par la plupart des experts.

JURISPRUDENCE

Licenciement pour motif économique

1. Le motif ne doit pas être inhérent à la personne

Cass. soc., 24 avr. 1990 (*Bull. civ.* V, n° 181 ; *Gaz. Pal.* 1991, 1, pan. jurispr. p. 25)

La cour d'appel, qui constate que l'âge d'un salarié, élément inhérent à sa personne, avait été le motif essentiel de son licenciement, refuse à bon droit de reconnaître à ce licenciement un motif économique.

« La Cour,

Sur le moyen unique, pris en ses diverses branches :

Attendu, selon l'arrêt attaqué (Paris, 2 juin 1988), que M. Frediani a été engagé le 24 août 1971 par la société les Folies-Bergère en qualité d'artiste chorégraphique ; qu'il a été licencié pour motif économique le 29 octobre 1986 ;

Attendu que la société fait grief à l'arrêt d'avoir dit que le licenciement était dépourvu de cause réelle et sérieuse et de l'avoir en conséquence condamnée à payer au salarié des dommages-intérêts, alors, selon le moyen, d'une part, que, en substituant son appréciation à celle de l'employeur quant à l'organisation de l'entreprise et même, quant à l'organisation du prochain spectacle que la société les Folies-Bergère devait monter, la cour d'appel a violé les dispositions de l'article L. 321-2 du Code du travail dans sa rédaction applicable au présent litige ; alors, d'autre part, que la restructuration de l'entreprise devait coïncider avec la fin de la revue se terminant le 31 décembre 1986, date à laquelle s'achevaient de toute façon les contrats à durée déterminée conclus pour la durée de ce spectacle, de telle sorte que les licenciements collectifs pour motif économique qui, compte tenu de la période de préavis de deux mois, prenaient effet à la même date, s'ajoutaient ainsi, dans le cadre de la restructuration, à la venue à échéance des contrats à durée déterminée ; que, dès lors, en affirmant que les réductions d'emploi justifiant la suppression de deux postes de danseurs solistes pouvaient s'opérer par la seule échéance des contrats à durée déterminée, la cour d'appel s'est fondé sur un motif inopérant et a privé sa décision de base légale au regard des articles L. 122-3 et D. 121-2 du Code du travail dans leur rédaction applicable au présent litige ; alors, également que, statuant par des motifs hypothétiques sur l'objectif qu'aurait eu l'employeur en fixant à 1,80 m la taille requise pour les danseurs devant participer au nouveau spectacle, la cour d'appel a violé les dispositions de l'article 455 du Nouveau Code de procédure civile ; et que, en faisant peser sur l'employeur une présomption, selon laquelle la taille requise pour les danseurs dans la prochaine revue des Folies-Bergère avait été fixée dans le seul but de justifier la rupture du contrat à durée indéterminée de M. Frediani, la cour d'appel a violé l'article L. 122-14-3 du Code du travail ; alors, encore, que, ayant relevé que les difficultés économiques du théâtre des Folies-Bergère justifiaient la suppression de deux postes de danseurs solistes, la cour d'appel, en retenant néanmoins que le motif essentiel du licenciement de M. Frediani, danseur soliste, était son âge, étranger à toute considération économique, et en se déterminant ainsi sur l'ordre des licenciements, a privé sa décision de base légale au regard des articles L. 122-14-3 du Code du travail et L. 321-2 dudit code dans sa rédaction applicable au présent litige ; alors, enfin, et subsidiairement, que, en ne recherchant pas si l'âge des danseurs ne constituait pas une condition essentielle de la mise en œuvre de la nouvelle revue, et en ne recherchant pas si, dans le cas particulier d'une entreprise organisatrice de spectacles telle que les Folies-Bergère, l'âge des danseurs n'influait pas directement sur la rentabilité de l'entreprise, la cour d'appel n'a pas donné de base légale à sa décision au regard des dispositions de l'article L. 321-2 du Code du travail dans sa rédaction applicable au présent litige ;

Mais attendu que la cour d'appel, qui a constaté que l'âge de M. Frediani, élément inhérent à sa personne, avait été le motif essentiel de son licenciement, a refusé, à bon droit de reconnaître audit licenciement un motif économique ; que sa décision n'encourt de ce fait aucun des griefs du moyen ;

Par ces motifs :

Rejette... »

2. Notion de groupe dans le licenciement pour motif économique

Cass. soc., 5 avr. 1995, *Vidéocolor* (*Bull. civ.* V, n° 123 ; *Gaz. Pal.* 1995, 1, pan. jurispr. p. 111 ; *ibid* 1996, 1, p. 21, note X ; *D.* 1995, somm. p. 367, note de Launay-Gallot ; *ibid*, p. 503, note Keller ; *ibid*, inf. rap. p. 128 ; *JCP* 1995, 22443, note Picca ; *JEDI* 1996, p. 93, note Moreau).

« Attendu que constitue un licenciement pour motif économique le licenciement résultant d'une suppression ou transformation d'emploi ou d'une modification substantielle du contrat de travail consécutives notamment à des difficultés économiques, à des mutations technologiques ou à une réorganisation ; que, si la réalité de la suppression ou transformation d'emploi ou de la modification substantielle du contrat de travail est examinée au niveau de l'entreprise, les difficultés économiques doivent être appréciées au regard du secteur d'activité du groupe auquel appartient l'entreprise concernée ; que lorsqu'elle n'est pas liée à des difficultés économiques ou à des mutations technologiques, une réorganisation ne peut constituer un motif économique que si elle est effectuée pour sauvegarder la compétitivité du secteur d'activité ; qu'enfin, les possibilités de reclassement des salariés doivent être recherchées à l'intérieur du groupe parmi les entreprises dont les activités, l'organisation ou le lieu d'exploitation leur permettent d'effectuer la permutation de tout ou partie du personnel ;

Attendu que la société Vidéocolor, devenue la société Thomson Tubes et Displays, qui se consacre à l'étude, la fabrication et la commercialisation de tubes images et de leurs composants destinés à l'équipement des téléviseurs couleurs, exerçait son activité sur deux sites à Genlis et à Lyon ; que, pour maintenir sa production et demeurer concurrentielle, elle a décidé de réduire le prix de revient des canons électroniques en procédant à une réorganisation de l'entreprise ; qu'entre plusieurs solutions, a été retenue celle consistant à fermer l'établissement de Lyon, dont une partie des activités a été rattachée à l'établissement de Genlis, tandis que l'autre a été transférée à l'usine de Belo Horizonte au Brésil appartenant à une autre société du groupe Thomson ; qu'un plan social a prévu des modalités de reclassement dont le succès a été relatif, plusieurs salariés ayant même refusé leur mutation à Genlis ; que la société a alors procédé à un licenciement collectif ;

Attendu que, pour décider que les licenciements des salariés non protégés, parties au litige, étaient dépourvus de cause réelle et sérieuse et leur allouer des dommages-intérêts à ce titre, la cour d'appel, après avoir relevé que l'établissement de Lyon avait été fermé et que la réorganisation de l'entreprise avait été décidée dans l'intérêt du groupe Thomson, énonce que les licenciements ne peuvent pas pour autant être considérés comme reposant sur une cause économique réelle et sérieuse, dans la mesure où les emplois des salariés de l'établissement de Lyon n'ont pas été supprimés mais transférés vers d'autres sites, la fabrication des produits réalisés dans cet établissement, loin d'avoir cessé, ayant été reprise dans les usines de Genlis et de Belo Horizonte ;

Qu'en statuant ainsi, alors que l'établissement de Lyon de la société Thomson Tubes et Displays avait été fermé et que l'activité s'exerçait sur d'autres sites, notamment à l'étranger, dans un milieu différent, ce dont il résultait que les emplois y avaient été supprimés, la cour d'appel a violé les textes susvisés ;

Par ces motifs (...), casse et annule... »

3. Nécessité de mesures précises insérées dans le plan social : arrêt *Everite* (nombre et nature des emplois proposés), arrêt *La Samaritaine* (catégories professionnelles concernées) et arrêt *Alcatel-Alsthom*

Cass. soc., 17 mai 1995, *Everite* (*Bull. civ.* V, n° 159 ; *Gaz. Pal.* 1995, 2, pan. jurispr. p. 142 ; *CSBP* 1995, n° 71, A. 35 ; *D.* 1995, somm. p. 367, note de Launay-Gallot ; *ibid*, p. 436, note Couturier ; *ibid*, inf. rap. p. 146 ; *JCP* 1995, 22461, note Saint-Jours).

Il résulte de l'article L. 321-4-1 du Code du travail que « le plan social » doit comporter des mesures précises pour faciliter le reclassement du personnel et éviter ainsi des licenciements ou en limiter le nombre.

« La Cour,

Attendu, selon l'arrêt attaqué (Paris, 30 nov. 1993), que la Sté Everite, filiale du groupe Saint-Gobain, qui produit et commercialise des matériaux de construction dans ses deux établissements de Dammarie-les-Lys et Descartes, envisageant diverses mesures de réorganisation dont la plus importante était la fermeture du premier de ces deux établissements, a présenté, le 23 juillet 1993, un plan de restructuration au comité central d'entreprise ; que ce plan prévoyait le licenciement de cent cinquante-quatre salariés et était accompagné d'un plan social ; que le comité central d'entreprise, contestant la régularité de la consultation et la conformité du plan à la loi du 27 janvier 1993, a saisi le tribunal de grande instance ; que la cour d'appel l'a débouté de l'ensemble de ses prétentions ;

Sur le premier moyen : – (non commenté) ;

Mais sur le second moyen, pris en sa première branche : – Vu l'article L. 321-4-1 du Code du travail ; – Attendu qu'il résulte de ce texte que « le plan social » doit comporter des mesures précises pour faciliter le reclassement du personnel et éviter ainsi des licenciements ou en limiter le nombre ; Attendu que, pour décider que le « plan de restructuration et mesures sociales » ainsi que les mesures de reclassement qu'il contient étaient conformes aux dispositions de l'article L. 321-4-1 susvisé, l'arrêt, infirmatif de ce chef, retient que l'analyse de ce document révèle que le cas d'un reclassement interne et externe ainsi qu'un départ en préretraite FNE y sont successivement étudiés ; qu'à propos du reclassement interne, le plan précise que, dans cette hypothèse, la Sté Everite proposera, au sein du groupe, aux salariés des emplois de même catégorie ou de catégorie inférieure et que, dans cette éventualité, compte tenu de la modification ainsi apportée à leur contrat de travail, elle leur versera, à titre de compensation salariale, une contribution financière dont toutes les modalités sont indiquées avec précision ; que, du fait de la fermeture du site de Dammarie-les-Lys, une aide pécuniaire destinée à faciliter la mobilité de ce personnel est également prévue : prime de réinstallation d'un montant fixe déterminé, augmentée selon le nombre d'enfants à charge, remboursement des frais de déménagement ainsi que ceux de voyage et de séjour pour la reconnaissance des lieux par l'employé et son conjoint ; que, toujours dans le cadre de cette mobilité, le plan comporte une aide « pratique » à la famille du préposé pour la recherche d'un logement, d'un emploi pour son conjoint et pour la scolarisation des enfants qu'il a à charge ; qu'en statuant ainsi, alors qu'il résulte de ses constatations que « le plan social » en ce qui concerne le reclassement interne des salariés, ne comportait aucune indication sur le nombre et la nature des emplois qui pouvaient leur être proposés à l'intérieur du groupe, parmi les entreprises dont les activités, l'organisation ou le lieu d'exploitation leur permettent d'effectuer la permutation de tout ou partie du personnel, la cour d'appel a violé le texte susvisé ;

Par ces motifs (...), casse... »

Cass. soc., 13 févr. 1997, *La Samaritaine* (*Bull. civ.* V, n° 63 ; *Gaz. Pal.* 1997, 1, pan. jurispr. p. 94 ; *ibid*, somm. p. 6 ; *CSBP* 1997, n° 89, A. 22 ; *D.* 1997, p. 172, note Lyon-Caen ; *ibid*, inf. rap. p. 70 ; *JCP* 1997, II, 22843, note Gaudu).

« Sur le moyen unique commun aux deux pourvois :

Attendu, selon l'arrêt attaqué (Paris, 23 févr. 1996), statuant en référé, que Mmes Benoist et Guglielmi, salariées de la société des Grands magasins de la Samaritaine (la société) ont adhéré respectivement les 29 septembre et 7 octobre 1993 à une convention de conversion dans le cadre d'une procédure de licenciement pour motif économique portant sur 121 emplois et accompagnée d'un plan social ; que la cour d'appel de Paris ayant décidé, par arrêt du 9 mai 1995 devenu définitif à la suite du rejet, par l'arrêt de la Cour de cassation de ce jour, du pourvoi formé par la société, que le plan social présenté aux représentants du personnel ainsi que les mesures de reclassement qui l'accompagnaient n'étaient pas conformes aux dispositions de l'article L. 321-4-1 du Code du travail et déclare nulle et de nul effet la procédure de licenciement collectif, les deux salariées ont saisi en référé la juridiction prud'homale afin d'obtenir leur réintégration et la poursuite de leur contrat de travail ;

Attendu que la société fait grief à l'arrêt d'avoir fait droit à ces demandes, alors, selon le moyen, que l'annulation de la procédure de licenciement collectif n'affecte pas la validité des licenciements notifiés aux salariés antérieurement à son prononcé ; qu'en décidant du contraire, la cour d'appel a violé les articles L. 122-14-4, L. 321-2, L. 321-4, alinéa 2, L. 321-6 et L. 321-7 du Code du travail, ensemble le principe « pas de nullité sans texte » ;

Mais attendu qu'aux termes de l'article L. 321-4-1, alinéa 2, du Code du travail, la procédure de licenciement est nulle et de nul effet tant qu'un plan social visant au reclassement des salariés s'intégrant au plan social, n'est pas présenté par l'employeur aux représentants du personnel, qui doivent être réunis, informés et consultés ; qu'il en résulte que la nullité qui affecte le plan social s'étend à tous les actes subséquents et qu'en particulier les licenciements prononcés par l'employeur, qui constituent la suite et la conséquence de la procédure de licenciement collectif suivie par application de l'article L. 321-4-1 susmentionné, sont eux-mêmes nuls ;

D'où il suit que la cour d'appel, ayant constaté que la procédure de licenciement collectif avait été déclarée nulle, a pu décider que les ruptures prononcées constituaient un trouble manifestement illicite et ordonner, pour le faire cesser, la poursuite des contrats de travail illégalement rompus ; que le moyen n'est pas fondé ;

Par ces motifs, rejette... »

Cass. soc., 12 janv. 1999 (*CSBP* 1999, n° 108, A ; *Gaz. Pal.* 1999, 1, pan. jurispr. jurispr. p. 79)

« Attendu que le groupe Alcatel-Alsthom employait, en 1992, 203 000 salariés dont 77 100 dans la branche énergie et transport ; qu'au troisième trimestre 1993 la société GEC Alsthom transports, appartenant à ce groupe, a entrepris une procédure de licenciement collectif concernant cinq de ses établissements dont celui de Villeurbanne et a consulté le comité central d'entreprise ainsi que le comité d'établissement de Villeurbanne sur un projet de suppression de 85 emplois au sein de cet établissement, accompagné d'un plan social ; que le comité d'établissement, réuni les 24 novembre et 16 décembre 1993, estimant que le plan social n'était pas conforme aux dispositions de l'article L. 321-4-1 du Code du travail, a assigné la société afin d'obtenir l'annulation de la procédure de licenciement ;

Sur le moyen unique du pourvoi incident :

Attendu que la société fait grief à l'arrêt attaqué (Lyon, 9 oct. 1996) d'avoir dit recevable l'appel formé par le comité d'établissement alors, selon le moyen, que le mandat donné au secrétaire du comité d'établissement de représenter celui-ci pour entamer une ou plusieurs actions judiciaires devant les juridictions compétentes est limité et ne l'investit pas du pouvoir d'exercer, au nom du comité, les voies de recours ;

qu'en estimant que le mandat donné en ces termes par le comité d'établissement de l'établissement de Villeurbanne de la société GEC Alsthom Transports à son secrétaire, M. Servière, donnait à celui-ci le pouvoir de mener les actions en justice à leur terme et d'exercer les voies de recours nécessaire, la cour d'appel a violé l'article 1134 du Code civil et les articles L. 431-6 et R. 432-1 du Code du travail ;

Mais attendu que le mandat donné par le comité d'entreprise à l'un de ses membres pour agir en justice à l'occasion d'une affaire déterminée habilite celui-ci à intenter les voies de recours contre le jugement rendu sur cette action ; que la cour d'appel ayant relevé que M. Servière, secrétaire du comité d'établissement avait été désigné pour représenter ce comité dans le cadre de la procédure de licenciement collectif pour motif économique, a, par ce seul motif justifié sa décision ;

Mais sur le moyen unique du pourvoi principal :

Vu l'article L. 321-4-1 du Code du travail ;

Attendu qu'il résulte de ce texte que l'employeur est tenu, afin d'éviter les licenciements ou en limiter le nombre, de présenter au comité d'entreprise un plan visant au reclassement de salariés comportant des mesures concrètes et précises pour permettre aux représentants du personnel de formuler leurs avis, suggestions et propositions en toute connaissance de cause ;

Attendu que, pour décider que le plan social présenté au comité d'établissement ainsi que les mesures de reclassement qu'il contient étaient conformes aux dispositions de l'article L. 321-4-1 susvisé et dire que la consultation des représentants du personnel était régulière, l'arrêt retient que ce document comporte, outre une convention de conversion, les mesures de reclassement suivantes : création d'une antenne-emploi, mutations et transferts, convention d'aide à la mobilité géographique, convention d'allocations temporaires dégressives, aide à la formation, aide à la création d'entreprise, travail à temps partiel ;

Qu'en statuant ainsi, alors qu'il résultait de ses constatations que des possibilités de reclassement existaient dans les différents établissements de l'entreprise et du groupe mais que le plan social ne comportait cependant aucune indication sur le nombre, la nature et la localisation des emplois qui pouvaient être proposés aux salariés dont le poste devait être supprimé et que ce n'est que postérieurement aux réunions du comité d'établissement que la société, par l'intermédiaire de l'antenne emploi, a recensé les emplois disponibles dans les établissements concernés, la cour d'appel a violé le texte susvisé ;

Par ces motifs :

Casse et annule... »

4. Nécessité d'énonciation de motifs suffisamment précis dans la notification du licenciement

Cass. soc., 30 avr. 1997 (*Bull. civ.* V, n° 150 ; *Gaz. Pal.* 1997, 2, pan. jurispr. p. 158 ; *D.* 1997, inf. rap. p. 132)

Il résulte des articles L. 122-14-2 et L. 321-1 du Code du travail que la lettre de licenciement pour motif économique doit mentionner les raisons économiques prévues par la loi et leur incidence sur l'emploi ou le contrat de travail, et que l'énoncé d'un motif imprécis équivaut à une absence de motif.

« Attendu, selon l'arrêt attaqué (Amiens, 10 mars 1994), que Mme Cornalis a été licenciée pour motif économique par la société Spontex ; que la lettre de licenciement précise « nous sommes contraints de vous licencier pour le motif économique suivant : baisse des commandes de notre client » ;

Attendu qu'il est fait grief d'avoir décidé que le licenciement était sans cause réelle et sérieuse et d'avoir condamné la société Spontex au paiement de dommages-intérêts et au remboursement partiel des allocations versées par l'ASSEDIC, alors, selon le moyen, d'une part, que la lettre de licenciement doit être motivée de façon à permettre au salarié de connaître l'origine de la rupture de son contrat de travail ; que l'employeur n'a pas à justifier dans ladite lettre du caractère réel et sérieux du licenciement en vue de l'éventuelle contestation de son bien-fondé ; qu'en l'espèce, la lettre de licenciement adressée par la société TMG faisait état du refus du salarié d'accepter la mutation proposée ainsi que de la baisse de commandes du client Spontex contraignant la société à procéder au licenciement pour motif économique ; qu'en considérant que l'absence dans ladite lettre de précisions chiffrées concernant la baisse de commandes ne permettait pas aux juges d'apprécier le caractère réel et sérieux des motifs du licenciement, la cour d'appel a ajouté, à l'obligation d'indiquer dans la lettre de licenciement le motif de ce dernier, une obligation non prévue par la loi et a violé par cette exigence supplémentaire l'article L. 122-14-2 du Code du travail ; alors, d'autre part, qu'il résulte de l'article L. 122-14-3 du Code du travail que, pour apprécier le caractère réel et sérieux du licenciement, les juges du fond doivent tenir compte de l'ensemble des éléments fournis par les parties ; qu'en se déterminant au seul vu des énonciations de la lettre de licenciement pour en conclure à l'absence de cause réelle et sérieuse de ce dernier, l'arrêt attaqué a méconnu l'étendue de ses pouvoirs et a violé les articles L. 122-14-2 et L. 122-14-3 du Code du travail ; alors qu'enfin, en tout état de cause, l'indication prétendument insuffisante des motifs dans la lettre de licenciement ne suffit pas à caractériser l'absence de cause réelle et sérieuse ; que faute d'avoir recherché si les salariés avaient eu connaissance dans le cadre de leur licenciement des motifs ayant conduit l'employeur à rompre leur contrat de travail si bien que l'énoncé des motifs figurant dans la lettre de licenciement s'avérait suffisamment clair et précis, la cour d'appel n'a pas justifié légalement sa décision au regard de l'article L. 122-14-2 du Code du travail ;

Mais attendu que, selon l'article L. 122-14-2 du Code du travail, l'employeur est tenu d'énoncer le ou les motifs de licenciement dans la lettre de licenciement ; qu'en application de l'article L. 321-1 du même code est un motif économique, le motif non inhérent à la personne du salarié résultant d'une suppression ou transformation d'emploi ou d'une modification substantielle du contrat de travail consécutives à des difficultés économiques, des mutations technologiques ou une réorganisation de l'entreprise ; qu'il en résulte que la lettre de licenciement donnée pour motif économique doit mentionner les raisons économiques prévues par la loi et leur incidence sur l'emploi ou le contrat de travail ; que l'énoncé d'un motif imprécis équivaut à une absence de motif ;

Et attendu que la cour d'appel, qui a constaté que la lettre de licenciement se bornait à faire état d'une baisse d'activité, ce qui ne constituait pas l'énoncé du motif exigé par la loi, a décidé, à bon droit, que le licenciement était sans cause réelle et sérieuse ; que le moyen ne peut être accueilli ;

Par ces motifs, rejette... »

Chapitre 5

LE LICENCIEMENT DES SALARIÉS PROTÉGÉS

529. – Principe. La position assumée dans l'entreprise par le représentant du personnel, qui l'appelle inévitablement à s'opposer occasionnellement aux décisions de l'employeur, l'expose à des mesures disciplinaires ou à des risques d'encourir de telles mesures, qui le priveraient de toute indépendance et de liberté d'action, si certains garanties ne lui étaient pas accordées. Pour l'essentiel, ces garanties s'appliquent au licenciement ; il bénéficie d'une *protection légale*, à lui accordée par l'article L. 412-18 du Code du travail, qui consiste dans l'obligation, pour l'employeur, d'obtenir « l'autorisation de l'inspecteur du travail, ou de l'autorité qui en tient lieu ».

530. – Étendue de la protection. Elle est accordée au représentant à titre personnel, en vue de faire échec à la mesure de licenciement envisagée, qu'il soit titulaire ou suppléant, ou même désigné en vertu d'un accord collectif. La protection vaut pour les représentants élus (délégué du personnel, membre du comité d'entreprise ou du CHSCT, conseiller prud'homme) ou désignés (délégué syndical). Pour être efficace, cette protection a été nécessairement étendue aux *anciens délégués syndicaux pendant la période de douze mois suivant la cessation de leurs fonctions*, à condition qu'ils aient exercé lesdites fonctions pendant un an au moins. La jurisprudence est d'ailleurs assez libérale en la matière (Cf. suspension du contrat de travail en cas de maladie : Cass. soc., 4 mars 1998 : *Bull. civ.*, n° 118 ; *CSBP* 1998, n° 101, S. 102. – En cas d'accident du travail : Cass. soc., 12 juill. 1995 : *D.* 1997, p. 79, note Saint-Jours). Elle considère que la protection est accordée de plein droit, indépendamment de l'exercice effectif de la fonction (Cass. soc., 4 mars 1998, préc. *supra*).

531. – Licenciement possible en cas de faute grave. Il est des circonstances où la faute commise par le salarié protégé est si grave que, tout au moins à l'opinion de l'employeur, il est impossible de maintenir l'intéressé à son poste de travail dans l'entreprise. Il est permis, en ce cas, sans attendre l'autorisation de l'inspecteur du travail, de prononcer à titre provisoire une mise à pied immédiate. Le chef d'entreprise est tenu de notifier sa décision, qui doit être motivée, à l'inspecteur du travail « dans le délai de quarante-huit heures à compter de sa prise d'effet ».

La mise à pied est confirmée si le licenciement pour faute grave est autorisé. Dans la négative, « la mise à pied est annulée et ses effets supprimés de plein droit ».

532. – Procédure. La nature même de cette procédure, définie notamment par les articles L. 436-1, R. 436-1 et suivants, ensemble du Code du travail, marque bien qu'elle échappe au droit commun régissant le conflit individuel du travail (i.e. à la compétence du conseil de prud'hommes et à la nécessité d'une sentence juridictionnelle), pour entrer dans le domaine gouvernemental, i.e. faire l'objet d'une décision à caractère administratif prise par l'inspecteur du travail, dont dépend l'entreprise employant le salarié protégé. C'est pour cela que, non seulement la décision qui est prise en la forme administrative doit être motivée, mais encore doit « examiner notamment si la nature du licenciement est en rapport avec le mandat détenu, brigué ou antérieurement exercé par l'intéressé » (C. trav., art. R. 436-7). Le licenciement du représentant du personnel constitue souvent, en effet, une manifestation d'un conflit collectif latent, ou en cours, et donc revêt un caractère social.

L'inspecteur du travail, qui en principe statue à bref délai (quinze jours, réduits à huit jours en cas de mise à pied ; ce sont des délais simplement indicatifs qu'il peut prolonger), est tenu de rendre dans le délai légal une *décision motivée, prononcée après enquête contradictoire*, au cours de laquelle le salarié a la faculté de se faire assister par un représentant de son syndicat ; l'*obligation de motivation* ne semble pas être d'une grande sévérité, puisqu'il suffit qu'il soit fait état de l'incompétence professionnelle et des relations difficiles avec le personnel.

533. – Décision de l'inspecteur du travail. Elle peut comporter, soit le refus du licenciement, soit l'autorisation sollicitée par l'employeur. Elle est *notifiée* par lettre recommandée avec avis de réception (qui fera courir les voies de recours), à l'employeur, au salarié et au syndicat qui l'a délégué. Dans le cas où l'inspecteur du travail ne statue pas dans le délai légal et ne fait pas connaître aux parties qu'il a prorogé ce délai (prévu par l'article R. 436-4 du Code du travail), à l'expiration dudit délai le silence gardé par ce fonctionnaire fait naître une autorisation *implicite de licenciement* (CE, 20 mai 1994 : *Dr. trav.* 1994, n° 7, p. 27).

Notons : 1° qu'avant d'adresser la demande d'autorisation à l'Inspection du travail, le chef d'entreprise doit, comme lorsqu'il s'agit d'un licenciement d'un salarié non protégé, convoquer le représentant du personnel à un entretien préalable, au cours duquel il exposera les motifs du licenciement ; 2° que, lorsque l'autorisation a été donnée, ces motifs n'ont pas à être repris dans la lettre prononçant le licenciement, qui peut se borner à viser la décision de l'inspecteur du travail (Cass. soc., 10 janv. 1995 : *Bull. civ.*, n° 21 ; *CSBP* 1995, A. 12).

534. – Voies de recours. La décision administrative prononcée par l'inspecteur du travail est susceptible d'annulation à la suite, soit d'un *recours hiérarchique*, par décision ministérielle, soit de la *saisine du tribunal administratif* ; elle donne lieu, lorsqu'il s'agit de l'annulation d'une autorisation de licenciement, à un contentieux qui comprend plusieurs chefs de demandes ouverts au salarié, savoir (C. trav., art. L. 412-19) :

– *sa réintégration dans l'emploi* qu'il occupait ou dans un emploi équivalent, qui n'est pas automatique, en ce sens qu'elle doit être sollicitée, à peine de forclusion, dans le délai de deux mois courant de la notification de la décision ; cette réintégration comporte la restitution des prérogatives statutaires dont il n'a pu être privé par une décision non avenue (notamment, même niveau de rémunération, même qualification et même perspectives d'avenir : Cass. soc., 24 janv. 1990 : *Bull. civ.*, n° 32 ; *D.* 1991, somm. p. 146) ;

– à partir du jour où l'annulation est devenue définitive (condition qui n'est pas exigée en ce qui concerne la réintégration), le salarié protégé a droit à « une indemnité correspondant à la totalité du préjudice subi au cours de la période qui s'est écoulée entre son licenciement et sa réintégration, s'il l'a demandée dans le délai prévu au premier alinéa ou l'expiration de ce délai dans le cas contraire ». Cette indemnisation englobe la perte de salaires, les primes et le versement de cotisations.

Le délai d'exercice du recours est de *deux mois.*

535. – Fraude. La fraude la plus courante consiste à faire bénéficier un salarié, que l'on sait menacé de licenciement, du statut de « salarié protégé », en notifiant à l'employeur sa désignation en tant que délégué syndical, ce qui pose le problème du point de départ de la protection légale.

Ce point de départ se situe à la date à laquelle l'employeur a reçu notification de la désignation en qualité de délégué syndical ; le bénéfice du statut de salarié protégé est également accordé à partir du moment où il est prouvé, par l'intéressé, que l'employeur avait connaissance de l'*imminence de sa désignation* (Cass. soc., 23 févr. 1994 : *Bull. civ.* V, n° 65 ; *Dr. soc.* 1994, p. 518).

Conclusion

Le contrat de travail, dans une première analyse, n'est qu'un des contrats spéciaux parmi d'autres. Comme tous les contrats spéciaux, il se nourrit du droit des obligations : chacun des contrats accomplis tous les jours, qu'il s'agisse de la vente, du mandat ou de toute autre convention spécifique, doit être comparé à une essence d'arbre puisant sa force et sa croissance dans le terreau fertile du droit général des obligations.

Pourtant, le contrat de travail n'a pas seulement puisé sa force dans cette terre nourricière, il a su utiliser cette terre afin de pervertir la règle du droit des obligations et la transformer pour son compte. C'est ce qui explique la spécificité du contrat de travail, et, partant du droit du travail. Et, par voie de conséquence, ceci permet de comprendre la résistance de certaines des notions du droit du travail (clause de non-concurrence, par exemple) à l'analyse rigoureuse selon le droit des obligations.

Cette distorsion constitue l'un des intérêts pour le civiliste s'aventurant dans la matière. La plupart de ces « distorsions » sont évidemment justifiées par le souci d'interpréter la règle toujours en faveur du salarié contre l'employeur ou encore l'impératif de rééquilibrer le contrat en fonction de la partie la plus faible, ou enfin de prendre en compte la mesure du conflit social émergeant derrière un plan social ou une grève. C'est que le droit du travail n'est pas seulement un rapport de forces individuelles mais encore l'émergence d'un conflit social permanent. Au-delà d'un calme apparent, l'entreprise est en permanence un lieu de conflit collectif dont le contrat de travail individuel n'est qu'un élément. Voir un tableau de près – en l'espèce, étudier le contrat de travail comme un contrat spécial ordinaire – empêche d'appréhender le tout, le paysage social de l'entreprise. Un pas en arrière de plus et la face du droit en est changée.

Indications bibliographiques

OUVRAGES GÉNÉRAUX

Les classiques du droit du travail doivent constituer les ouvrages de référence :

G. Couturier, *Droit du travail*, PUF, Coll. Droit fondamental, t. I, *Les relations individuelles*, 4e éd. 2002 ; t. II, *Les relations collectives*, 3e éd. 2002.

F. Gaudu, *Droit du travail*, Dalloz, Coll. Cours du droit, 1re éd. 2005.

J.-Cl. Javillier et J.-M. Olivier, *Droit du travail*, LGDJ, 7e éd. 2000.

A. Supiot, J. Pelissier et A. Jeammaud, *Droit du travail*, Précis Dalloz, 22e éd. 2004.

A. Mazeaud, *Droit du travail*, Monchrestien, 2004.

F.-J. Pansier, *Les relations collectives de travail*, Ellipses, 1re éd. 2002.

C. Puigelier, *Droit du travail*, t. I, *Relations individuelles*, Collin, 2002 ; t. II, *Relations collectives*, Collin, 2002.

B. Teyssie, *Droit du travail*, t. I, *Relations individuelles* ; t. II, *Relations collectives*, Litec, 9e éd. 2002.

L'ouvrage de J.-E. Ray, *Droit du travail, droit vivant*, Liaisons, éd. 2005, d'une présentation claire et vivante, s'adresse principalement aux chefs d'entreprise, comme d'ailleurs celui de D. Gatumel, *Le droit du travail en France*, Lefebvre, 2004.

OUVRAGES SYNTHÉTIQUES

Ils sont utiles, soit pour effectuer une rapide révision, soit pour remettre en place des connaissances perdues de vue ; mentionnons :

J.-M. Verdier et A. Cœuret, *Droit du travail*, Mémento Dalloz, 12e éd. 2002.

F. Gaudu, *Le contrat de travail*, Coll. Connaissance du Droit, Dalloz, 1995.

A. Cœuret et M.-E. Fortis, *Droit pénal du travail*, Litec, 3e éd. 2004.

PUBLICATIONS. PÉRIODIQUES

Revues classiques

Les publications à caractère général, *Dalloz*, *Semaine juridique*, *Gazette du Palais*, *Droit des affaires*, notamment, renferment, en matière de droit du travail, aussi bien des études de doctrine que des commentaires de décisions, des sommaires suivis d'observations ; parfois même, il s'y trouve des numéros spéciaux consacrés à des problèmes déterminés, des flashs d'actualité, ainsi que des revues périodiques de jurisprudence, très utiles aux professionnels sur le plan de l'actualité.

Bulletins de la Cour de cassation

La Cour de cassation édite deux bulletins annuels, l'un, dit civil, contient les arrêts des chambres civiles, en particulier ceux de la chambre sociale (n° V), l'autre, dit criminel, publie les arrêts de la chambre criminelle.

Encyclopédies

Nous citerons à cet égard le Dalloz social, tenu à jour, diffusant des mises à jour, réédité annuellement, qui est l'œuvre collective d'une équipe placée sous la direction de P. Langlois ; il s'agit d'une efficace source d'informations et d'une immédiate diffusion des actualités du droit du travail.

Revues spécialisées

Elles renferment nombre de documents importants, parmi lesquels une abondante jurisprudence assortie de notes, d'observations ou de commentaires, ainsi que le fait par exemple la revue Liaisons sociales ou RJS (*Revue de jurisprudence sociale*), éditée par Francis Lefebvre, mine inépuisable de décisions nouvelles et de synthèses très utiles.

La société Lamy fait paraître deux revues, l'une hebdomadaire, la SSL (*Sécurité sociale Lamy*), l'autre, bimensuelle, la JSL (*Jurisprudence sociale Lamy*) ; elles ont toutes deux un rôle médiatique, à savoir, l'actualisation du droit du travail.

La société Lamy propose d'autre part, à la vente, des cédéroms (comme le font d'ailleurs la plupart des éditeurs), ainsi que des ouvrages sur papier, tels que le Lamy social et le Lamy protection sociale.

Le Barreau de Paris coédite avec la Gazette du Palais une publication mensuelle, les CSBP (*Cahiers sociaux du Barreau de Paris*), divisés en trois parties ; l'une – D (Doctrine) – contient des études relatives à des problèmes juridiques ; la seconde est consacrée à des commentaires d'arrêts de la Cour de cassation (partie A), la troisième (S) étant composée de nombreux sommaires d'arrêts de cassation, assortis de notes et d'observations. Il est publié également, chaque année, un numéro spécial (tel qu'en 1996 celui portant sur le licenciement économique), qui fait le point sur un problème déterminé (en 2005, n° de juillet et août sur les actualités en droit social – relations individuelles).

Publications syndicales

Les organisations ouvrières, tout au moins certaines d'entre elles, publient naturellement des bulletins, ou magazines, qui poursuivent le double objectif, d'une part, d'informer leurs adhérents et leurs dirigeants ; d'autre part, de donner une formation juridique aux délégués syndicaux, représentants du personnel et mandataires, dont ils sont initialement dépourvus.

La CGT diffuse deux mensuels à fins utilitaires, intitulés *Droit ouvrier* et *Revue pratique de droit social* ; la CFDT édite *L'action juridique* et la CFTC *Questions juridiques*. Du côté patronal paraît la *Jurisprudence sociale* (JS), en charge de l'UIMM (Union des industries minières et métallurgiques) et les *Cahiers prud'homaux* (Confédération du patronat).

DIVERSES SOURCES BIBLIOGRAPHIQUES

Ouvrages spécifiques à certaines matières

Il est utile de connaître, parmi ces ouvrages :

M. Cohen, *Le droit des comités d'entreprise et des comités de groupe*, LGDJ, 5e éd. 2005.

N. Ozeray, *Histoire du droit du travail*, PUF, Coll. Que sais-je ? no 3460, avril 1999.

P. Rodière, *Droit social de l'Union européenne*, LGDJ, 2000.

J. Villegrin et C.-P. Quetant, *Traité de la juridiction prud'homale*, LGDJ, 1988.

Codes. Cédéroms

Contrairement à ce que l'on pourrait penser, la totalité de la législation et de la réglementation relatives à la relation de travail n'est pas contenue dans les Codes du travail, établis par des équipes placées sous la direction de M. le Professeur B. Teyssie (Code bleu Litec), ou encore par les éditeurs La Villeguerin (code annoté initié par A. Philibert et J. Morville, maintenant repris par B. Desjardins, J. Pelissier, A. Rouy et L. Thely).

Il est en effet nécessaire d'avoir dans certains cas recours à des codes de nature différente ; c'est ainsi qu'en ce qui concerne les accidents du travail et les maladies professionnelles, il faut utiliser le Code de la sécurité sociale et de la mutualité sociale agricole, et, pour ce qui est de la « couverture sociale » des salariés, le Code de la sécurité sociale.

Depuis quelques années, les codes sur support papier se trouvent associés ou assortis de cédéroms et parfois même intégrés dans des parties multicodes (cf. Dalloz) ; il est généralement organisé un accès Internet. Cette pratique paraît devoir bénéficier d'un développement rapide.

Ouvrages et documents universitaires

Les polycopiés et documents concernant les travaux dirigés sont susceptibles de fournir des renseignements et indications utiles ; parmi eux, nous mentionnerons :

J.-C. Javillier & M. Moreau, *Droit du travail*, LGDJ, 4e éd. 2001.

D. Gatumel, A. Chevillard, P.-H. Antonmattei et P. Coursier, sous la direction de B. Teyssie, *Travaux dirigés du droit du travail*, Litec, 4e éd. 2003.

Remarque finale

Signalons à nos lecteurs (tout au moins à ceux qui s'initient au droit du travail) que celui-ci est un droit vivant, à évolution rapide, et que, sauf circonstances exceptionnelles, il n'est pas recommandé de consulter des ouvrages et publications remontant à plusieurs années ; il est au contraire utile de se référer aux flashs et actualités.

D'autre part, il sera de plus en plus fait appel aux nouvelles techniques de la communication. À titre d'exemple, nous mentionnerons les éditions Lamy, qui proposent des cédéroms pour leurs ouvrages papiers, tels que le Lamy social, le Lamy protection sociale, ainsi qu'en ce qui concerne le Social jurisprudence (10 ans de jurisprudence, dont une partie inédite), le Lamy conventions collectives et pays.

Enfin, les événements qui se déroulent dans le cadre des conflits sociaux intéressent le public et les médias (presse écrite et parlée), ainsi que les partis, organismes et institutions politiques. Il s'est accumulé en conséquence une masse énorme d'articles de presse, de reportages et émissions télévisées, de déclarations publiques, de discussions parlementaires et dont – fort heureusement – la plupart n'ont actuellement plus d'incidence sur le droit positif, lequel relève principalement de la jurisprudence de la chambre sociale de la Cour de cassation.

Index alphabétique

(Les numéros indiqués renvoient aux paragraphes)

F

G

H

I

J

L

M

P

Q

R

S

T

U

V

Table des matières

Deuxième partie

NAISSANCE DE LA RELATION DE TRAVAIL

Quatrième partie

FIN DE LA RELATION DE TRAVAIL

Photocomposition Nord Compo
59650 Villeneuve-d'Ascq

Achevé d'imprimer en septembre 2005
dans les ateliers de Normandie Roto Impression s.a.s.
61250 Lonrai
N° d'impression : 05-2379
Dépôt légal : septembre 2005

Imprimé en France

DROIT DE LA PROPRIÉTÉ INTELLECTUELLE

DROIT D'AUTEUR, BREVET, DROITS VOISINS, MARQUE, DESSINS ET MODÈLES